AF856324

DBY

"**dün**"den öğrendiklerinle
"**bugün**"ü yaşamak
"**yarın**"ları aydınlatır.

MEHMET TAYANÇ, 1989 yılında Şanlıurfa ili Siverek İlçesinde doğmuştur. İlk, orta ve lise öğrenimini Siverek'te tamamladıktan sonra 2007 yılında İstanbul Üniversitesi Sosyoloji Bölümüne yerleşmiştir. 2011 yılında buradan mezun olduktan sonra 2016 yılında Van Yüzüncü Yıl Üniversitesi'nde *Göçebelerin Kente Tutunma Biçimler: Siirt Comkbayır Mahallesi Örneği* tezi ile yüksek lisansını tamamlamıştır. 2020 yılında ise *Kent İmgeler ve Kentli Kimliği: Şanlıurfa Üzerine Nitel Bir Araştırma* tezi ile doktora derecesi almıştır. 2012 yılında Siirt Üniversitesi Fen-Edebiyat Fakültesi Sosyoloji Bölümünde araştırma görevlisi olarak atanan yazar, halen burada görev yapmaktadır. Kent, göç, kimlik ve mekân gibi konular üzerine çalışmalar yapan yazar, evli ve iki çocuk babasıdır.

Kent İmgesi *ve* Kentli Kimliği

Şanlıurfa Kent İmgeleri Üzerine Bir Araştırma

Mehmet Tayanç

DBY
dünbugün
yarın

Kent İmgesi ve Kentli Kimliği

© 2021, DÜN BUGÜN YARIN YAYINLARI™
Tüm hakları saklıdır. Kaynak gösterilerek tanıtım amacıyla ve araştırma için yapılacak kısa alıntılar dışında, yayıncının yazılı izni olmaksızın hiçbir şekilde kopya edilemez, elektronik ve mekanik yolla çoğaltılıp, yayımlanamaz ve dağıtılamaz.

DBY: 155
Sosyoloji: 13

ISBN 978-625-7760-55-3
Sertifika No: 18188

1. Baskı: İstanbul, 2021

Yazar: Mehmet Tayanç

Yayın Yönetmeni: İrfan Güngörür

Dizi/Kitap Editörü: Nuh Muaz Kapan

Tashih: Muharrem Kaplan

Kapak/Mizanpaj: DBY Ajans

Baskı/Cilt:
Birlik Ozalit
(Sertifika No: 20179)

KÜTÜPHANE BİLGİ KARTI / Library Cataloging-in-Publication Data (CIP)
Kent İmgesi ve Kentli Kimliği: Şanlıurfa Kent İmgeleri Üzerine Bir Araştırma
Yazar: Mehmet Tayanç Editör: Nuh Muaz Kapan
İstanbul : DBY Yayınları, 2021.
292 s. ; 15,0 x 21,0 cm ___ (DBY Yayınları ; No. 155) ___ Dizin var
ISBN 978-625-7760-55-3
1- Sosyoloji 2- Kent Sosyolojisi 3- Kent Kimliği

Bu kitap, 13.07.2020 tarihinde Selçuk Üniversitesi Sosyal Bilimler Enstitüsü doktora programı kapsamında, Edebiyat Fakültesi Sosyolojisi bölümünde Doç. Dr. Reşat Açıkgöz danışmanlığında savunulan "Kent İmgeleri ve Kentli Kimliği: Şanlıurfa Üzerine Nitel Bir Araştırma" başlıklı doktora tezinin gözden geçirilerek kitaplaştırılmış halidir.

DÜN BUGÜN YARIN YAYINLARI
Ankara Caddesi, Ünal Han No: 21/4
Cağaloğlu, Eminönü - Fatih / İstanbul
www.dby.com.tr • dby@dby.com.tr
Tel.: +90 212 526 98 06

İçindekiler

Önsöz ... 9

Giriş ... 11

1. BÖLÜM

İmge, Gösterge ve Kent İmgesi ... 21

1. Dışsal Gerçekliğin Temsili: İmge ... 21
   1.1. Sosyoloji Teorilerinde Kent İmgesi ... 26
2. Görünenin Ötesindeki Anlam: Kentin Göstergeleri ... 37
3. Kent İmgesi ... 41
4. Kent İmgesinin Oluşumu, Yayılışı ve Dönüşümü ... 46
   4.1. Kent İmgesinin Değişimi ve Göç ... 61
5. Kent İmgesinin Adlandırılması ... 65
6. Kent İmgesinin Birey ve Toplum Üzerindeki Etkisi ... 69
7. Kent ve Kent(li) Kimliği ... 78
8. Kent Kimliğinin Oluşumu ve Değişimi ... 88
9. Kent İmgesi ve Kentsel Hafıza ... 93
10. Kent İmgesinin Kentin Markalaşması Üzerindeki Rolü ... 96

2. BÖLÜM

Şanlıurfa Kent İmgeleri ve Kentli Kimliği 103

1. Kent Algısı ve Şanlıurfa 103
    1.1. Batının Doğusu Doğunun Batısı: Şanlıurfa 103
    1.2. Şanlıurfa Kent İmgeleri: "Ölüsü de Dirisi de Kıymetlidir" 106
        a. Balıklıgöl 108
        b. Göbeklitepe 109
        c. Eyyüb Peygamberin Sabır Makamı 111
        d. Urfa Çarşıları ve Bedestenleri 113
        e. Gümrükhanı 114
        f. Tarihi Urfa Evleri 116
        g. Ulu Cami 118
        h. Topçu Meydanı 120
        ı. Sıra Gecesi 121
    1.3. Kentlilik Bilinci ve Kentlinin Gözünden Şanlıurfa 123
    1.4. Misafirperver Kentin İmge "Sofrası" 133
    1.5. Görünür Kent ve Görünen Kentli 137
    1.6. Kent ve Kentli İmajı Üzerinden Şanlıurfa'ya Bakmak 141
    1.7. Medya Bağlamında Kent 148
2. Kentlinin Kent İmgesine Bakışı 156
    2.1. Kentlinin Gözünden Şanlıurfa Kent İmgeleri 156
        2.1.1. Mahiyetten Kopuş Moderniteye Geçiş 161
        2.1.2. Siyasetin Kamusal Alanı: Topçu Meydanı 170
        2.1.3. Vitrindeki İmge: Çarşı ve Pazarlar 177
        2.1.4. Evde "Hayat" Var 182
        2.1.5. Eğiten ve Eğlendiren İmge: Sıra Gecesi 186
    2.2. İmgeleşme Süreci Üzerinden Şanlıurfa İmgelerine Bakmak 188
    2.3. Toplumsal Hafıza ve Kent Hafızası 193

2.4. İktidar ve Kent İmgesinin Değişimi: Darbe'der Kent Şanlıurfa 199
2.5. Kentin Gezen imgeleri: Amblem ve Otobüsler Üzerinden İmgeyi Okumak 219
3. Kent(li) Kimliği ve Şanlıurfa 221
3.1. Kent Kimliği Üzerinden Şanlıurfa Kent Kimliğine Bakış 221
3.2. Şanlıurfa Kent Kimliğinin Değişimi: "Altın Kaybeden Altın Bulamaz" 228
3.3. Kent, Kent İmgeleri ve Kentli Kimliği 233
3.3.1.Kentin Hanesinden Gönül Hanına 246
3.3. Kent ve Kentli Kimliğinde Olumsuz İmajlar 255
Sonuç ve Değerlendirme 263
Kaynakça 277
Dizin 289

Önsöz

Bir mimari yapıyı veya kentsel bir mekânı insani olandan bağımsız düşünmek imkânsızdır ve bir o kadar da eksiktir. Mekânı mekân yapan ve ona ruh kazandıran insanın kendisidir. Yani ne insanın mekânsız ne de mekânın insansız anlam kazanması mümkün değildir. Çünkü insana ait olan her şey belli bir mekânda gerçekleşmektedir. Descartes'in ünlü "düşünüyorum o halde varım" sözü aslında "bir yerdeyim o halde varım" şeklinde evirildiği söylenebilir.

Görüldüğü gibi insan ile mekân arasında her daim bir ilişki söz konusu olmuştur. Çünkü insan ancak bir mekân ile mana kazanmaktadır. Aynı şekilde mekân da insandan bağımsız olamamakta, insansız bir mekânda boşluktan öteye bir mana taşıyamamaktadır. Bu karşılıklı ilişki ise mekânsal yönü ile ön plana çıkan kent imgesinin birey kimliğinin şekillendirmesini beraberinde getirmektedir. Yani imge üzerinden kimliği yeniden üretmektedir. Aynı şekilde insan da imgeyi şekillendirirken ona kendinden bir şey kazandırıp kent imgesine de bir kimlik kazandırmaktadır.

Hazırlanan bu kitap, Şanlıurfa ilinin en dikkat çeken kentsel imgelerin sosyolojik yönlerinin incelenmesini barındırmaktadır. Şanlıurfa denilince akla gelen imgelerin, kentte yaşayanlar için ne ifade ettiğini, inşa edilirken ne üzerine temellendirildiklerini ve bu imgelerin Şanlıurfa'nın kültürel, ekonomik, ideolojik yapısını ne derece aktardığını veya söz konusu bu imgelerin bahsi geçen etkenlerden ne derece etkilendiğini açıklamaya çalışmaktadır. Ve tüm bunlar açıklanırken söz konusu imgelerinin kent ve kentli kimliğine katkısı incelenmiştir.

Kitabın hazırlanmasında emeği geçen, her daim yanımda olan ve tecrübesi ile her daim yol gösteren değerli hocam Doç. Dr. Reşat Açıkgöz'e teşekkür ediyorum. Ayrıca çalışma hayatımda varlıklarını fazlasıyla hissettiren, dayanak olan değerli dostlarım Adem İnce'ye, Mehmet Tan'a ve Sabahat Ölçer'e teşekkürü bir borç bilirim. Çalışmanın baştan sona düzenlenmesinde emeği olan çalışma arkadaşım İbrahim Çalan'ı ve Ahmet Aktaş'ı unutmamak gerekir, eksik olmasınlar.

Çalışmanın hazırlanması aşamasında fazlasıyla ihmal ettiğim oğullarım Emir Talha Tayanç'a, Ahmet Asaf Tayanç'a ve sevgili eşim Sedef Mercan Tayanç'a teşekkür ediyorum, iyiki varsınız.

Giriş

Kentlerin ve kentsel mekânların her zaman yaşanmışlıklarla, sevinçlerle, kahramanlıklarla, toplumun duygu, düşünce ve tutumları ile özel bir bağı vardır. Bu yaşanmışlıklar ile sahip olunan tarihsel, sosyal ve kültürel öğeler/değerler ise kent imgeleri adıyla kentin boşluklarında, kamusal alanlarda veya gündelik yaşamın belli noktalarında sergilenmekte ve toplumsal hafızada kalıcı hale getirilmektedir. Bu yüzden kenti kent yapan, kentin ve kentlinin kimlik kazanmasında önemli bir yere sahip olan imgeler, kentte yaşayanların hafızasında olanın göstergelere/sembollere yansıması şeklinde okunmaktadır. Bu açıdan bakıldığında kentleri çok sayıda sosyal, kültürel, tarihi, ekonomik, siyasi ve ideolojik imgenin/göstergenin sergilendiği ve aynı zamanda kesiştiği mekânların toplamı ve merkezi olarak okumak mümkündür. Bu kapsamda ele alındığında her kentin, içerisinde kendi imgesini barındırdığı ve dolayısıyla da kimliğini bu imgeler üzerinde kurarak diğer kentlerden ayrılma çabası içerisinde olduğunu söylemek mümkündür. Çünkü görünüşü ne kadar sıradan olursa olsun, kent imgelerinin, bireye özel bir zevk verdiği ve kişide aidiyet, bir arada olma hissi, güven, gurur gibi farklı duyguların oluşmasını sağlayarak farklılaştırıcı bir role sahip olduğu görülecektir. Bu da kent imgelerinin kendi içinde özel anlamlar içerdiğini, birey ve toplum için önem arz ettiğini göstermektedir.

Kent ve kentli için farklı özellikler barındıran kent imgelerinin bir diğer özelliği ise kente estetik bir form kazandırmaları ve özel olarak tasarlanmış sembol olmalarıdır. Bu anlamda semboller/imgeler, kentin algılanması, hatırlanması, ekonomik getiri sağlaması, bunların yanı sıra kente ve kentliye bir kimlik kazandırma ve kentlide estetik duygu uyandırması noktasında önemli yer tutmaktadır. Kent imgelerinin oluşum aşamaları, kentlinin hafızasında neye karşılık geldiği, kentin şekillenmesinde, planlanmasında ve algılanmasındaki yeri, kentsel mekânın okunabilir olmasına katkısı ve tüm bunların kentli kimliğine etkisi bu çalışmanın çıkış noktasını oluşturmaktadır. Bu noktada çalışma, kent imgelerinin oluşumuna etkide bulunan süreçleri; kent ve kentli kimliği, kent imgesi ve kent hafızası gibi kavramlar üzerinden anlatma çabasındadır. Öte yandan imgelerin kentin markalaşması ve kentin tanıtımı noktasında ne derece önem taşıdığı da çalışmanın ilgi odağında yer almaktadır. Ayrıca kentlerde türlü şekillerle tesadüf edilen imgelerin/göstergelerin, sosyolojik boyutunu ortaya çıkarmanın yanı sıra, kent imgelerinin kentli üzerindeki etkisi, kent ve kentli kimliğinin inşasındaki yeri, kentlilik bilincinin oluşmasına katkısı ortaya konulmaya çalışılmıştır. Çalışma; kent imgelerinin, kenti kullananlar tarafından nasıl algılandıklarını ve kentli olma, kentleşme ve toplumsallaşma süreçlerine katkılarını incelemeyi amaç edinmiştir.

Kent ve kentli için önemli bir noktada bulunan kent imgesi kavramına bakıldığında bu kavramın yeni olmamasına karşın kullanım açısından sosyoloji literatüründe yaygın olmadığı görülmektedir. Konunun araştırılmasını gerekli kılan nedenlerden biri de bu alanda uygulamalı çalışmaların sınırlı sayıda yapılmış olmasıdır. İlgili literatüre bakıldığında kent imgesi; mimarlık, şehir planlama gibi disiplinlerde sıkça çalışılan bir konu olmasına rağmen, konunun sosyolojik bir bakış açısı ile yeterince ele alınmadığı göze çarpmaktadır. Her kentsel imge inşa edilirken belli bir felsefe ve sosyoloji gözetilerek inşa edilmek zorundadır. Diğer türlü bir imgenin sadece yapısal özellikleri ve mimari yapısı ele alındığında imgenin açıklanması eksik kalacaktır. Bu yüzden çalışma, kısmen de olsa bu eksikliği giderme ve kent imgesinin anlamını, kentliye/topluma bakan yönünü ortaya çıkarmayı amaçlamaktadır. Çalışma alanı olarak belirlenen ve imgesel anlamda zengin bir profile sahip olan Şanlıurfa'nın sahip olduğu imgelerin tam olarak açıklanamamması kenti ve kentliyi anlamamız noktasında sorunlar yaşanmasına sebep olacaktır. Çalışma, bu yönüyle hem sosyoloji literatürü hem Şanlıurfa hem de kentte yaşayanlar için önem taşımaktadır.

Bir mekânı/imgeyi anlama, okuma veya inşa etme konusunun tek başına bir mimarın işi ya da mimarlık alanını ilgilendiren bir konu olmadığı ortadadır. Çünkü bu konu, yüzyıllardır filozofların, düşünürlerin, bilim insanlarının ve sanatçıların üzerinde çalıştığı, üzerine yoğunlaştığı bir konu olarak karşımıza çıkmaktadır. Mekânı/imgeyi okumak, anlamak, tanımlamak ve açıklamak üzerine var olan bu çoklu yaklaşım, kentsel imgenin, kentsel mekânın sadece fiziksel bir oluştan, estetik bir yapıdan ya da yaşanılan herhangi bir yerden/alandan öte anlamlar barındırdığını desteklemektedir.

Klasik sosyologlar tarafından üzerinde pek durulmayan ve sadece üzerinde yaşanılan "yer"den ibaret bir konu olarak görülen kent imgesinin sahip olduğu felsefenin ve sosyolojinin göz ardı edildiği görülmektedir. Bu konunun aslında işlevsel bir alan olduğu görüşü her ne kadar kabul görmemiş olsa da günümüzde bu konuda yapılan akademik çalışmaların sayısında bir artışın olduğunu söylemek mümkündür. Kent üzerine yapılan önceki çalışmalara bakıldığında da görüleceği üzere; kentin kırdan farklı nüfus yoğunluğuna sahip, üretim sektörünün farklılık arz ettiği yerleşim yeri olduğu görüşü hâkim iken son dönemlerde yapılan çalışmalarda ise kentin insan-çevre, insan-zaman ve insan-mekân etkileşiminin merkezi olduğu görüşünün yaygınlık kazandığı görülmektedir. Bundan dolayı birçok alan için kent imgeleri, kentsel mekân, kent/kentli kimliği ve kişiliği gibi konular son dönemde önem kazanmıştır. Avrupa ve Amerika'da 1960 sonrasında akademik çalışmalarda kendisine yer bulan mekân/imge kavramının Türkiye'de 1990 sonrasında sosyal bilimcilerin ilgisini çektiği görülmektedir. Başlangıçta kent sosyolojisi disiplini ile birlikte anılan mekân olgusu ilerleyen zamanlarda bağımsız bir alan olarak karşımıza çıkmaktadır. Karataş'ın (2019) deyişiyle de mekân/imge olgusu, 1960 yıllardan itibaren zaman muhayyilesinin yanında coğrafi muhayyilelere dayalı açıklamaların gündeme gelmesiyle sosyolojide ön plana çıkmıştır. Bu konu Türkiye'de 1990'lu yıllarda giderek yaygınlık göstermiş, 2000'li yıllarda ise bu ilgi daha da yoğunlaşmıştır. Mekânın birçok kentsel çalışma içinde yer edinmesi, beraberinde "kent imgesi" konusunun da dikkat çekmesini sağlamıştır. Tüm bu gelişmelere bağlı olarak kent imgesi konusu mekân boyutu ile yeni çalışmalarda kendisine yer bulurken, kent imgesinin kentli kimliği üzerindeki etkisinin çalışılmamış olduğu görülmektedir. Bu konu temelinde hazırlanan bu çalışma, bu yönüyle özgün bir özelliğe sahiptir.

İmgeler üzerinde Şanlıurfa'ya bakıldığında kentin sahip olduğu farklı fonksiyonlardaki kentsel mekânlar aracılığıyla diğer kentlerden farklılaştığı görülmektedir. Her kentte olduğu gibi Şanlıurfa'da da var olan dinamikler sayesinde sürekli bir değişimin olduğu aşikârdır. Bu değişimi ise kentin sahip olduğu imgeler üzerinden okumak ve açıklamak mümkündür. Çünkü imge, kentin ve kentlinin aynasıdır. Dolayısıyla hazırlanan bu çalışma,

"Şanlıurfa kent merkezinde yer alan imgelerin, kent ve kentli kimliğinin inşa edilmesindeki yerinin ne olduğu?" ve "kentin, kentsel mekânların ve kent imgelerinin değişimi, kent kimliğinin değişmesine, şekillenmesine ve yeniden üretilmesine neden olmakta mıdır?" sorularına cevap aramaktadır. Bu bağlamda konuya yaklaşıldığında kent olgusunu ve kentsel imgeleri dönüşüme uğratan birden fazla etkenin olduğu görülecektir. Bu gelişmeler arasında en dikkat çekenler ise toplumsal kırılmalar(göçler, siyasi darbeler, afetler gibi), kentleşme ve küreselleşme olgusu gelmektedir. Özellikle kentlerde sanayinin gelişmesi ile birlikte kırdan kente göçlerin yaşanmasına paralel bir şekilde hız kazanan toplumsal gelişmeler, her kentte aynı boyutta/şekilde ya da hızda olmasa da kendini göstermektedir. Bununla birlikte nüfusun sürekli artması, hizmet sektöründe yaşanan gelişmeler ve küreselleşmeye bağlı olarak kentlerin metalaştırılması, kentlerin ve kent imgelerinin doğrudan bir dönüşüm yaşaması durumunu meydana getirmektedir. Bu değişim ve dönüşüme bağlı olarak yaşanan gelişmeler ise kentlerin ve kent imgelerinin sürekli şekil değiştirmesine, yeni fonksiyonlar kazanmasına ve bu değişimin taşıyıcısı rolünü üstlenmelerine sebep olmaktadır.

Kentlerin ve kentsel imgelerin özellikle kentleşmeye ve sözü geçen diğer gelişmelere bağlı olarak dönüşüm yaşaması, kent ve kentli kimliğinin de farklı konseptlere/şekillere bürünmesini beraberinde getirmektedir. Kent ve kentli kimliğinde meydana gelen dönüşüm ise kentte yer alan imgeler, semboller ve göstergeler üzerinde değişiklikler yaratmaktadır. Dolayısıyla kentlerde meydana gelen bu yeni formları; değişen siyasi konjonktür, yaşanan toplumsal, kültürel, ideolojik ve küresel gelişmeler üzerinden okumak mümkündür.

Türkiye'de son dönemde üzerinde en çok konuşulan, yazılan ve çizilen diğer bir konu şüphesiz kent kimliği olgusudur.

Ulus-devlet içinde çeşitliliğin artması ve etnik ve dini kimliklerin iç içe geçmeye başlaması, tek tip kentsel kimliklerin oluşmaya başlaması kent ve kentli kimliği konusunun yeniden tartışılmasına sebep olmuştur. Ersoy'un (2017) da üzerinde durduğu gibi, Türkiye'de bugüne kadar çeşitli politikalar ve uygulanan baskılarla massedilmiş yerel kimliklere yönelik ciddi bir ilgi oluşmuş durumdadır. Bu gelişmeler ise kimliğin folklorik bir konu olmaktan çıkıp siyasi bir konu olmasını beraberinde getirmektedir. Modernleşme hareketleri, küresel gelişmeler ve artan kentleşme, kimlik olgusunun değişimini beraberinde getirdiği gibi aynı düzeyde kentlerin/kentlilerin ve mekânların da kimliklerinin değişmesine sebep olmaktadır.

Tek tip kültürel kimlik oluşturma maksadıyla ortaya çıkan/hareket eden ulus-devlet mantığı, ilk günden itibaren insanların, mekânların, inançların, ailelerin, kentlerin ve mekânların isimlerine müdahale etmiştir. Türkiye'de Cumhuriyet sonrasında değiştirilen köy, mera ve bölge isimlerinin yakın zamanda tekrardan geri verilmesi, mekân kimliği konusunda yaşanan değişimi özetlemektedir. Çalışmamızda her ne kadar kent imgelerinin kentli kimliğinin oluşumdaki yerini tartışıyor olsak da kent kimliklerine yapılan müdahalelerin siyasi, ideolojik ve kültürel geçmişleri de tartışmaya açılmıştır. Bunun yanında nüfus cüzdanımızdaki kimlik bilgilerimiz kolay kolay değişime uğramazken gerçek kimliğimiz ve onu oluşturan, şekillendiren bileşenlerin sürekli değişiyor olması, çalışmanın bu değişime sebep olan gelişmeleri de açıklamasını gerekli kılmıştır. Öte yandan hazırlanan çalışma herhangi bir imgenin süreç içinde fiziksel olarak nasıl inşa edildiğinden çok, kentli zihninde/hafızasında nasıl yer edindiğini, imge ile ilgili deneyimlerini ve zaman içinde nasıl dönüşüme uğradığını anlatmaya çalışmaktadır.

Hem Türkiye'de hem de dünyanın birçok ülkesinde sanat, bilhassa mimarlık, toplumu şekillendirme hizmeti yapan alanların başında yer almaktadır. Cumhuriyet sonrası yazılan romanlara, inşa edilen mimari yapılara ve kentlerin görünür alanlarına yapılan anıtlara/heykellere bakıldığında istenilen toplumu inşa etmek amacıyla yapıldığı görülmektedir. Çalışmamızda üzerinde durduğumuz kısımlardan biri de ülkenin mimari anlayışı ile toplum kimliği arasındaki ilişkiyi okumaktır. Çünkü mimarlık Bumin'in (2016) dediği gibi bir kenti dışarıdan değiştirmek, aynı zamanda bir kentin yaşama biçimini, kültürünü, dünya görüşünü, tutum ve davranışlarını yani kısacası kentliyi değiştirmekte aynı anlamı taşımaktadır. Bu değişim ise kent kimliğini değişime uğratırken kentli kimliğinin de yeniden tanımlanmasının gerekliliğini ortaya çıkarmaktadır. Çünkü her mimari devrim, beraberinde yeni bir toplumsal devrimi getirmekle ve yeni bir kimlik sorununun baş göstermesine neden olmaktadır. Görüldüğü gibi kent, farklı çıkar gruplarının bir arada yaşadığı bir alan olarak karşımıza çıkmaktadır. Çoğunlukla ekonomik rant alanı olarak tanımlanan kentler, aynı zamanda potansiyel bir siyasi ve ideolojik rant alanı olarak da değerlendirilmektedir. Bu nedenle her dönemde mevcut otoriteyi benimsetmek veya sürekli hale getirmek amacıyla kentler şekillendirilmektedir. Bu şekillendirme fiziksel anlamda yapılmaya çalışılsa da bunun daha kalıcı hale getirilmesi imgeler üzerinden kendini göstermektedir. Bu çalışma, kent imgelerinin ve kentsel mekânların yaşanan toplumsal değişim ve dönüşümlerine bağlı olarak nasıl değişime uğradığını ortaya çıkarmayı amaçlaması açısından önem taşımaktadır. Ayrıca her imgenin, bütüne, yerele ve kişisel olana karşı bir duygu oluşturması, bu konunun ele alışını önemli hale getirmektedir. Bunun yanında çalışmanın yapıldığı Şanlıurfa ilinin sürekli göç alması, farklı sosyal grupların uğrak yeri olması ve buna bağlı olarak kent imgelerinin dönemlere bağlı olarak değişime uğramasını ortaya çıkarması noktasında özgündür. Şanlıurfa kent imgeleri üzerinde bu tarz bir çalışmanın olmaması nedeniyle hazırlanan bu çalışma hem kent için hem de Şanlıurfa ili özelinde yapıldığı için Sosyoloji literatüründe ilk olma özelliği taşımaktadır. Kentin kimliğini yansıtan imgelerin incelenmesi, kent tanıtımı için de ayrıca önem taşımaktadır.

Kent imgeleri, kent ve kentli kimliği ile kent hafızası arasında birbirini besleyen bir bağın olduğunu söylemek mümkündür. Bu ilişki de şüphesiz kentin farklı noktalarında karşımıza çıkan imgeler üzerinden okunmaktadır. Bu çalışma ile amaçlanan noktaların başında kentsel hafıza ve kentsel mekânlar arasındaki ilişkinin kentli hafızasında neye karşılık geldiğini ve bu mekânsal bileşenlerin kentli kimliğinin oluşmasında rol alıp almadığı gelmektedir. Buradan hareketle kentlinin zihninde yer etmiş bilgiler kişisel tanıklıklar aracılığıyla ile ortaya çıkarılmaya çalışılmıştır. Bunun yanında kente ve kentliye kimlik kazandıran belli kentsel öğeler çerçevesinde çalışmanın taslağı hazırlanmıştır. Kentli tarafından kimlik öğesi kabul edilen yapılar özellikle belirlenmiştir.

Her kentte Lynch'in (2016: 1) belirttiği gibi "her durumda gözün görebileceği, kulağın işitebileceğinden fazlası, keşfedilmeyi bekleyen bir dekor ya da manzara vardır." Bu dekor ve manzara ise kent imgelerinin bütünü olarak karşımıza çıkmaktadır. Bu manzarayı oluşturan imgeler, bünyesinde aynı anda birçok şeyi barındırmaktadır. İmgeye bakıldığında gücü, çöküşü, gizemi, ihtişamı, kahramanlığı, yok oluşu, yeniden dirilişi, ihaneti ya da doğa karşısında acizliği görmek mümkündür. Çalışmanın alanı olarak belirlemiş olduğumuz Şanlıurfa'ya baktığımızda ise araştırmacıya imgesel özelliği yüksek olan bir kent görünümü sunduğunu söylemek yerinde olacaktır. Şanlıurfa'nın tarihi bir geçmişe sahip olması, inanç merkezi kentlerden olması, çok sayıda kültürü bünyesinde barındırması ve sürekli değişim içerisinde bulunması alan olarak burayı seçmemizi sağlamıştır. Bu doğrultuda hazırlanan çalışma, kültürel çeşitliliğin buluşma noktası olan Şanlıurfa'nın ön plana çıkan görsel niteliğini ve imgesel değerlerini kentin sahip olduğu kentsel öğeler aracılığıyla kentlinin zihinsel imgesinden yola çıkılarak hazırlanmıştır. Yola çıkılırken araştırılacak kentin bir kitap sayfası gibi okunabilirliği önemsenmiş olup tanımlanabilen imgeleri ona göre belirlenmiştir. Son dönem ortaya konulan post yapısalcı teorilerde kent, bir metin olarak görülmüş olsa da Lefebvre kenti mekândan ibaret görmüştür. Bu noktada kent imgelerinden bahsederken aslından "mekânın temsilleri" üzerinden çalışmayı sürdürme gayreti içinde olduğumuz görülecektir. Lefebvre'ye (2014) göre mekân temsilleri kavramı aslında mekâna atfedilen anlamları işaret eder; söz konusu olan ise kavranan mekândır. Mekân temsilleri kavramı aynı zamanda belli bir mekânın toplumsal hafızadaki yerini tanımlayan imgesel temsillerini de kapsamaktadır (Batuman, 2019). Bundan da anlaşılacağı üzere kent imgesi kavramı, kentsel mekân ile yakın anlamlar barındırmaktadır.

Bu çerçevede hazırlanan bu çalışma üç ana bölüm üzerinden hazırlanmıştır. Birinci bölümde imge, gösterge ve kent imgesi kavramlarının ne'liği incelenmiş; bu kavramlar ile kent ve kentli kimliği arasındaki ilişki araştırılmaya çalışılmıştır. Bunun yanında kentsel imge/mekânın fiziksel anlamda "yer"den ve "alan"dan ne derece ayrıldığı tartışılmıştır. Tüm bu kavramların kent kimliğinin değişimine etkisi ve nasıl'lığı da ortaya konmaya çalışılmıştır. Değişime sebep olan göç, modernleşme ve küreselleşme gibi olguların imgeyi ne derece şekillendirdikleri üzerinde durulmuştur. Öte yandan klasik dönemdeki sosyolojik teorilerin söz konusu kavramlara yaklaşımları ele alınmıştır. Ayrıca kent imgesinin kentin tanıtılmasında ve markalaşmasındaki yeri, birey ve toplum davranışları üzerindeki etkisi incelenmiştir. İkinci bölümde ise saha kısmında elde edilen veriler analiz edilmiştir.

Kentsel bir imgenin kent hayatımızdaki yerini öğrenmek için sadece imgeye bakmak, imgeyi anlama noktasında yeterli olmamaktadır. Bunun yanında kent sakinleri ile konuşmak ve imgenin hikâyesine de ulaşılması gerekmektedir. Çünkü söz olmadan zihinde olanın vücut bulması mümkün değildir. Bu doğrultuda çalışmanın veri toplama kısmı görüşme tekniği üzerinden şekillenmiştir. Yüz yüze yapılan görüşmelerin bir kısmı mülakat şeklinde yapılırken bir kısmı ise sözlü tarih yöntemi ile gerçekleştirilmiştir. Sözlü tarih katılımcılarının "ödevini yapan bir ilkokul öğrencisi" edasıyla araştırmacıya yaklaşması, sağlıklı bilgi alma noktasında kolaylık sağlamıştır. Katılımcıların hafızasında yer edinmiş mekânlar ile belirlemiş olduğumuz kentsel imgeler üzerinde görüşmeler ilerlemiştir. Çalışmanın veri toplama kısmında özelikle sözlü tarih görüşmesi yapılan kişi sayısı 16 olup yaşı en ileri olanların hatırlama/anlatma becerileri iyi durumda olmadığı için bazı anlatımlar araştırmaya dahil edilmemiştir.

1. BÖLÜM

İmge, Gösterge ve Kent İmgesi

1. Dışsal Gerçekliğin Temsili: İmge

Kent, çeşitli sembollerin ve imgelerin sergilendiği, sunulduğu kentsel bir pazar olarak karşılık bulmaktadır. Bu yüzden kentte yaşamak aslında imgenin kendisinde yaşamak ile aynı anlama gelmektedir. Çünkü kent, Aytaç'a (2013: 147) göre "akseden toplumsal/kültürel dünyanın, kendiliklerin/kişisel olana dair imgelerin/işaretlerin dünyası ve imgesel bir gösteri alanı" ve merkezidir. Bu bakış açısıyla yaklaşıldığında, kentler her ne kadar yaşanılan yer olarak zihinlerde yer edinmiş olsa da aslında daha çok imgelerin toplamı ya da merkezi olan yaşam yerleri şeklinde karşımıza çıkmaktadır. Lynch (2016: 132) da bu noktada kent için "içinde barındırdığı her türlü insan ve sunduğu dopdolu hayatla, romantik bir yerdir, sembolik ayrıntılarla doludur" ifadeleri kullanmıştır. Kentin en önemli parçalarını oluşturan imgeler; (caddeler, meydanlar, anıt ve heykeller, alışveriş merkezleri, kamu binaları, tarihi alanlar, müzeler, kültürel mekânlar ve yeşil alanlar; tüketim nesneleri, önemli şahsiyetler, yetiştirilen ürünler) içinde yaşanılan kentin kendisini resmetmekte ve kenti kentliye sunmaktadır. Bu yüzden imgeye hem kent hem de kentli için önemli bir sunu demek yerinde olacaktır.

Genel bir kent imgesi tanımına girmeden önce imge kavramını açıklamak hem konunun daha iyi anlaşılması hem de bir çerçevesini sunma noktasında faydalı olacaktır. Tanımsal olarak imge kavramına bakıldığında; imge, "düşünceyi önemli ölçüde etkileyen ya da yapılandıran, yaptığı etkiyi veya düşünce yapısını yansıtan ve belki de en önemlisi insanın iç dünyasında yer alan bir temsil olarak karşımıza çıkmaktadır. İmge ile ilgili çevresel faktörler söz konusu olunca ise imge; insanın her türlü deneyimleri ile öğrendiği dışsal gerçeğin bölümlerinin o bireyin zihnindeki temsili" (Aydıngün, 2000: 18) olarak açıklanmaktadır. Yani imge, esas olarak fiziksel bir gerçeğin/gerçekliğin zihinde şekillenmesi ya da zihindeki karşılığıdır. Zihinde oluşan bir algının dışında; düşünmek, çağrıştırmak ve bir şeyi imgelemde kurmak yoluyla da imgenin oluşabildiğini savunan Cevizci (2005: 916) ise bu metaforu "var olan şeylerin zihindeki tasarımı, zihinsel bir resmi olarak tanımlayıp duygusal bir niteliği ya da dış dünyada var olan bir şeyin kopyasını, duygusal uyaranların yokluğunda meydana getirmesi sürecinin bir ürünü" olarak ifade etmiştir. Shorter Oxford Dictionary'de (1999: 958) imgenin birden fazla tanımı/açıklaması olsa da genel manada "herhangi bir şeyin, özellikle görünen bir nesnenin benzerlikleri, zihindeki temsili, zihindeki biçimi ya da yaptığı etki, bir fikir, kavram; canlı ve ayrıntılı tanımlama, optik bir görünüş ya da eş değeri" olarak resmedilmiştir. İnceoğlu'nda (2011: 91), imgenin yansıması "ortaklaşa bir anlam yüklediğimiz ya da kişisel olarak anlamlandırdığımız simgenin kaynağı olan nesne veya öznenin zihnimizdeki resmidir. Daha öz bir deyişle, dışımızdaki ya da düşüncemizdeki nesnelerin zihnimizdeki resmi" şeklinde açıklanmıştır. Yunancada meta (öte, aşırı) ve pherein (taşımak, yüklenmek) sözcüklerinin birleşmesinden oluşan imge, metaphor (öteye taşımak) anlamında kullanılmaktadır (Salman, 2003). Söz konusu bu tanımda ise imge, nesnenin, görünenden ziyade o nesnenin taşımış olduğu anlamı ifade etmekte, gerçekliğin yeniden üretilmesi şeklinde yorumlanmakta ve "anlam yüklemek" olarak kullanılmaktadır.

İmge kavramı literatürde her ne kadar fiziksel bir nesne olarak yer edinmişse de asıl olan taşıdığı anlamdır. Bu yüzden birçok araştırmacı imgenin anlamına yoğunlaşmıştır. Bu doğrultuda konuyu ele alan Aydıngün'e (2000: 18) göre imge dediğimiz şey "hem fiziksel çevre hem de bunun bireyler tarafından algılanış şekliyle/anlamıyla ve sahip olduğu değerden ibarettir". Başka bir deyişle, değerli ve anlamlı çevreler karşılık bulan imgeler, onları kullananlar için taşıdıkları öneme göre belli biçimlerde o kişilerin zihinlerinde temsil edilebilir ve biçimlenirler. Yani imge karmaşık olanı basitleştirmek ve değerli olanı ayakta tutmak için icat edilmiş olgular olarak okunmaktadır. Söz konusu imgeler her ne kadar sabit dursa da taşıdığı anlam zamana ve kişiden kişiye farklılık gösterebilmektedir. İmgenin anlık sahip olduğumuz duyguların hem de geçmişten edindiğimiz deneyimlerin bir ürünü olduğunun altını çizen Lynch (2016), imgenin edinilen malumatı yorumlamak ve hareketi yönlendirmek için kullanıldığını savunmaktadır. Bu bağlamda imgenin yapı, kimlik ve anlam şeklinde üç ayrı bileşenden oluştuğunu açıklayan Lynch'e (2016: 9) göre; "işlenebilir bir imge öncelikle bir nesnenin tanımlanmasını, böylelikle diğer şeylerden ayrıştırılmasını ve bir varlık olarak kabul edilmesini gerektirir. Bu da kimliğini ortaya koyar. Başka bir şeyle eşdeğer olması anlamında değildir bu, tekliğini veya tekilliğini ifade eder. İkinci imge, nesnenin gözlemciyle ve diğer nesnelerle uzamsal veya dokusal ilişkisini de kapsamalıdır. Son olarak da gözlemci için uygulama açısından ya da duygusal olarak bir anlam içermelidir". İmgeler kentin gündelik yaşam kültürünün orta yerinde yer alırlar. Sadece işlevsel yanları ile değil taşıdıkları simgesel, göstergesel kodlar ile de kentin yaşanmasında, tanıtımında, yeniden üretiminde ve dönüşümünde kısaca var olmasında merkezî rol oynarlar.

İmgeye tahayyül ettirdiği anlamının dışında fizikî bir perspektiften bakıldığında ise tek başına mimari veya estetik bir yapı/nesne olmanın dışında bir şey ifade etmediği aşikârdır. Bu noktada imge sessizdir. Fakat imgeyi icat eden, adlandıran, yorumlayan, açıklayan, kısacası imgeye bakanlar yani kentliler/kente uğrayanlardır. Kentliler bu noktada imgenin sesi olmaktadır. Yani imgeyi icat eden kentlinin kendisidir. Kentli olmadığı takdirde imge, tek başında mimari bir yapı ya da tarihi mekân olmanın ötesine gitmeyecektir. Bu açıdan da imgeye; hislerin, düşüncelerin ya da toplumsal olguların nesnelleşmiş hali olarak bakmak mümkündür. Çünkü imge toplumsal hislerin yapısal hali olarak karşılık bulmaktadır.

Genel anlamda "düşünmek" olarak açıkladığımız şeyin imge ve fikirlerin belirli bir sayıdaki olguya uygulanması olduğunu savunan Ungers'a (2013: 21) göre "işaretler, -kelimelerin fikir ve düşüncelerin yapay işaretleri olmaları gibi- temsil ettikleri şeyi betimlerken; semboller ise gizem, derinlik ve sonu gelmeyen yorumlamayla karakterize edilen tin ve imgenin nüfuz etmesini işaret etmektedir. Soyut bir şeyi ifade etmek ve görselleştirmek için transandantal (fiziküstü) veya tinsel semboller veya alegoriler kullanılır". İmge veya semboller üzerinden aktarılan anlamların bireyin, içinde yaşadığı toplumun ortak değerlerini yansıttığını aktaran İnceoğlu (2011: 95) ise imgelerin, "kuşaklararası aktarımda dikkate alınarak söylenecek olursa semboller aynı zamanda tarihin farklı zaman dilimlerinde yaşamış olan toplumlar ve kültürler arasındaki birtakım ortak değerleri de yansıtmaktadır" ifadelerini kullanmıştır.

Belirli bir şeyi ifade eden, onu temsil eden imge, İnceoğlu'na (2011: 94) göre "insanı kendiliğinden bir zihinsel sürece dâhil ederek imgenin tamamını ve temsil ettiği şeyi bulmaya yöneltmektedir. İmgesel algının önemli bir verisi olan sembol ve 'simge' birey için değeri ve anlamı olan öğrenilmiş bir 'uyarıcı' olup soyut bir özelliğe sahiptir".İmge için algılanması, hatırlanması ve zevk alınması gereken ve kentte görünür bir form kazandırması gereken görünümler olarak söz eden ve belirgin bir imgenin sosyal rolü ve işlevi olduğu görüşü üzerinde duran Lynch (2016: 5-9), imgenin işlevlerini şu şekilde sıralamaktadır:

a. Grup iletişimini olanaklı kılan kolektif hafıza ve semboller için ham malzeme sağlamalıdır.

b. İyi bir çevresel imge aynı zamanda duygusal olarak güven sağlamalıdır.

c. İmge yön bulmaya yardımcı olmalıdır. Bu yüzden hareketin yönünü belirleyen bir harita görevi görmelidir.

d. Toplumu biraya getirmeli ve birbiriyle iletişim kurmalarını sağlamalıdır. Bunun yanında imge etkinlik düzenleyici olarak da görev almalıdır.

e. Yeterli olmalı, pragmatik anlamda bir doğruluk içermeli, bireyin çevresiyle istediği noktaya kadar ilişki kurmasını sağlayabilmelidir.

f. Toplumun, bireyin anılarını ve ideallerini saklamalı ve belleği güçlendiren geniş bir sistem görevi görmelidir.

İmge ile ilgili geçmiş dönemlere bakıldığında ilk olarak 18. yüzyılda yapılan nörolojik çalışmalar göze çarpmaktadır. Daha sonra imge veya kent imgesi, çeşitli uzmanlık alanları tarafından incelenme olanağı bulmuştur. Başta mimarlık olmak üzere şehir planlama, coğrafya ve sosyoloji gibi alanlar imge kavramını araştırmaya başlamıştır. Kurgusal olanı, hayal edileni, düşünüleni realiteye dönüştürmenin ve onu görünür kılmanın yolu; gösterge, sembol ve imgeleri etkin bir biçimde kullanmaktan geçer. Güven'in

(2011) İsrail kentleri üzerine yapmış olduğu araştırmada da görüleceği üzerine; kent içinde inşa edilen heykeller, anıtlar, meydanlar, müzeler, mezarlıklar gibi imgeler ile kullanılan milli semboller, geçmişi gerçek kılan göstergeler olarak karşımıza çıkmaktadırlar. Bu nedenle birçok disiplin imgenin üzerinde durmuştur. Çünkü imge, kenti kent yapan ana unsurların başında gelmektedir. Aytaç'ın (2013: 139) görüşüne göre ise imge "kentin soluklandığı, nefes aldığı, insanların buluştukları/toplaştıkları, ortak yaşanmışlıklar, hatıralar ve izler bıraktıkları yerler olarak aynı zamanda kentlilerin mekân üzerindeki bireyselliklerine, kendilik yüklü özel tarihlerinin inşasına kültürel bir arka plan" oluşturmaktadır.

1.1. Sosyoloji Teorilerinde Kent İmgesi

Her toplum kentsel bir imgeyi inşa ederken belli bir düşünce, yaşam şekli, ideoloji veya dünya görüşü üzerine temellendirmektedir. Bu doğrultuda inşa edilen bir imgeye bakmak, anlamlandırmak, anımsamak veya onu yeniden üretmek imgenin farklı şekillerde değerlendirilmesine olanak sağlamaktadır.İmgenin sahip olduğu sosyolojik özelliğinden dolayı imge kavramına birden çok kuramsal bakış açısı geliştirilmiştir. Bir imgenin açıklanması Güleç'e (2017: 15) göre "anlaşılması, yorumlanması ve insan ile olan etkileşimine yönelik çalışmalar; sembolik yapısalcı, psikolojik, fenomenolojik, hermeneutik, organizmik, bağlamsal, dönüşümsel, etkileşimsel, davranışsal, kültürel, ampirist/deneyimci, kişi temelli, sosyal grup temelli, antropolojik ve tarihsel gibi pek çok başlık altında incelenmektedir". Konunun birden çok başlık altında açıklanmaya çalışılması, disiplinler arası bir özelliğinin olması, her disiplinin konuyu farklı anlamlandırması/yorumlaması ve kendi bakış açısına göre değerlendirmesinden kaynaklanmaktadır. Öte yandan imge olgusunun kentli yaşamına birden çok alanda etki etmesi, bu bakış açılarının çeşitlenmesini beraberinde getirmiştir. Örneğin yapısalcı ve sembolik çalışmalar, imgenin sembolik bir üretim sonucunda ortaya çıktığını kabul edip mekânın anlamını da bu sembolik alan içerisinde aramaktadır. Psikolojik ve davranışçı yaklaşımlar ise kent imgesinin birey davranışları üzerinde etkili olan temel belirleyicilerinden biri olduğunu savunup, bireyin ve toplumun kimliğinin oluşumunda ve şekillenmesinde bir veri olarak imgeyi değerlendirmektedir. Böylece kentsel bir imgenin sosyo-kültürel yapısını üzerinde durulduğu vurgulanmaktadır. Fenomenolojik bakış açısıyla hazırlanmış çalışmalar ise imgeyi idealize etmeden ve maddeleştirmeden varlık ile birlikte ele almaktadır. Bu yaklaşım, imge ve kimlik arasındaki etkileşimi de ele almasıyla birlikte imgenin anlamlandırma süreci ile mekânın gücü üzerinde durmaktadır. Güleç'e (2017: 27) göre fenomenoloji "mekân-insan ilişkileri açısından (özellikle mimarlık için) bir felsefe disiplini olarak değil mekânın somut ifadesi olan mimari formun anlamını ve insan-mekân ilişkilerinin anlamını sorgulamaya yönelik bir yöntem" olarak kullanılmaktadır. Olgun'a (2009: 86) göre ise fenomenolojik bakış açısı"kentsel mekânı anlamada kaynağa ulaşmak, özü yakalamak ve bazı kavramlara açıklık getirmek amacıyla son yıllarda, özellikle kuram ve pratik arasındaki ilişkiyi güçlendirme çabasında olan tasarımcılar tarafından başvurulan felsefi olduğu kadar psikolojik dayanakları da olan bir yaklaşım" olarak kabul edilmektedir.

Mekânı başlıca temel analiz nesnesi olarak değerlendiren Marksist çalışmalarda kent imgesi, sosyal etkilerin ve toplumsal üretimin bir sonucunda inşa edildiği kabul edilmekte ve bu imgelerin toplumsal yaşam içerisindeki kullanımı ön plana çıkarılmaktadır. Bu nedenle çoğu Marksist kent araştırmacısı (Harvey, Lefebvre, Castells, Althusser gibi) başta mekân olmak üzere imge konusu üzerine çalışmalar yapmıştır. Çoğu da kent imgelerinin oluşturulmak istenen sınıf bilinci üzerinde doğrudan veya dolaylı bir biçimde etkili olduğu görüşünde hem fikirdir. Marksist teoride imge, çoğunlukla kent içinde oluşan kapitalist ilişkiler üzerinden açıklanmıştır. Yani imgenin daha ekonomik ve toplumsal yönü üzerinde durulmuştur. Kentsel bir imgenin en dikkat çeken yönlerinden birinin farklı ideolojilere hizmet eden bir araç olduğu üzerinde duran Güleç'e (2017: 31) göre "Marksist teori kapsamında mekânın kapitalist üretim biçiminde nasıl üretildiği ve yeniden üretildiği, bunun hem bir üretim aracı hem de kontrol ve ideoloji aracı olarak nasıl kullanıldığıyla ilgili yeni tartışmalar çerçevesinde" tekrardan gündeme gelmiştir.

Marksist teoride görüldüğü üzere kent veya kentsel imge sınıf mücadelelerinin mekânı ve aynı zamanda merkezi bazen de sebebidir. Her sınıf çatışması, belli bir mekân veya imge üzerinden yaratılmakta ve zaman içinde bu sınıf çatışması kendini mekânların çatışmasına bırakmaktadır. Bu yüzden kentsel alanda bir imge/mekân etrafında şekillenen ve anlam kazanan sınıf mücadelesi veya sınıf olma düşüncesi, hiçbir zaman son bulmayacaktır. Türkiye'de yaşayan siyasi gelişmeler de çoğu kentsel imgenin yeni anlamlar kazanmasına sebep olmuştur. Örneğin Şanlıurfa kent merkezinde yer alan Topçu Meydanı, bölgede yaşanan göç olayları ve siyasi gelişmeler sonucunda farklı grupların çatışma alanına dönüşmüştür. Özellikle isimlendirme noktasında çatışmalar farklı boyutlar kazanmıştır. Bir de göç eden grupların meydanı aktif kullanmaları yerli halkı ile göçmenler arasında sürekli bir çatışmanın meydana gelmesine sebep olmuştur.

Kentin, özelde de imgenin kentsel iktidar karşısında üretilen bir karşı mekân olduğu görüşü üzerinde duran Torlak (2016: 14) Marx ve Engels'in metinlerinden yola çıkarak kenti ve imgeyi“hem tarihsel olarak geri döndürülemez bir olgu ve burjuva egemenliğinin doğrudan mekânı hem de kapitalizmi yıkacak olan sınıfı yaratarak ona bir tür doğal örgütlenme zemini sunan bir karşı-mekân” olarak kavramsallaştırmaktadır. Bu nedenle kent ve kent imgesi, birçok kent araştırmacısı tarafından kapitalizmin yıkılmasını sağlayacak ve egemen sınıfın gücünü elinden alacak olan sınıf mücadelelerinin mekânı olarak betimlenmektedir. İmgenin kentsel mücadele için güçlü bir unsur olduğu üzerinde duran Althusser (2017: 14) de kent imgesi üzerinde yapılan sınıf mücadelesinin tüm zamanlarda devam edeceğini, egemen sınıfın var olan ideolojisinin unsur ve biçimlerini bileştirme yolundaki mücadelesinin de sürekli devam edeceğini savunmuş ve devletin ideolojik aygıtlarını da bu bağlamda “sınıf mücadelesinin verildiği yer hem de bu mücadelenin konusu olmak zorundadır, bu mücadele ise toplumsal oluşuma egemen olan genel sınıf mücadelesinin, egemen ideolojinin aygıtlarında sürdürülmesi” olarak açıklamıştır. Kent içinde ve kentsel imge üzerinden yapılan ideolojik çatışmalar da bunu çok net göstermektedir.

Görüldüğü gibi Marksist teoride imge, mücadelenin yapıldığı mekânı temsil etmektedir. Her ne kadar toplumsal mücadelenin mekânı olarak karşımıza çıksa da imge, bazen de toplumsal çatışmanın sebebi de olabilmektedir. ÖrneğinTürkiye’de 2013’te başlayan ve ülkenin gündemini uzunca bir süre meşgul eden Gezi olaylarında da olduğu gibi Gezi Parkı imgesi, çatışmanın mekânı iken aynı zamanda çatışmanın da sebebi olarak karşımıza çıkmıştır. Bu durumda sıradan bir imgenin, farklı toplumsal grupların etkisi ile hem bulunduğu kentin hem de bulunduğu ülkenin gündemini değiştirecek kadar güçlü olduğu tecrübe edilmiştir.

Günümüzde sosyal bilim metinlerinde ‘imge ve mekân’ kavramının incelenmesinde bir artışın olduğu göz önündedir. Birçok metinde 'şey'lerin mekânsal özelliklerinin olduğu öne sürülmekte ve şey'lerin bu mekânsal özelliklerinin siyasi olduğu üzerinde durulmaktadır. Arlı'ya (2015: 11) göre "David Harvey gibi seçkin coğrafyacıların eserlerinin merkezindeki bu sorunsal, 1968 toplumsal hareketlerinin şehir mekânlarının ve kamusal alanların siyasal önemi hakkındaki felsefi farkındalıklarının artışıyla paralel şekilde H. Lefebvre ve M. Castells gibi araştırmacılarca popülerleştirilmiştir." Harvey, aynı zamanda kent mekânının ve mekân imgesinin insan davranışlarının temel belirleyicilerinden biri olduğu üzerinde durmuştur. Bu noktada sembolik etkileşim yaklaşıma paralel bir görüşün olduğunu söylemek mümkündür. Harvey (2013), Marksist düşüncenin, devrimci strateji içerisinde hiçbir zaman kente ve kentsel mekâna önem/değer vermediğini savunmakta ve Lefebvre'nin de bunu savunarak devrimci değişimin faili olan *'işçi sınıfının'* salt fabrika işçilerinden oluşmadığını, kentsel işçilerinde de buna dâhil edilmesi gerektiğini dile getirmiştir.

Lefebvre'nin (2016) gündelik hayatın eleştirisi ile Marksist ekonomi-politiğini bir araya getirdiği teorik çerçevesinin en kritik kavramı şüphesiz 'kent hakkı'dır. Harvey'in de üstünde durduğu kent hakkı, "kenti gönlümüzce değiştirme ve yeniden icat etme hakkı" (Harvey, 2013: 44) olarak karşımıza çıkmaktadır. Torlak'a (2016: 18) göre ise bu kavram "egemenlerin mekânları kendi ihtiyaçları doğrultusunda inşa etme ve örgütleme faaliyetlerine karşı yönetilenlerin, yoksulların, ezilenlerin ya da madûnların kentte insanca ve onurlu yaşama hakkına atıfta bulunmakta, David Harvey tarafından kendi kuramının temel unsurlarından biri olarak titiz biçimde" geliştirilmiştir. Bu kavramdan yola çıkarak mekânın ve imgenin planlanmasının veya değiştirilmesi hakkının egemenlerde değil kenti kullanan bireylerde olduğu üzerinde durulmuştur. Yani kent hakkı, bir birey için en az eğitim hakkı, sağlık hakkı kadar önemli ve değerlidir. Tam da burada imge ile "kent hakkı" arasındaki ilişkiye değinecek olursak imgeyi değiştirmek ve adlandırmak onu icat edenden çok içinde bulunduğu kentte ve onunla sürekli iletişime geçen kentlinin hakkıdır. Bu yüzden imge üzerinde kent egemenleri tarafından yapılmak istenen her değişiklik kentli tarafından engellenmeye çalışılmaktadır. Bu durum, imgenin çatışmanın merkezi olduğu görüşünü desteklemektedir. Yani imge onu üretenin dışında ona bakanın, onu anlamlandıranın ve onu hissedenin de ürünü olarak karşılık bulmaktadır. Lynch (2016) da bu noktada halk imgesi kavramını kullanmakta ve imgenin asıl sahibinin halk olduğu görüşünü savunmaktadır.

Bireylerin ve toplumların olduğu kadar kentlerin de birer sermayesi vardır. Bu sermeye ise kentsel mekânlar ile anlam kazanan imgesel sermeyedir. Sermaye konusunda araştırmalar yapan Bourdieu, sermaye çeşitlerini açıklarken kültürel, toplumsal, ekonomik ve simgesel olarak ayrıldığının altını çizmektedir. Bu doğrultuda konuya yaklaşıldığında kentlerin de tıpkı toplumlar veya bireyler gibi sermaye ürettiğini söylemek mümkündür. Kentler, ekonomik sermayeyi gökdelenler, alışveriş merkezleri ve diğer üretim-tüketim mekânları aracılığıyla üretirken kültürel sermayelerini tarihi ve kültürel mekânlar (tiyatro, müze gibi) üzerinden icat etmektedir. Sosyal sermaye ise kent içinde yer alan meydan, anıt, heykel, doğal güzellikler üzerinden oluşturulmaktadır. Simgesel sermaye ise sahip olunan simgesel değerlerin tamamı ile açıklanmakta ve tüm sermaye çeşitlerinin sahip olduğu mekânlar, simgesel sermaye adı altında değerlendirilmektedir. Bu yüzden her kent, imge üzerinden kendi simgesel sermayesini üretme gayreti içindedir. Örneğin birçok Avrupa kenti, sahip olduğu ünü simgesel sermaye üreterek kazanmıştır. Örneğin Barselona'nın Avrupa kent sisteminde kazanmış olduğu ün, düzenli ve sürekli olarak simgesel sermaye üretmesiyle oluşmuştur. Bunun yanında Paris, Roma, Berlin, New York gibi birçok Batı kenti, simgesel sermaye ile diğer Batı kentlerinden ayrılmaktadır ve marka değeri taşımaktadır.

Kentler; kültürel, ekonomik, sosyal ve simgesel sermayenin üretim alanı olarak karşımıza çıkmaktadır. Bu noktada birçok kent araştırmacısı kenti, ekonomik hem de simgesel sermayenin mekânı olarak yorumlamaktadır. Kentlerin özellikle simgesel sermaye ile dikkat çektiğini belirten Harvey (2013),simgesel sermaye kavramı üzerinden farklı bir bakış açısı geliştirerek günümüz kentlerinin sahip oldukları sermaye ögeleri ile anıldıklarını ve bu şekilde bir kimlik oluşturduklarını ya da edindiklerini savunmuştur. Harvey'in üzerinde durmuş olduğu simgesel sermaye kavramına bakıldığında kent içinde ve kentli tarafından icat edilen mimari değerlerin ve imgelerin bütünü olarak açıklandığı görülmektedir.

Toplumsal tahayyüllerin birçoğu, özellikle de siyasi iktidar ve ideolojik örgütlenmeler, kendi simgesel sermayesini oluşturma gayreti içindedir. Bu yüzden egemen güç, kenti sürekli bir dönüştürme, değiştirme, planlama, yıkma ve onarma/restore etme çabasındadır. Bu durum söz konusu simgesel sermayenin kullanım hakkının daima güçlü olanda yani siyasi erkte olduğunu göstermektedir. Mekânsal anlamda egemen gücün etkisinde kalan simgesel sermaye, çoğu zaman ekonomik anlamda da bir araç olarak kullanılmaktadır. Yani siyasi erk, kenti bir sunum aracı olarak pazarlama ya da markalaştırma noktasında daima simgesel sermayeden faydalanmaktadır. Bunun en net örneğini turizm alanında görmek mümkündür. Turizm gelirleri yüksek olan ülkelere bakıldığında kent imgeleri ile ön plana çıkma gayreti içinde oldukları görülmektedir. Kent imgelerinin bir meta olarak kullanılması ve pazarlamaları bu durumu özetlemektedir.

Siyasi erkin kent üzerindeki hâkimiyeti ve kente müdahale etme gücü arttıkça kenti kullananlar daha da pasifleşmektedir. Bu da kentlinin kentsel değişim süreçlerine müdahil olamamasını beraberinde getirmekte ve sürekli bir çatışmanın oluşmasına neden olmaktadır.

İmge olgusunu farklı bir bakış açısıyla değerlendiren diğer bir yaklaşım ise feminist kuramdır. Bu yaklaşıma göre imge, zaman içerisinde değişime uğramış ve bu değişim kadının imgeyi icat etmeye başlamasıyla gözle görünür hale gelmiştir. Bumin (2016) de "Demokrasi Arayışında Kent" adlı çalışmasında imgenin, düz ve keskin çizgilerden kopup kıvrımlı çizgilerle yapılmasında kadının artık mahrem alanından çıkıp kamusal alanda imgeyi icat etmesi ile açıklanabileceğini savunmuştur. Yani imgenin toplumsal inşa süreçleri ile eril ve dişil kategoriler arasında sıkı bir ilişki mevcuttur. Hem kamusal alanda hem de toplumsal yaşamın belli noktalarında eril/dişil hiyerarşilerin mekân tanzimine yansıdığını ve çoğu kentsel mekânın toplumsallık süreçlerini cinsiyetçi ön kabullere yasladığını söylemek mümkündür. Feminist hareketlerin ön plana çıkması, cinsiyet özgürlüğü ve insan hakları hareketlerin yükselişi, kent ve kentsel imge üzerinde kadın temsilinin önündeki engelleri ortadan kaldırmıştır. Aytaç'ın (2007: 217) deyişiyle kadınlar "artık mekânları dönüştürebilecek kendi renkleri, zevkleri ve inceliklerini mekânsal tanzim politikalarına giydirecek noktadadırlar. Bu sayede, mekânların feminizasyonundan bahsetmek de olası gözükmektedir".Birçok kentte son dönemde inşa edilen imgelerin kıvrımlı bir mimari anlayış ile yapılması, kadının imgeye müdahalesini göstermekte ve söz konusu kuramın sahip olduğu görüşü desteklemektedir.

Hazırlanan bu çalışmada ise bireyin imgeyi değerlendirme yöntemi, imgeye karşı birey ve toplumun tepkisini/algısını ortaya çıkarmak amacıyla ilk olarak Kevin Lynch'in ortaya atmış olduğu

"Çevresel Değerlendirme" yaklaşımı tercih edilmiştir. Lynch'e (2016) göre bir kent okunaklı bir durumda ise tanımlanabilen, yorumlanabilen kent imgeleri ile bir doku oluşturup kentli tarafından görsel olarak kavranabilmekte ve açıklanabilmektedir. Bu şekilde olan bir kent; yolları, meydanları, tarihi mekânları, heykelleri, sınırları, bölgeleri ile rahatlıkla ayırt edilebilen ve gruplandırılabilen, kısacası okunabilen bir alan olarak karşımıza çıkmaktadır. Bunun yanında kent imgesinin kent kimliğini ve yapısını, yani imge yaratabilme özeliğini zenginleştiren unsurlar üzerinde insanların oydaşmasını sağlamada önemli bir rol oynadığını savunan çevresel değerlendirme yaklaşımı"imge yaratabilme özelliğinin insanlara, çevreye uyum sağlama ve yön bulma konusunda yardımcı olduğu ve böylelikle de kentten daha fazla zevk almalarını sağladığı" (Aydıngün, 2000: 22) savındadır. Çevresel değerlendirme kuramı, bir kentin planlanmasında, kentin kimlik kazanmasında, tanımlanmasında ve en önemlisi okunmasında imgenin önemi üzerinde durmaktadır. Lynch (2010)'in en çok üzerinde durduğu kavram olan kent okunabilirliği "tıpkı canlının canlılık özelliği taşıyan yapı ve görev bakımından en küçük birimi olan hücrenin, içinde bulunduğu canlı vücudunun özelliklerine sahip olması gibi kenti oluşturan öğelerden olan yapılar da bulundukları kentin özelliklerini taşıyabilmekte ve benzer mekanizmada çalışabilmektedirler" (Sağgöz& Al, 2013: 94). Kentli, kenti veya imgeyi okumanın vermiş olduğu güven ve rahatlık sayesinde imgeyi daha iyi algılamakta, kente daha hızlı uyum sağlamaktadır.

İmge kavramına fakklı bir perspektif sunan ve konu ile ilgili birçok teoriye kaynaklık eden diğer bir yaklaşım ise 'Sembolik Etkileşim Teorisi'dir. Sembolik Etkileşim Teorisi, Amerikan sosyoloji ekolünün bir ürünü olup Chicago Okulu'ndan Herbert Blumer tarafından ismi konulan, geliştirilen ve kökenleri psikolojik geleneğe dayanan bir yaklaşım olarak karşımıza çıkmaktadır. "İsminden de anlaşılacağı gibi etkileşime ve eylem ile aktör olarak insana ve onlarla ilişkili sembollere (ve onların anlamlarına) odaklanırlar" (Rıtzer&Stepnısky, 2015: 116). Bazen sadece 'etkileşimciler' olarak adlandırılan yaklaşım, toplum tarafından oluşturulan imgelerin/sembollerin taşıdıkları anlam ile toplumun bu imgelere/sembollere yüklediği anlam ve bu anlamların insan davranışları üzerindeki etkisi üzerinde durmuşlardır. Çünkü insanlar "göstergelere düşünmeden tepki gösterdikleri halde sembollere düşünceli bir halde tepki gösterir" (Rıtzer, 2011: 229). Örneğin bayrak ve Atatürk anıtı imgesini ele aldığımızda bu imgelere yapılan herhangi bir saldırı (yakma ve yıkma),Türkiye'de yaşayan çoğu birey tarafından tepki ile karşılanmaktadır. Hatta başta Türkiye olmak üzere birçok ülkede belli milli imgelere yapılan saldırıların cezası kanunlarla desteklenmektedir[1]. Tepkilerin/cezaların verilmesindeki en temel sebep, bu imgelerin fiziksel veya estetik özelliği değil bireyler ve devletler için taşıdığı, bireyin o imgeye yüklediği anlamdır. Söz konusu bu imgeler, vatanı temsil etmekte ve gösterilen saygı bunu desteklemektedir. Örnekten de anlaşılacağı üzere Sembolik Etkileşimcilik kuramı bireylerin imgelere yüklediği anlam üzerinde durmaktadır. İnsan ve mekân etkileşimi üzerine çalışmalarını yürüten ve Chicago Okulu'nun temsilcilerinden olan Georg Simmel de bu kuramdan yola çıkarak insan ve kentsel imge etkileşiminin insan davranışı üzerinde etkili olduğu görüşünün altını çizmektedir. "Metropol ve Zihinsel Yaşam" (Die Grosstädteund Das Geistesleben) adlı metninde Simmel (1950:7), modern kent yaşamının doğasının modern bireydeki toplumsal-psikolojik yansımaları yani metropolün insan ilişkilerini düzenleyen ve dönüştüren karakteri üzerinde durmuştur.

1 Detaylı bilgi için TCK 145. Maddesine bkz.

Kent imgesi kavramını ele alan teorik yaklaşımların çeşitliliği, kavramın farklı açılardan değerlendirilmesinden kaynaklanmaktadır. İmge, birey ve toplum hayatını etkilerken birey ve toplum da imgenin şekillenmesi veya değişmesi sürecinde etkin rol oynamaktadır. İmge ile birey/toplum arasındaki bu ilişki, imgeye farklı perspektiflerle yaklaşılmasını beraberinde getirmiştir. İmgeye dair temel problematiklerin de bu doğrultuda şekillendiğini söylemek mümkündür.

Kent içinde karşılaşmış olduğumuz nesnelerin tümü kentliler için bazı anlamlar taşımazken kent imgeleri ise toplumsal imgeler olup göründüklerinin dışında kendi içlerinde anlam barındırmaktadır. Ritzer'e ve Stepnisky'e (2018: 349) göre imgeler "insanların toplumsal dünyada karşılaştıkları nesneleri adlandırmalarına, sınıflandırmalarına ve hatırlamalarına olanak vererek insanların maddi ve toplumsal dünya ile ilgilenmelerini sağlarlar". Bundan dolayı gündelik yaşamda, kamusal alanda karşılaşmış olduğumuz kentsel imgeler, bireyi düşünme yetisini kullanmaya sevk etmekte ve kentli tarafından okunarak, açıklanarak ve yorumlanarak inşa edilmektedir. Eğer söz konusu imge, birey tarafından görülmediği, üzerinde düşünülmediği vakit, kısaca nesnesinden yoksun ise sıradan bir mimari yapının ötesine geçmeyecek ve herhangi bir 'şey'den farklı olmayacaktır. Eğer imge, bireyin benliği ile sembolik bir etkileşim içine girmeyecek ve bir bağlantı sağlamayacaksa taşımış olduğu sembolik özelliğinin bir anlamı kalmayacaktır. Çünkü imgeler, kelimeler veya daha geçerli bir ifadeyle dil aracılığıyla fiziksel olarak betimlenebildikleri ölçüde anlam kazanmaktadır. Durum ancak öyle olunca söz konusu olan yapı, kenti ve kentliyi temsil eden bir imge halini alacaktır.

İmgeler, semboller ve bunların taşımış oldukları anlamlar, bireyin toplumsal bir eylem kazanmasına ve toplum ile etkileşime girmesine imkân tanımaktadır. Bu yüzden kent imgeleri de kentte yaşayan bireylerin davranışlarının, yaşam şekillerinin ve gündelik yaşam pratiklerinin ve kimliklerini şekillenmesinde etkili olmaktadır. Aynı zamanda bireyin toplumsallaşması üzerinde belirleyici olan kent imgelerinin bu yönüyle de birer etkileşim aracı olduğu görülmektedir.

2. Görünenin Ötesindeki Anlam: Kentin Göstergeleri

Gösterge, kent içinde görülen, duyulan, anlamlandırılan, hissedilen, tadılan, koklanan ve dokunulan şeylerin bütünüdür. İçinde bulunduğu kenti gösteren ve kentli tarafından fark edilen sembollerin ve işaretlerin toplamıdır. Tığlı'nın (2012: 1) deyişiyle göstergeler "her zaman bir anlamı olmayan kelimelerden, resimlerden, renklerden, kokulardan, tatlardan, hareketlerden ya da nesnelerden oluşur ve bunlar ancak biz onları anlamlandırdığımızda birer gösterge halini" almaktadır. Yani gören ile görünenin birbirini fark etmesi ile oluşan durumunun adı veya durumun kendisi olarak karşımıza çıkmaktadır. Yapısal anlamları olmayan seslerden, kokulardan, tatlardan oluşmaktadırlar. Anca kentli tarafından fark edildiğinde/anlaşıldığında varlık kazanmaktadırlar. Aynı şekilde fark edeninden yoksun olana bir sembolün, işaretin veya bir nesnenin gösterge özelliği kazanması mümkün değildir. Örneğin cami avlularında yer alan "musalla taşı" öte hayatın varlığını, güzelliğini hatırlattığı için olumlu bir gösterge olarak anlam kazanırken ölümden korkan ya da ahiretin varlığını reddeden bireyler için ise anlamsız ve korkulan bir nesne olarak karşılık bulabilmektedir.

Genişçe bir gösterge tanımına bakıldığında göstergelerin birer iletişim aracı olduğunu savunan ve insanların bir topluluk yaşamı içinde birbirleriyle anlaşmak amacıyla yarattıkları olgulardan ibaret olduğunu dile getiren Tığlı'ya (2012: 19) göre göstergeyi "insanların bir topluluk yaşamı içinde birbirleriyle anlaşmak amacıyla yarattıkları ve kullandıkları doğal diller (Türkçe, İngilizce, Fransızca vb.), çeşitli jestler (el, kol, baş hareketleri), sağır dilsiz alfabesi, trafik işaretleri, bazı meslek gruplarında kullanılan flamalar, reklam afişleri, moda, mimarlık düzenlemeleri, yazın, resim, müzik gibi çeşitli birimlerden oluşan ve ses, yazı, görüntü, hareket gibi gereçler aracılığıyla gerçekleşen dizgelerin oluşturduğu anlamlı bütünün birimleri" olarak görmek mümkündür. Göstergenin daima 'şey' artı anlam olduğunu dile getiren Bauer ve Gaskell (2000: 15) ise göstergeyi "ister nesne, ister sözcük, isterse resim olsun- bir kişi ya da bir grup insan için anlam ifade eden 'şey' olarak görmüştür. Gösterge gösterenden, maddi nesne ve onun anlamı olan gösterilenden ibarettir. Ancak analitik amaçla birbirinden ayrılmışlardır" şeklinde açıklamıştır.

Görünenden, temsil ettiğinin ve kendisi dışında başka anlamları barındıran gösterge kavramı; düşündüren, temsil ettiği şeyin yerini alabilen olgular olarak da tanımlanmaktadır. Değişebilir veya zamana bağlı olarak anlamını kaybedebilir ya da daha da anlam kazanabilirler. Göstergelerin tek boyutlu iletişim araçları olduğunu savunan Savsat (2019: 1) bu noktada gösterge kavramının "dil kullanmadan bilgi ve iletileri aktaran görsel araçlardır. Gösteren ile gösterilen arasında neden ilişkisi değil benzerlik ilişkisi" olduğunu dile getirmektedir.

Gösterge ile imge arasındaki farka baktığımızda, imge kendi içinde bir anlam bir derinlik barındırırken göstergenin taşıdığı anlam ise daha belirgin ve ulaşılabilirdir. İmgenin oluşumu zamana, mekâna ve kişiden kişiye farklılık gösterirken gösterge tek bir boyuta sahiptir. Göstergenin değişimi hızlı olurken imgenin değişimi ise genel olarak zaman almaktadır. Çünkü imge, zihinsel bir süreci temsil etmektedir. İmge ile gösterge arasındaki en önemli farkın ise adlandırmadan kaynaklandığını söylemek yerinde olacaktır. Çünkü imgenin adlandırılması kentli tarafından yapılırken göstergenin adı ise kendisidir. Bireylerin göstergelere düşünmeden tepki verdiklerini, imgeye ise düşünceli bir tarzda yaklaştıklarını savunan Sembolik Etkileşimcilere göre göstergeler anlamlarını kendi içinde barındırırken imgeler ise insanların temsil etmek istedikleri ne ise o amaçla kullanılmaktadır (Ritzer, 2011). Kent içinde yer alan imgeler, her zaman 'şey'lerin anlamlarını taşımıyor olsa da çoğunlukla bu amaçla yapılmaktadır. Göstergenin belirttiği şeyi doğrudan doğruya temsil ettiğini, canlandırdığını, imgenin ise yorumlayanı olmaması halinde kendisini imge yapan özelliğini kaybedeceğini savunan Vardar'a (2001) göre nesnesi ortadan kalktığında gösterge dediğimiz şey, onu gösterge yapan özelliğini kaybetmez; imge ise onu yorumlayan nesnesini bulamadığı vakit, imge olma özeliğini kaybetmektedir. Yani gören ile görünen arasında karşılıklı bir inşa etme söz konusudur.

Bir gösterge üzerinden anlamlar üretmek söz konusu değildir. Sadece bir anlam yakalama üzerinde durulmaktadır. Göstergeden farklı olarak imgede ise anlam yüklemek veya bir anlam üretmek söz konusudur. Tüm bunlar yapılırken göstergeye bakmak, göstergeyi gözlemlemek yeterli olurken kentsel imgede sadece görmek yeterli olamamaktadır. Çünkü imge gözün göreceğinden öte anlamları da barındırmaktadır. Örneğin bir fotoğrafa bakmak, tek başına bakan için bazı şeyleri ifade ederken sadece bir imgeye bakmak, yeterli bilgiyi sunmayıp düşünme eylemini de gerekli kılmaktadır. Gösterge ile imge arasındaki farkları örneklerle açıklarsak kentin nüfusu, ekonomik düzeyi, belediye amblemi, iklimi, o kentte ait fotoğraflar kentin göstergelerini oluştururken kentte yer alan kentsel mekânlar; camiler, meydanlar, caddeler, bulvarlar ve tarihi yapılar ise o kente ait imgeleri belirtmektedir. Herhangi bir kıyafet çeşidi (etek, kazak, pantolon) moda sektörünün temel göstergeleri olarak karşımıza çıkarken bir kentin geleneksel giyim şekli ise o kentin imgesine karşılık gelebilmektedir.

Her kentin sahip olduğu göstergeler vardır ve bu göstergeler aslında o kentin ta kendisidir. Kenti var eden, var olduğunu ispat eden bu göstergeler aynı zamanda kentin kimliğini tanıtmakta, yansıtmakta ve yayılmasını sağlamaktadır. Herhangi bir kente girdiğimizde karşımıza çıkan ilk şey o kentin göstergesidir ve bu gösterge, bulunduğunuz kent hakkında size bilgi vermektedir. Bu göstergeler her ne kadar sabit oldukları düşünülse de bir reklam ürünü gibi tüm ülkeyi hatta tüm dünyayı gezebilmektedir. Bunun en güzel örneğini ise şehirlerarası sefer yapan otobüslerde görmek mümkündür. Kentin 'gezen sembolik göstergeleri' olarak adlandırılan bu durum aslında kentin tanıtımını yapmaktadır. Bu da kentin gösterge üzerinden kapitalist bir meta olarak sunulmasına yol açmakta ve bu durumun varlığını ispatlamaktadır. Bunun yanında hemen hemen tüm kentlerin sahip olduğu logolarda kent göstergelerini görmek mümkündür. Belediyelerin özel olarak tasarlamış oldukları logolar, kentin göstergelerinin sergilendiği araç olarak karşımıza çıkmaktadır. Kentin yaşam şekli, kentlinin geçim kaynağı, kentin doğal ve mimari yapısı gibi göstergeler, bu araçlar üzerinden sunulmaktadır. Kentlerin girişlerinde kenti tanıtan, reklamını yapan göstergelerden dikkat çeken bir diğer unsur ise tabelalardır. Bu ögeler kent göstergelerine verilebilecek en güzel örneklerin başında gelmektedir. Çünkü tabelalar, kentin kısa bir özeti gibi hizmet görmektedir.

Bakıldığında her kentin göstergesinin bir hikâyesi vardır. Bu gösterge yukarıda da anlatıldığı üzere içerisinde birden çok sembol barındırmaktadır ve bu sembollerin hepsinin bir dili vardır.

Bu dil ise kentte yaşayanlara veya kente gelenlere bir şeyler anlatmaktadır. Her kendin ise kendine has bir dili olduğunu söylemek mümkündür. Bu dili anlamak ise göstergeleri okumak ile mümkün olacaktır.

3. Kent İmgesi

Toplamsal gerçekliği, toplumun değişimini ve dönüşümünü kent içinde yer alan semboller/imgeler üzerinden okuyup, bu sembollerin bütününü de "kent imgeleri" adı altında değerlendirmek ve açıklamak mümkündür. Şüphesiz bir toplumun duygu ve düşünceleri, kazandığı zaferleri, yiğitlikleri, yaşanılan doğal afetleri gibi kısaca kentin toplumsal hafızasında yer edinmiş olan tüm toplumsal öğeler, kent imgeleri aracılığıyla kalıcı olmakta ve bir sonraki nesle aktarılmaktadır. Bu yüzden her kent Lynch'ın (2016) deyişiyle, kişilerin bireysel imgelerinin bir araya gelmesiyle oluşan bir 'halk imgesine' sahiptir. Aynı zamanda kent imgesi, kent kültürünü, kentin yaşam şeklini, üretim tarzını, ideolojik ve siyasi yapısını, sosyo-ekonomik durumunu yansıtan öğelerin toplamı olarak da adlandırılmaktadır. Yani kenti kent yapan öğeler, kente ait alanlarda sergilenmekte ve sunuma arz edilmektedir.

Kent imgesi kavramına baktığımızda, yapılan imge tanımlarının -zihin ürünü olmasının dışında- kent imgesini, kentsel bir ürünün somutlaşmış, nesneleşmiş, belli bir mekânda vücut bulma hali olarak betimlemek mümkündür. Çünkü bir düşüncenin görevini yerine getirmesi, anlam bulması için maddi bir olguya ihtiyacı vardır. Kent imgesi de tam da söz konusu düşüncenin maddi karşılığıdır.

Kent imgesini, zihinde tasarlanmış olan imgenin, kentin belirli noktalarına daha doğru bir ifadeyle kentin boşluklarına yansıtılmış hali olarak açıklamak mümkündür. Çünkü tek başına imge zihinde çizilirken kent imgesi ise mekânsal hafıza ve kent sunuları ile şekillenmekte ve anlam kazanmaktadır. Keleş'in (1980: 69-70) hazırlamış olduğu "Kentbilim Terimler Sözlüğü"nde kent imgesi kavramı "tasarı düzenlenişi, görünümü ve yapıların yapı tasarıcılık özellikleri ile bir kentin insanda bıraktığı izlenim" şeklinde tanımlanmıştır. Alver (2017: 12) ise "hem kentin bedeni yani fiziksel çizgileri hem de bedenin içindeki yani ruhu, kanı, heyecanı ve hayatıyla ilgili bir yaratım" olarak açıklamış ve imgenin söz konusu olan her iki alanı içine alan engin bir gösterge olduğunu savunmuştur. Lefebvre (2017a) de 'Kentsel Devrim' adlı çalışmasında kent imgesini kentin işaretleri olarak betimlemekte ve bir araya gelmeyi teşvik eden şeyler (sokaklar, mekânlar, meydanlar, kavşaklar, kaldırımlar, binalar) ve bir araya gelmenin gereklilikleri (banklar, ışıklar) olarak sınıflandırmıştır. Bu bakış açısı kentsel imgenin toplumsal hareketlerin mekânı olması durumu ile özetlenmektedir. Bu düşünce birçok kuramsal bakış açısının da temelini oluşturmaktadır. Dacheux (2012) ise söz konusu kavramı, politikanın, ideolojinin görünürlük kazandığı, politik aktörlerin rol aldığı ve kamusal sorunların görünür ve algılanabilir bir hal aldığı bir sahne olarak betimlemiştir. Kentsel bir imgenin bir sahne olarak açıklanması imge ile mekân arasındaki bağlantıyı anlamamız açısından önemli bir yer tutmaktadır. Aynı şekilde kentsel imge, toplumsal öğelerin sergilendiği birer sahne olarak karşımıza çıkmaktadır. Çünkü kent imgeleri, bireysel ve toplumsal temsil ve kurmacalara konu olabilecek düzeye sahip öznel tasvirlerin/betimlemelerin ve tanımlamaların sahnesi özelliği taşımaktadır. Aytaç'a (2017: 15) göre de kentsel mekânları tasvir eden bu imgeler, simgeler, temsiller ve söylemler, kent sakinlerinin zihninde, belleklerinde şu ya da bu şekilde, benzer ya da farklı, olumlu ya da olumsuz anlamlar yüklenerek var olurlar ve tüm bunlar genelde 'kentsel imge' alanı olarak anlam kazanır ve nitelenirler.

Kent imgesi kavramı, farklı şekillerde tanımlanabilse de genellikle Lynch'ın 1960 yılında yayımlandığı "The Image of the City" (Kent İmgeleri) isimli çalışmasıyla anılmaktadır. Bu eser, aynı zamanda bu alanda hazırlanan çok sayıdaki çalışmaya da kaynaklık etmektedir. Kent'i aslında farklı elementlerin bileşeni olarak açıklayan çalışma, Türkoğlu'a (2002: 58) göre "ilkeleri diğer araştırmacılarca da kabul gören kavramları ve yöntemleri içermekte ve kentsel çevreyi ilgilendiren çeşitli disiplinler için geçerli olabilecek temel ilkeleri sağlamaktadır". Lynch (2016), yapmış olduğu çalışmasında kent imgelerini kendi içinde sınıflandırırken sınırlar, yollar, odaklar, bölgeler ve nirengi noktaları olarak beş kısma ayırmıştır. Yollar, bir gözlemcinin kentsel alanda iş yaparken üzerinde dolaşabileceği ya da dolaştığı kanallardır. Sınırlar, benzer olmayan bölgeleri ayıran ya da içine girilebilen ya da girilemeyen engeller olarak ortaya çıkmaktadır. Bölgeler sınırlarla ayrılan ve benzer özelliklerin görüldüğü alanlardır. Odak noktaları stratejik önemi haiz, herkesin birey olarak davranışlarının odak noktası olan yoğun alanlardır. Nirengi noktaları ise, fiziksel peyzajın kolaylıkla tanımlanabilen ve kentsel alanın tümünde algılanabilen elemanlarıdır.

Kent imgeleri, çoğunlukla kentin en görünen noktalarında sergilenmekte ve görünürlük kazanmaktadır. Bu yüzden çoğu kent imgesi, kentin vitrininde sergilenen bir ürün işlevi görmektedir. Bu doğrultuda Alver'in (2017) kentleri, medeniyetlerin vitrini olarak açıklayan tanımlamasından yola çıkıp kent imgelerini, içinde bulundukları kentlerin vitrini olarak açıklamak mümkündür. Kentlere, medeniyetin görünen yüzü denildiğinde kent imgelerine de kentlerin yüzü demek yerinde olacaktır. Çünkü kent imgesi üzerinden okunan, çıkarılan her anlam, üretilen her düşünce zamanda kent içinde geçerli olmaktadır. Bunun en önemli nedeni ise kent imgelerinin kentin sahip olduğu tüm özellikleri bünyesinde taşımasıdır. Sağsöz ve Al'ın (2013: 92) paylaştığı "kentin bir parçası olan bir imge, aynı zamanda içinde bir kenti de barındır" düşüncesi, kent imgesinin kentin bir özeti olduğu görüşünü desteklemektedir. Bu yüzden kent içinde yaşanan değişimi imge üzerinden okumak mümkün hale gelmektedir. Kentteki değişim şüphesiz ilk önce sokakta, caddede ve mahallede başlar. Çünkü kent, Lynch'ın (2016: 32) dediği gibi "sokaklar, yollar, kavşaklar, köşeler, köprüler, anıtlar, kaldırımlar, çarşılar, eğlence ve spor alanları, sanat merkezleri, müzeler gibi sayısız mekânla, kendi imgesinin temel elemanlarıyla var olur". Yani kentsel tüm alanların kent imgesi ile doğrudan veya dolaylı bir bağı vardır. Kentteki değişimin imgeye yansımaması söz konusu değildir.

Her kentte içinde her durumda gözün görebileceği ve kulağın işitebileceğinden öte anlamlar taşıyan, keşfedilmeyi bekleyen manzara ya da bir dekor vardır. Bu yüzden kentsel bir imgeyi değerlendirdiğimizde görünenin, duyulanın ötesini gitmemiz, görülmeyene ve duyulmayana ulaşmamız gerekmektedir. Diğer türlü kenti ve kent imgesini anlamak her zaman eksik kalacaktır. Kent imgesinin sahip olduğunu özelliğinden yola çıkarak bu durumu"buzdağı" metası ile açıklamak yerinde olacaktır. Çünkü imge daha çok görünmeyeni, suyun altındakini barındırmaktadır. Bu yüzden imgeyi okuduğumuzda görünenin altındaki sosyolojiyi, ekonomiyi, siyaseti ve ideolojiyi de görmemiz gerekmektedir.

Kent imgesi sahip olduğu özelliklerden dolayı kendini var etmenin yanında kente ve kentliye birer kimlik inşa etmektedir. Bu yüzden kent imgesi ile kimlik olgusu arasında doğrudan bir ilişki söz konusudur. Kentsel imge ve kent kimliği arasındaki bu ilişkiye değinen Ulu ve Karakoç'a (2004: 59) göre "kentler ve mimari ürünler açısından kimlik ve kentsel imge olgusu, öncelikle görsel boyutuyla ön plana çıkan, ayrıca doğal, coğrafi, kültürel ürünler ve sosyal yaşam normlarını da kapsayan çok geniş bir tanımı içermektedir. Kentsel kimlik ve buna dair kentsel imgeler kent mekânı içerisinde uzun bir süreçte ve bazen çok farklı bileşenlerden oluşmaktadır". Kent imgesi kavramının tüm bir şehir için geçerli olmadığı ve tüm şehri kapsamadığı, kapsadığı bölgeye dair birçok bilgiyi atladığını, kentte yaşayan her birey için kent imgesinin farklılık arz edebileceğini, her kişinin kente ait imgesini farklı ve kişiye özgü olduğunu savunan Aydıngün'e (2000: 27) göre kent imgesi "gerçek çevrenin zihinsel bir temsili olup bu temsil kısmı basitleştirilmiş, kişiye özgü ve çarpıtılmış özellikler" taşımaktadır.

Kentsel imgeler, kent içinde farklı gruplar tarafından farklı algılanıp farklı yorumlanabilmektedir.Çünkü her kentlinin sahiplendiği, ait hissettiği imge farklılık gösterebilmektedir. Bu nedenle kent imgesi "sadece görsel olmayıp bunlar önem olarak boyut arttıkça ve bireylerin ve grupların yaşı, eğitimi, becerisi, toplumsal kültürel değişkenleri, sembolik ve ilişkili değerlerine ve faaliyet biçimlerinin değişkenliğine göre artan deneyimine dayalı etkenlerden de etkilenmektedir (Rapoport, 1977: 118). Bireyin içinde bulunduğu durum, onun kenti veya kent imgesini algılaması ve anlamlandırmasını etkilemektedir. Aynı zamanda kentin kendi içerisinde barındırmış olduğu bazı etkenler (kalabalık, yapılar, yollar, sokaklar, isimler) de bireyin kent imgesini yorumlamasını etkilemektedir. Sharr'ın (2017: 2) da dediği gibi "insanlar çevrelerini önce oraya yerleşerek ve duygusal tepkiler vererek anlamlandırır". Bu yüzden kent imgesinin anlamlandırılması için kentlinin öncelikle imgenin bulunduğu bölgede yaşaması gerekmektedir. Kentsel imge ile birer turist gibi sadece duygusal anlamda bir bağ kuran, görsel özelliğinin dışına çıkmadan ekonomik, kültürel veya ideolojik bir bağlantı kuramayan birinin imgeyi yorumlaması, onu okuması her daim eksik olacaktır. İmgeyi sık sık gören kentli, öncelikle kent imgesine bir değer belirler ve onu anlamlandırır. Bu bağlamda kent imgelerine, gözlemci ile kent arasındaki çift yönlü sürecin bir ürünü olarak yorumlamak mümkündür. Yani bir taraftan kent, ilişkileri ve farklılıkları önerirken diğer taraftan gözlemci gördüğünü seçmekte, düzenlemekte ve anlam vermektedir. Heidegger (2017), "İnşa Etmek İskân Etmek Düşünmek" adlı yazısında mimari bir ögenin, bir imgenin aslında 'inşa edilmiş şey'ler olduğunu dile getirmektedir. Kent imgesi de tıpkı Heidegger'in düşüncesinde olduğu gibi inşa edilmiş şeyler olarak karşımıza çıkmaktadır. Yalnız bu inşa etmek söz konusu imgenin sadece bir yapı anlamında inşa etmenin yanında kimliğin, geleneğin, ideolojinin de inşa edilmesi anlamı taşımaktadır. Aynı şekilde Lefebvre (2018) de "Şehir Hakkı" adlı çalışmasında kentsel imgenin, tıpkı nesneler gibi üretilip tüketildiği, alınıp satıldığının altını çizmektedir.

Kent imgesi genel olarak "anlamlandırmalar görünümünde tüketime teslim edilen toplumun anlamlandırmalarıdır" (Lefebvre, 2016: 81). Kentsel imgeyi tüketen ise imgeyi algılayan, yorumlayan, okuyan ve açıklayan kentlinin kendisidir. Çünkü bir kenti kent yapan şey binalar, caddeler, anıtlar veya meydanlar değildir. Kenti kent yapan şey kentlinin kendisidir. Kentli olmadan bir kentten bahsetmek mümkün değildir. Aynı şey kentsel imge için de geçerlidir. Bir kentsel imgenin var olması için onu anlamlandıran, yorumlayan, okuyan bir kentliye ihtiyaç vardır. Bu bağlamda kent imgesi ve kentli arasında sürekli bir etkileşimin olduğunu söylemek mümkündür.

4. Kent İmgesinin Oluşumu, Yayılışı ve Dönüşümü

Kent, sembolik bir dünya olup içinde birçok şeyi barındırmaktadır. İnancın, düşüncenin ve ideolojinin yansıtıldığı, sergilendiği sembollerin toplamıdır. Bu yüzden kentlerin semboller üzerinden çatışmanın da mekânı olduğuna vurgu yapan Harvey (2013) de kentlerin, aslında iktidarın hem kendi simgesel mekânını üretme hem de kitleleri denetleme bakış açısıyla düzenlendiğini ve bu bakış açısına göre tasarlandığını savunmaktadır. Kamusal alanda sergilenen; toplumsal, siyasi ve ideolojik dönüşümler neticesinde görünür hale gelen kent imgeleri (anıtlar, heykeller, meydanlar, caddeler, parklar) hâkim zihniyetin hayat bulması için özen/önem arz etmektedir. Bundan dolayı kent imgesinin oluşumu, değişimi ve yeniden üretimi sürekli karşılaşılan bir durumdur. Kentin görünür veya boş alanlarında inşa edilen bu semboller, oluşturulmak istenen toplum modelinin ilk basamağını oluşturmaktadır. Aslında bu durum bir bakıma kentsel iktidarın kentliye fiziksel olmayan bir müdahale biçimi olarak yorumlanmaktadır.

Bir kentin imge oluşturma ve yaratma özelliği, kentte yaşayanlar bağlamında bulundukları çevreye uyum sağlamaları, toplumsallaşmaları, kent aidiyetinin oluşması ve en önemlisi de kent içerisinde yer-yön pratiklerinin kolay bir şekilde uygulanması noktasında önem atfetmektedir. Bir kent imgesi, bulunduğu kentin ana bütünleşme araçlarından biri olarak betimlenmekte ve bu imge, kentte kalanlar arasında ortaklaşa icat edilip canlı bir toplumsal belleği ifade etmektedir. İnceoğlu ve Aytuğ (2009: 131), bu konuda "kentsel mekânlar kentlilerin ya da değişik kullanıcılarının kültürel birikimlerini paylaştığı, aktardığı, tekrar öğrendiği yerlerdir. Aynı zamanda kentin tanımlanması (o kente dair imaj oluşumu) bağlamında kullanıcıların kültürel kimlikleri, kişisel gelişimleri ve insanların birbirleriyle etkileşimleri sonucu kentli olma deneyimini elde etmesi de bu mekânlarda olmaktadır" ifadelerini kullanmıştır. Kentin imge oluşturma becerisi, kenti kullananların kent içinde çok daha mutlu olmalarını ve kentte yaşamaktan daha çok zevk almalarını sağlamaktadır. Bunun yanında kent imgesi, kentli için diğer bireylerle iletişime geçebileceği, ortak bir kent kimliğinin oluşmasını sağladığı, ortak bir kültürün sergilenebileceği kentsel mekânlar olarak da karşımıza çıkmaktadır. Kent imgesinin diğer bir temel özelliği deTaşçı'ya (2014: 85) göre"özel mekânın dışlayıcı karakteristiğinin aksine, toplayıcı, davet edici ve dâhil ediciliğidir. Ne kadar farklı olursa olsun kentte olan her şeyi ve herkesi içine alıyor olmasıdır". İmgenin kentli tarafından kullanılıyor olması, orayı daha işlevsel hale getirmekte ve imgenin gerçek anlamda değerini bulmasını sağlamaktadır. Yaşanan toplumsal gelişmeler ise imgenin de değişimini, farklılaşmasını beraberinde getirmektedir. Ulu ve Karakoç'a (2004: 63) göre de "kentlerin işlevsel özellikleriyle birlikte oluşan gelişim süreçlerinin gelişen ekonomik dinamiklere ve güçlü aktörlere bağlı olması ve bu mantığa göre gelişim göstermesi, 'kentsel imgeleri' de büyük ölçüde farklılaştırmakta ve değiştirmektedir. Örneğin Bursa Ulu Cami silueti ile Bursa kentini uzun yıllar etkilemesine rağmen günümüzde değişen kentsel değerler ile Bursa Fomara Meydanı'nda yükselen ofis yapıları Ulu Cami ile aynı perspektif içerisinde yarışmakta ve ekonominin kent üzerindeki gücünü simgeler hale gelmektedir".

Şüphesiz kent imgeleri/temsilleri veya görsel mekân temsilleri sabit anlamlar taşımayıp tarihsel olarak sürekli değişim ve dönüşüme uğramaktadır. Özellikle siyasal ve toplumsal kırılmaların yaşandığı ve siyasetin üretkenliğini yitirdiği dönemlerde yeniden kullanılmalarına ve yeni anlamlar kazandığı daha sık görülmektedir. Kentsel siyasal erk, kent imgesini değiştirmek istediğinde ne taşlar ne duvarlar ne de imgenin etrafında yer alan herhangi bir nesne, direnç göstermeye yetersiz kalmaktadır. Direnç gösterecek olan orayı kullananlardır. Kentlinin göstermiş olduğu direnç ise kaynağını hem kentin hem de toplumun kentsel hafızasından almaktadır. Belli dönemlerde kentsel müdahaleye bağlı olarak çatışmaların yoğunlaştığı görülmektedir. Örneğin 1960 ve sonrasında başlayan ve kentin bir kalkınma aracı olarak düşünülmeye başlanması, mekân disiplinlerine mensup mimar, planlamacı, kent araştırmacıları gibi meslek insanlarının etkinliğinin arttığını söylemek mümkündür. Butuman'a (2019) göre ise 70'li yıllara gelindiğinde ise kent artık sosyal bir çatışma alanı olarak popüler tahayyülde kendine yer bulmuştur.

Hiçbir nesne veya imge hareketsiz değildir ve bir kent imgesinin gölgesinde ikinci kez oturmak çok sık rastlanan bir durum değildir. Lefebvre'nin (2017) deyişiyle görünüşte hareketsiz olan kent imgesi, barındırmış olduğu düşünce veya ideolojiler aracılığıyla ve egemen sınıfın müdahalesiyle sürekli hareket halindedir. Bu durum belli dönemlerde daha belirgin olmakta ve daha hızlı bir şekilde yaşanmaktadır. Politik ve güçlü toplumsal yüklemelere sahip olan kent imgesi, tarafsız bir realite olmadığı gibi içi boş, yerinde duran, hareketsiz bir yapı veya geometri değildir. Çünkü imge dediğimiz şey sabit, durağan ya da değişmez bir kategori değil değişken, dinamik ve iktidar hiyerarşileri yaratan bir güç olarak nitelendirilmektedir.

Kent ve kent imgesi her ne kadar değişime uğrasa da Ulrich Beck'in (2013) 'Siyasallığın İcadı' adlı çalışmasında ifade ettiği gibi daima iktidar ve mülkiyet yapılarının devam ettiği alan olma özelliğini kaybetmezler. Kent imgesinin oluşumunu ve değişimini bu açıdan değerlendirmek yerinde olacaktır. Kentler sürekli değişim ve dönüşüm yaşarken kent imgesinin bu durumdan etkilenmemesi veya imgeye yapılan müdahalenin son bulması söz konusu değildir. Bir kenti planlamanın, tasarlamanın öznesi kim olursa olsun sonuç her zaman politik bir etkinliktir. Bu yüzden yapılan, tasarlanan her imge bir gruba veya bir ideolojiye hizmet etmektedir. Berman'nın (2016) dediği gibi her politik güç, şehirde var olmak ve şehri kendisine ait kılabilmek için büyük değişimler-hem bireysel hem de toplumsal dönüşümler-gerçekleştirmek zorundadır. Çünkü gerçek olmak isteyen ve olduğunu söyleyen ama kendi mekânını üretemeyen bir toplumsal varoluş, bir entite olarak çok özel bir soyutlama türü olarak kalacaktır. İdeolojiler, kent toplumu için kalıcı ve sürekli olmayı amaçlıyorlarsa bu ancak "ideolojinin kendi hâkimiyetindeki bölgenin sınırlarını belirleyerek sürekliliğini istediği toplumsal düzenin mekânını üretmesiyle mümkün" (Lefebvre, 2014: 81) olacaktır.

Tarihten beri her toplumsal grup kendi imgesini inşa etmiştir. Bu yüzden her dönemde o dönemim toplumsal yapısını yansıtan imgelere rastlamak mümkündür. BakıldığındaOrtaçağ toplumunun kendi mekânı ve kendi imgesini ürettiği görülmektedir. Daha doğrusu önceden var olan mekânın üzerine konarak kendi mekânını, kendini yansıtan imgesini icat etmiştir. Aynı şekilde kapitalizm de sermayenin ve politik devletin gücünü kullanarak soyut mekânlarını üretmiştir. Peki ya sosyalizm bir mekân üretti mi? Hayır. Lefebvre'nin de aslında önemle üzerinde durduğu nokta burasıdır. Yeni bir mekân, kendine ait yeni bir imge yaratamayan/üretemeyen bir devrim sonuna kadar gidemez, bir yerde durur ve asıl ulaşmak istediği noktaya ulaşamaz, başarısız kalır ve hayatı değiştiremez. Sadece politik aygıtları, ideolojik üstyapıları ve kurumları değiştirmekle yetinir.

Kentlerin siluetini tanımlayan, belirleyen anıtsal mimari, dâima hâkim iktidar biçimleriyle şekillenmektedir. Gerek sahip oldukları ideoloji ile gerek inançları gerekse de geleneklerinden gelen anlayış doğrultusunda kentleri oluşturmakta veya var olan kentleri biçimlendirmektedir. Bu etkiden kentsel imgenin etkilenmemesi söz konusu değildir. "20. yüzyılda Sovyet kent mimarisine damgasını vuran devasa meydanlar ya da kuzey Amerika kentlerinin ufkunda yarışan gökdelenler bunun en yakın ve canlı örnekleri" (Öncü &Weyland, 2016: 9) olarak karşımıza çıkmaktadır. Bu yıkım ya da müdahale bazı zamanlarda ise sert tepkilere ve çatışmaları beraberinde getirmektedir. Bu durum ise imgeye farklı bir boyut kazandırmakta ve kentli için daha anlamlı olmasını sağlamaktadır. Söz konusu kentsel imge "varlıksal (ontolojik) ve biçimsel(morfolojik) açıdan ele alındığında, doğrudan doğruya onu oluşturanların ve kullananların dini, siyasi ve ideolojik bakış açılarının etkisi altında olduğu anlaşılacaktır" (Taşçı, 2014: 11-12). Bu yüzden imgeye yapılan herhangi bir saldırı, halkın kendisine yapılmış gibi tepki görecektir. İmgenin değişimi bu yüzden hep sıkıntılar doğurmakta ve sancılı olmaktadır. Kentsel imge üzerinden yapılan mücadeleyi aslında bir bellek savaşı olarak da görmek mümkündür. Türkiye'de özellikle Ankara, İstanbul ve İzmir gibi büyük illerde bu bellek savaşının meydanı diyebileceğimiz birden çok örnek mevcuttur (Taksim Meydanı, Kızılay Meydanı, Tandoğan Meydanı, Kordon Boyu gibi). Bu mücadelenin tek nedeni ise egemenlerin, kent imgesini, kendi sûretlerinde yaratma istediğidir. Aksi bir durumda her kentsel mekânda toplumsal belleğin/hafızanın 'hatıralarıyla' donanmış başka sûretlerle karşı karşıya kalınmaktadır. Torlak (2016: 12) da bu doğrultuda "mekânların belleğini silmek, bu belleğin toplumsal belleğine referansla 'istenmeyen şeyleri' hatırlatmasının önüne geçmeye teşebbüs etmektir. Kent mekanını yeniden talep etmek, bu anlamda, nostaljik ve romantik bir 'istemezükçülük' değil, ahir zaman Faustlarına karşı verilen bir kolektif bellek savaşıdır" ifadelerini kullanmıştır.

Kentsel alanlar her ne kadar farklı gruplar tarafından ekonomik getirim alanı olarak görülse de çoğunlukla siyasi getirim alanı şeklinde karşımıza çıkmaktadır. Her siyasi, ideolojik düşünce kent içinde kendi varlığını göstermek, varlığını devam ettirmek amacıyla kenti şekillendirme eğilimindedir. Çünkü Bumin'in (2016: 89) de Pugin'den aktardığı gibi "bir ülkenin sanatı, o ülkenin politik ve toplumsal erdemlerini yansıtmakta, dile getirmektedir". Her kentsel form onun ortaya çıkmasını sağlayan ekonomik, siyasi, sosyolojik, kültürel ve diğer faktörlerin biçimlendirmesiyle meydana gelir. "Siyasi erk, çoğu zaman kentsel altyapıyı ve şehir yaşantısını, isyankâr nüfus gruplarını denetlemesine olanak verecek biçimde yeniden düzenleme peşindedir. Haussmann'ın Paris'te açtığı bulvarlar bunun en bilinen örneğidir" (Harvey, 2013: 173). Verilen bu örnekte Lefebvre'nin savunduğu baskıcı toplumlar, baskın ideolojiler veya yöneticilerin yapıt üretiminde, imge oluşturmada çok yaratıcı ve zengin olurlar, tezi doğrulanmaktadır. Michel Ragon'un (Akt. Bumin, 2016: 142) dediği gibi"Sümer'den Brasillia'ya, Babil'den New York'a' bütün devlet ideolojileri tuğla, taş, maden hacimlerinde cismanileşmiştir".Castells'in (2013: 83) de aktardığı gibi toplum da bu ideolojiler sayesinde "artık sermaye, iletişim, görüntüler, sesler ve semboller akışı gibi sadece toplumsal örgütlenmenin bir unsuru olmayan ancak topluma, iktisadi, siyasi ve sembolik olarak da hâkim olan süreçler eliyle yeniden şekillenmektedir" ve bu süreç tüm hızıyla devam etmektedir.

Kent imgesini yorumlarken veya değerlendirirken imgenin yapılmış olduğu dönemin koşullarını da dikkate almak ve göz önünde bulundurmak gerekmektedir. Çünkü imge inşa edildiği dönemin özelliğini barındırmakta ve her dönem bazı zamanlarda o imge ile vücut bulmaktadır. Bu yüzden imgeyi, yapıldığı dönemden, kentin bütününden ve toplumun değerlerinden bağımsız ele almak, yanlış önermelerin ve yargıların oluşmasına neden olacaktır. Bundan dolayı işlemi gerçekleştirirken, yani imgeyi yorumlarken kentin bütünlüğünü, toplumun değer yargılarını ve yaşam şeklini dikkate almak gerekmektedir.

Türkiye'nin yakın tarihine baktığımızda, dönemlere bağlı olarak hem toplumsal hem siyasal hem de mekânsal anlamda bir değişim ve dönüşümün içinde olduğu aşikârdır. Türkiye'de mekân üzerinde yaşanan değişimin temellerine bakıldığında ise "Osmanlı'nın son dönemlerinde başlayan Batılılaşma hareketleri Cumhuriyetle birlikte çağdaşlaşma olarak içerik değiştirmiş ve günümüze kadar kültürel değişimle birlikte etkilerini sürdüre gelmiş ve beraberinde kentlerimizi de mekânsal olarak değişim sürecine sokmuştur"(Ulu&Karakoç, 2004: 59). Cumhuriyet'in kurulması ile söz konusu bu değişim ve dönüşümün daha da hız kazandığını söyleyebiliriz. Yaşanan gelişmelerin üç alanda gerçekleştiğinin altını çizen Özden (2016: 253) "Yeni Cumhuriyetin kurulması ile birlikte ortaya konan ulus-devletleşme politikası, modern ve batılı bir toplum ve bu toplumun gereksinimlerine yanıt verebilecek bir kent modeli öngörmektedir. Bu dönüşüm ise üç alanda gerçekleşir: ekonomik yapıda, toplumsal yapıda ve mekânsal yapıda" ifadelerini kullanmıştır.

Her siyasi dönem kendi ideolojisini mekâna yansıtmak, mekân ve imge üzerinden sürekli hale gelmek için bir mücadele içerisindedir. Bu yüzden Cumhuriyet sonrasından günümüze kadarki süreç içerisinde kent imgesinin değişimini gözlemlemek ya da şahitlik edenlerle görüşmek, onları dinlemek mümkündür. Bu dönemde "siyasal bir proje olarak ulus-inşası, 20. yüzyılın tanıklık ettiği modernleşme süreçleri incelendiğinde açıkça görüleceği gibi toplumsal zeminde kök salmak ve yaygınlaşmak için daima kültürel bir programa ihtiyaç duymuştur" (Batuman, 2019: 19). Bu noktada ilk başvurulan alan sanayi ve mimarlık olmuştur. Çünkü iktidar, mimari ile onun görsel temsili üzerinden kendini yeninden üretme gayreti içindedir. Mimarlık ise ulusun görsel anlatısını kurarak kendini sosyal yaşantıdan soyutlamak zorunda kalmıştır.

Türkiye'de özellikle ön planda olan büyük kentlere bakıldığında yerel iktidarın gücünü gösterecek kentsel mekânların ve imgelerin üretildiği görülmektedir. Özellikle kentlerin en görünür noktalarına dikilen anıt ve heykeller, yapılan meydanlar ve en önemlisi de imgeye verilen yeni isimler, iktidarın gücünü görmemizi ve en önemlisi iktidarın amacını anlamamız noktasında önemlidir. Bu da gösteriyor ki Türkiye'de Cumhuriyet ile birlikte çağdaş ve batılı kentler yaratma isteği sadece çağdaş bir kent yaratmakla kalmamış, siyasal otoritenin/gücün üzerinde kontrol sağladığı modern bir kent üretme düşüncesi ile ortak hareket ettiği görülmektedir.

Cumhuriyet ile birlikte oluşturulmak istenen yeni hayat tarzı, kent içerisinde yeni biçimlerin ve yeni uygulamaların ortaya çıkmasını beraberinde getirmiştir. Yeni yaşam tarzının var olan yaşam tarzını reddetmesi, görmezlikten gelmesi veya geri kalmışlığı sembolize ediyor şeklinde yorumlanması kentin ve beraberinde imgenin de değişimine sebep olmuştur. Çünkü yeni yönetim tarafından, Sargın'nın (2017: 140) altını çizdiği "Cumhuriyet ile birlikte ortaya çıkan yeni kentsel biçimler, "modern öncesi" zamanlardan "modern" zamanlara geçişi simgelemektedir." Bu fikir ise hızlı bir değişimi beraberinde getirmiştir. Örneğin Osmanlı ve Selçuklu dönemlerinde kentin sembolü olan Camiler ve benzeri mekânlar yerini modern ulus devlet formatındaki caddelere, sokaklara, meydanlara ve anıtlara bırakmıştır. Ulus devlet mantığında Lefebvre'nin (2014) dediği gibi var olmak, sürekli olmak için yeni mekânlar yeni imgeler üretmeye çalışmıştır. Bir yandan geçmişini seçici olarak kurgularken, bir yandan da kendi değerlerini yeniden üretecek olan toplumsal belleğin, egemen olduğu süre içerisinde öngördüğü pratiklerle etkin tutulmasını sağlamayı amaçlamaktadır. "1983 sonrasında ise bir yönetim tarzı olarak ortaya konan liberal ekonomik politikalar ve dış politikada uluslararası arenada yer alma çabaları neticesinde yerel yöneticilerin de Avrupa veya dünyanın başka yerlerindeki meydan ve diğer kentsel uygulamaları görmeleri ve benzerlerini Türkiye'de de uygulamaya çalışmalarıyla birlikte meydanlar da gündeme gelmiş ve çeşitli uygulamalar yapılmıştır" (Taşçı, 2014: 157). Meydan imgesinin tarihten beri demokrasi ile anılıyor olması yerel yönetimlerin meydan üzerine yoğunlaşmasına neden olmuştur. Günümüzde bile seçimler için önemli bir konumda bulunan meydanların var olması ve birçok kentte meydanların yapılması siyaset ve imge arasındaki etkileşimi görmek açısından önemlidir. Çünkü her ne amaçla yapılırsa yapılsın siyaset her zaman bir mekâna ihtiyaç duyar ve bir mekânda hayat bulur. Doğrudan belli bir mekânı talep etmese bile o mekân üzerinden hareket eder ve mücadelesi için gerekli olan insan kaynağını ve araçlarını söz konusu olan mekândan devşirir (Torlak, 2016). Yani siyaset, bir nesneye duyduğu ihtiyaç ile paralel bir şekilde bir mekâna da ihtiyaç duymaktadır.

Cumhuriyet sonrasında siyasilerin, toplumu değiştirme ve modern bir toplum yaratma mantığıyla mimarlığa yöneldiği görülmektedir. Sargın'ın (2017: 186) deyişiyle "1920'lerin ikinci yarısında, yönetim göreceli olarak güç kazanmış ve uyguladığı reformların yanı sıra mimarlığı, toplumun yaşam kalıplarını yeniden düzenleyebilecek ve ürettiği kimliğe özdeş bir araç olarak algılanmaya" başlamıştır. Bu gelişmelerden yola çıkarak mimarlığın hiçbir zaman tarafsız olamadığını ve her daim belirli bir ideolojinin, düşüncenin taşıyıcısı olduğunu söylemek yerinde olacaktır. Aynı şekilde mimarlık, Sargın'ın (2017: 180) belirttiği gibi "sağlıklı bir toplum, sağlıklı kentler ve bireylerden oluşacak modern ulus devlet modeli yaratma düsturunun en belirgin göstergelerinden birisi haline gelmiş ve hatta modernleşme ve sağlıklaşma misyonunun en iddialı taşıyıcısı olarak Cumhuriyet'in ilk yıllarında politikayla, bu anlamda, doğrudan bir ilişki içerisinde var olmuştur". Örneğin Cumhuriyetin kamu binaları, mimarları ideolojik söylemlerinin keskinlikleri ile belirginleşmemiş olsa da başta kenti olmak üzere toplumu da değiştirme görevini üstlenmiş, tüm toplumsal değişim programlarının temsilcileri, propagandistleri halini almışlardır. Egemenlerin kent mekânlarını yıkma, yeniden inşa etme, "yaratıcı yıkıma" maruz bırakma noktasında bir tür rantiyer yasaya tabi olduğunu belirten Torlak'ın (2016) da ifade ettiği gibi egemenler ya da kentsel siyasi güçler, değeri yükselen parselleri ve kentsel mekânları, kendi istek ve arzularına göre sermaye üzerinden yeniden düzenliyor, kent mekânlarını daha fazla tüketebilenlerin kullanımına açıyorlar. Buradan yola çıkarak kentsel mekânların, egemenlerin bir metası olma işlevi kazandığı görülmektedir.

Kente ve kentsel mekâna bakıldığında aslında mevcut iktidar için bir ev işlevi görmekte, mekân içerisinde yer alan imgelere ise evin herhangi bir mobilyası gözüyle yaklaşıldığı görülmektedir. Durum böyle olunca mevcut iktidar, mekânı ve özellikle de kentsel imgeyi istediği şekilde değiştirmekte veya ortadan kaldırabilmektedir. Bu durum ise kentsel mekânın en önemli parçası olan kentsel imgelerin iktidarın bir ürünü hatta mülkü olarak yorumlanmasına sebep olmaktadır. Bundan yola çıkarak kent imgesinin, her iktidar ve ideoloji tarafından farklı amaçlar doğrultusunda oluşturulduğunu ve kullanıldığını söylemek mümkündür.

Türkiye'deki kent imgelerine bakıldığında çoğu sosyal ve kültürel faydadan çok devlet tarihi ve misyonunu simgelemekten öteye gitmediği görülecektir. Cumhuriyet ile birlikte bu durum daha belirgin ve gözle görülecek hale gelmiştir. Bunun nedeni ise Cumhuriyet'in kuruluş temellerini yaratmak ve bu temellerin kamusal alanlarda ulus devlet bilinci geliştirerek toplumu şekillendirmek ve yön vermek amacıyla yapılmıştır. Kuzu'ya (2012: 61) göre de kentsel imgenin en önemli parçalarından biri olan heykele bakıldığında Cumhuriyet'i ve ideolojinin temsilcileri olarak kentlerin yeni kamusal meydanlarında görevlerini yerine getirdikleri görülecektir. Heykellerde olduğu gibi meydanları da devletin bir etkinlik alanı olarak yorumlamak mümkündür. Görüldüğü gibi imge, iktidarın resmi söyleminin bir parçası ve önemli bir aracı işlevi kazanmakta ve siyasi otoritenin eli ile birleştirici bir toplumsal bellek aşılamaya ve siyasal erkin tek başına yüceliğini oluşturmaktadır. Hal böyle olunca da bir kentsel imgenin, devlet ideolojisinin vücut bulduğu mekânın tamamlayıcısı görevi gördüğü söylenebilir.

İdeolojilerin kalıcı olmayı başarması için önce kendi değerler sistemini tanımlaması gerekir (bağımsızlık, zafer, vatanseverlik, sadakat, görev gibi). "Kamusal alanda ifadesini bularak toplumun yaşayışına yansıması istenen kavramlar, önce toplumun da benimseyebileceği sembollere dönüştürülerek algılanabilir hale getirilir (belli bir söz, kişi veya tarih gibi). Daha sonra imgeler, mimari ya da mekânsal pratikler yoluyla somutlaşır ve kamusal alanda yoğunlaşır (bayrak, tören, anıt gibi). Hatırlama yoluyla sunulan değerlerle özdeşleşmesi gerektiği ulusa aktarır; bir temsil biçimi olan imge, somut bir forma dönüşür" (Sargın, 2017: 164). Kent içinde karşılaşmış olduğumuz farklı kentsel imgeler; dinlenmek, eğlenmek, bir araya gelmek amaçlı kullanılıyor olmalarının yanında toplumun yeniden üretimine hizmet ettiği için ideolojik veya siyasi bir anlam da kazabilmektedir. "Nesnelerin birikimi nüfusun birikimi ile yan yana gider ve sermaye birikimini izler; okunabilir ve görünebilir olanın belirtilerinin altına saklanan ve zamanla açığa çıkan bir ideolojiye dönüşür. Bu şekilde kentsel mekânın sömürgeleştirilmesinden bahsetmek mümkün olur; bu sömürgeleştirme süreci imge yoluyla, reklam yoluyla, nesnelerin teşhiri yoluyla yani semboller ve teşhir üzerine kurulu 'nesneler sistemi' yoluyla sokakta hayata geçirilir" (Lefebvre, 2017a: 24). Bu noktada en dikkat çeken ve en görünür olan imge ise meydandır. Meydan ise devletin kendini boşluklar üzerinden ifade ettiği mekândır. Nasıl ki kentin göstergeleri toplanmanın da göstergesi ise meydanda tam bu amaca hizmet eden kentsel imgelerin başında gelmektedir. Çoğunlukla kent merkezlerinde yer alan meydanlar modern burjuva toplumlarında ve ulus-devletlerde kentin çekirdeği olarak tanımlanmaktadır. Meydanın işlevi ve yapılış amacına bakıldığında ise egemen sınıf olan burjuvazi ile müttefiklerinin buluşma, siyasi tartışma, var olan kültürü devam ettirme veya yeni bir kültür oluşturma gayesi ile yapıldığı görülecektir. Son dönem yapılan meydanların miting alanları olarak planlanmasının yanında kitlelerin daha hızlı ve kolay kontrol edilebilir bir şekilde düzenlendiği görülmektedir. Çoğu kentin meydanlarında adalet sarayının ya da valilik binalarının olması da meydan üzerindeki daha doğrusu meydanda toplanan kitle üzerindeki devletin gücünü görmek açısından dikkat çekicidir. Aynı zamanda meydan imgesi din, kültür, kolektif hafıza ile gelişen ortak kültürel bağların birleştirici bir özelliğini de barındırmaktadır. Oluşan bu güçlü dayanışma bağı ise ortak bir kimliğin oluşmasını sağlamaktadır. Her ne kadar ayrıştırıcı özelliği olsa da bu kimliğin temelden güçlü olduğu aşikârdır.

Kent imgesinin değişimini hızlandıran diğer etkenlere bakıldığında yaşanan modernleşme, küreselleşme ve post-modern gelişmelerin imgeyi hızla değişime uğrattığı görülmektedir. Kent mekânları, özellikle küreselleşme ile beraber yeni ve farklı anlamlar kazanmıştır. Özellikle son 20-30 yıl zarfında insanın, eşyanın, paranın ve imgenin dolaşımının hızlı bir şekilde kendilerinden uzak ve dışsal müdahalelerin etkisinde değişip yeni şekil aldığını ve küresel bir zaman-mekân ilişkisi içinde yeniden organize olduğunu dile getiren Aytaç (2017: 13) "Kent mekânlarındaki değişiklikler küreselleşme ile atbaşı gitmekte, küreselleşme, her şey gibi, kentsel mekânları, yerel ve ulusal karakteristiklerinden kopararak dünyasal yani dünya eksenindeki gelişmelerin/değişmelerin kontrolü altına almaktadır. Sokaklar, meydanlar, parklar, mağazalar, vitrinler, restoranlar, oteller vs. küresel akışlar doğrultusunda Bounes Aires'te ne ise İstanbul'da ya da Kahire'de aynı görünümlere kavuşmaktadır."

Birbirine benzeyen bu kentler bakıldığında aslında hepsinin küreselleşmeye bağlı olarak kapitalist bir meta ve üretilen, tüketilen, kâr sağlanan mekânlar halini aldığı açıktır. Kent imgesinde yaşanan değişim aslında birçok sorunu da içinde barındırmaktadır. Sancar ve Saygın (2000) değişim ve dönüşüm ile beraber ortaya çıkan sorunları şu şekilde sıralamıştır:

a. Kamu mekânları gittikçe özelleşmektedir.

b. Kamu mekânlarına erişimde ve kullanımda denetim artmaktadır.

c. Elektronik kameralar ya da güvenlikçilerle davranışlar denetlenmektedir.

d. Kamu mekânlarında ırk, sınıf ayrımı ve sosyal dışlama gittikçe artmaktadır.

e. Mekân tasarımı yerel coğrafya ve tarihle bağlarını koparmaktadır.

f. Tüketim ve eğlence boyutu aşırı önemsenmektedir.

g. Kamu mekânlarında sosyal ilişki ve yakınlaşma ihtiyacı giderek azalmaktadır.

h. Kamu mekânlarında tasarım özellikleri, kullanım türleri ve kullanıcı profilinde bir homojenleşme ortaya çıkmaktadır.

Kentleri ve kent imgelerini değişime uğratan bir diğer süreç ise kuşkusuz postmodern gelişmelerdir. Çünkü postmodernizmin modernlik karşısında üstünlük sağladığı alan şüphesiz kenttir. Kent içinde postmodern gelişmelerin en çok yaşandığı alan ise kent tasarımı ve mimarlık olmuştur. Bunun başlıca sebebi ise mimarlığın, postmodern olarak betimlenecek somut yapılar, ürünler ve mekânlar üretmesidir. Postmodern habitat içinde yer alan insanlar ise yaşanan son gelişmeler ile birlikte kentsel mekâna olan bağlılıklarını bazı sembolik imgeler üzerinde kurmaya başlamışlardır. Böylelikle postmodern kent, imgesel bir gösteri alanına dönüşmüştür. Aytaç'a (2017: 8) göre postmodern kentlerin "yaşam uçuşan, parıldayan, yanıp sönen kimlikler, imajlar, göstergeler cümbüşü içinde yüksek tempoda devinen, kayan, değişen, başkalaşan akış halindeki bir hipergerçeklik" halini aldığıaşikârdır.

Kentli, kentin fiziksel görüntüsü olarak gördüğü kentsel imgenin yok olmasına, değiştirilmesine, şüphesiz dini, ulusal, siyasal olaylardan daha fazla hassasiyet göstermektedir. Özellikle Batuman'ın (2019: 43) belirttiği gibi Türkiye'de "2007 ile başlayan yeni siyasal süreç, kentsel mekânın ve mimarinin görsel politika aracı olarak kullanılmasını ve yeni biçimlerinin üretilmesini" hızlandırmıştır. Yerelin veya kentsel siyasi erkin imgeye, mekâna müdahalesi toplumsal hayatın politikleşmesine ve kentsel mekânın siyasal eylemin bir sahnesi olmasına sebep olmuştur. Bu durumu yakın zamanda gerek Türkiye'de gerekse dünyanın farklı bölgelerinde mevcut iktidara veya kapitalist sermayeye karşı çevreci eylemlerin artmasıyla açıklanmaktadır. Yerel yöneticiler çeşitli gerekçelerle imgeyi değiştirme düşüncesine sahip olabilir fakat yerel alışkanlıklar, Halbwachs'ın (2017) da üzerinde durduğu gibi imgeyi değiştirme/dönüştürme eğiliminde olan güçlere direnç gösterir ve bu direncin temelinde kentlinin sahip olduğu kolektif hafızanın olduğu görülmektedir.

4.1. Kent İmgesinin Değişimi ve Göç

Kentler ve buna bağlı olarak kentsel mekânlar/imgeler tarihten beri var olan ve sürekli bir gelişim ve değişim içinde olan olgular olarak karşımıza çıkmaktadır. Her kentsel imgenin kentin özelliğini ve özetini yansıtan bir öge olarak yorumlanmasını gerektiğini savunan Taşçı (2014, 9), kent ve kent mekânları ile ilgili "kentsel mekân ve kent meydanı her tarihi dönemde ve her toplumda o toplumun yaşam biçimi ve inanç değerlerini yansıtan şekilde farklı formlarda ortaya çıkmış ve gelişmiştir" ifadelerini kullanmıştır. Kentlerin içinde barındırdıkları parametrelerden dolayı sürekli bir değişim içinde olduğunun altını çizen Tümertekin (1997: 9) ise bu noktada "gerek dünya nüfusunun yaşadığı yerler açısından ve gerekse üretilen ekonomik ve kültürel değerlerin büyüklükleri açısından ele alındığında, şehirler insan müdahalesinin en son düzeye vardıkları yerlerdir ve bundan dolayı sürekli bir değişim içindedirler" sözlerini sarfetmiştir. Bu değişim bazı dönemlerde görünmek olsa da değişimin sürekli olduğunu söylemek mümkündür. Çünkü kentler, genel hatlarıyla bir süreliğine sabit kalıyor gibi dursa da ayrıntılarında sürekli değişim ve dönüşüm içindedir. Devlet ve yönetme erkini paylaşan kurumlar –devletin işlerliği ve güvenliğinde sorumlu aygıtları, yerel yönetimler, politik söylem merkezleri gibi seküler veya dinsel oluşumlar- bir anlamda, kentin nasıl olması gerektiğini planlayan güç merkezleridir ve egemen olsun olmasın tüm görüşleri gündelik hayatın içerisinde yeniden üreterek kenti dönüştürürler (Sargın, 2017: 21). Kentte üretilen bu değişim ve dönüşüm olayını da kamusal alanda imgeler aracığıyla görmek mümkündür. Çünkü bu değişim kentliyi etkilediği kadar kent içerisinde bulunan imgeyi de etkilemektedir. Her ne kadar kentliler tarafından farkedilemiyor olsa da imgenin zaman içerisinde değişmediğini savunmak mümkün değildir. Bu nedenle kentte meydana gelen her değişimden imge de nasibini almaktadır. Hatta imgeler bir çok toplumsal değişimin fragmanı olarak görülmektedir.

İmgenin değişimine sebep olan gelişmelerin başında süphesiz nüfusun sürekli yer değişimi gelmektedir. Çünkü her yer değiştirme beraberinde yeni imgelerin oluşmasına ve var olan imgelerin yok olmasına sebep olabilmektedir. Bu yüzden ideolojik müdahaleler, yapılan savaşlar, meydana gelen afetler ve bunların sonucunda da yaşanan büyük çaplı göçler kentlerin olduğu gibi yeni imgelerin üretilmesini ve hatta yeniden üretilmesini beraberinde getirmektedir. Çünkü bu gelişmeler, kent içinde farklı kültürlerin ve kimliklerin yerleşmesine/oluşmasına yer açmaktadır. Öncü ve Weyland (2016: 24) da bu durumu"milli coğrafyaların ayrılmaz parçası olarak düşündüğümüz kültürel öğelerin yemekler, müzikler, sözcükler, giysiler, küresel dolaşım ağları içinde birbirileriyle harmanlanmasını anlatmak için, çeşitli terimler kullanılmaktadır. Mesela Ulf Hannerz, kreol denen karma dillere gönderme yaparak farklı kültürel öğelerin bileşimini, "kreolleşme" olarak tanımlamaktadır" şeklinde açıklamıştır.

Göç gibi büyük çaplı değişimlerin ya da küreselleşme dediğimiz gelişmelerin homojen bir kitle kültürünü yaratmadığını dile getiren Hannerz (1987), toplumların toplu olarak kreolleştiğini dile getirmektedir. Öncü ve Weyland'in (2016) de aktardığı üzere tüm bu gelişmeler ile birlikte göç ya da farklı toplumsal gelişmeler sonucunda dünyanın bir ucundan diğer ucuna sürüklenen/taşınan kültürel öğelerin birbirine karışıp melezleşmesi veya kreolleşmesi günümüz kentlerin en temel özelliklerinden birini yansıtmaktadır. Modern kentlerin kentsel mekânlarının ulusal veya uluslararası göçe bağlı çoğulcu kültürün ana yurdu halini aldığının altını çizen Karataş'a (2019) göre ise yaşanan göçler sonucunda kentsel mekânlar, birbirinden farklı kültürlerin üretiminin ve tüketiminin yaşandığı ortamlar halini almaktadır. Bu durum ise kent mekânlarının birer yeni göstergeler ve imgeler dünyasına dönüşmesi ile sonuçlanmaktadır.

Dünya ölçeğinde göç hareketlerinin yeni bir olgu olmadığı su götürmez bir gerçektir. Kıtlıklar, engisizyonlar, sömürge savaşlarının doğurduğu büyük kitle göçlerini, sanayi devriminin yerinden yurdundan koparıp göçe zorladığı insan sayılarını, dünya savaşlarına eşlik eden göç dalgalarını düşünecek olursak tarihin neredeyse her döneminde büyük göç hareketlerinin yaşandığını söylemek mümkündür. Yaşanan göç sonucunda ise göç eden gruplar, önceki yaşam alanlarından kopup yeni yerleştikleri mekânın sosyal, kültürel ve ekonomik iklimine uyum sağlamaları ve gün geçtikçe yerleşik olanlar ile aradaki farkın eriyeceği aşikârdır. Bunun sonucunda da yeni mekânların yeni kimliklerin oluşması kaçınılmaz bir gerçektir. Güleç (2017: 35) de bu bağlamda şu ifadeleri kullanmıştır: "Göç ile yaşanan kimlik bunalımları mekânın sahiplenilerek, mekândaki egemenlik alanların oluşturulmasından sonra bir çözüme kavuşmaya başlamakta yeni kimlikler inşa edilmektedir".

Yeryüzünde yaşanan her göç olayı ile birlikte sadece bireyler değil kültürler de hareket etmektedir. Yani her göç aslında toplumsal hafızanın da yer değiştirmesi ile sonuçlanmaktadır. Bu doğrultudan bakıldığında Türkiye'de özellikle kırdan kente göç ile birlikte toplumsal hafızanın da yer değiştirmesine bağlı olarak kent merkezlerinde yeni kent imgelerinin oluştuğu görülmektedir. Kırdan kente yaşanan göçlerle birlikte çoğu büyük kentlerde bir takım eklektik ve ara mekânsal formlar ortaya çıkmakta ve bu durum kent merkezlerinin yeni kentsel mekânların ortaya çıkmasını beraberinde getirmektedir. Aytaç'a (2007: 216) göre oluşan bu yeni imgeler ise "yeni gelenleri kente yaklaştırmakta, yeni kentlileşme süreçleri yaratmakta ve bu yönleriyle 'kentlileştirici ve dolayısıyla modernleştirici' bir işlev" görmektedir.

Bundan da yola çıkarak yaşanan göç olaylarını sadece insan dolaşımı olarak ele almak eksik olacaktır. Göç ile birlikte mekân-kültür etkileşimi de başlamakta ve göç olayı, kültürlerin de yer değiştirmesini ve yeniden üretilmesini beraberinde getirmektedir. Bu kültürel değişim ise kentsel imgenin de şekil değiştirmesine ya da göç alan kentlerde yeni imgelerin oluşmasına neden olmaktadır. Göç ile birlikte ortaya çıkan, inşa edilen bu imgeler ise daha sonra göç edenlerle birlikte farklı kişiselliklerin, yeni toplumsal aidiyetlerin ve değişik kentliliklerin adreslerine dönüşmektedir. Yakın zamanda Türkiye'nin güney sınırında yaşanan çatışmalar nedeniyle yoğun göç alması güney sınırında yer alan Şanlıurfa, Mardin, Gaziantep, Kilis gibi illerin sosyal, ekonomik ve kültürel olduğu kadar mekânsal anlamda da bir değişim yaşamalarına yol açmıştır. Dış göçe bağlı olarak artan nüfus ile birlikte birçok yeni imgenin oluştuğu, var olan bazı kentsel imgelerin ise değişim gösterdiği görülmektedir. Özellikle Şanlıurfa ve Gaziantep'te yeni tüketim alanlarının oluşması ve ürünlerin farklılaşması (nargile, mırra, baharat gibi) gözle görülür şekilde artış göstermiştir. Bunun dışında bazı imgelerin (meydan, çarşı) göçmenlerin sürekli bir araya geldiği, alışveriş yaptığı veya boş zamanlarını geçirdikleri alanlar olması oraların Suriye Meydanı, Suriyeliler Çarşısı ya da Suriye Mahallesi gibi adlar ile anılmayla başlamalarına neden olmuştur. Bu durum göç ile imgenin değişimini görmemiz açısından önem taşımaktadır.

Yeni bir kentsel imgenin oluşumu ise zannedildiği gibi hızlı değildir. Çünkü "aynı bölgeden göç edenler yeni geldikleri yerde de aynı sosyal ilişki ağı içinde hareket etmekte aynı alışkanlıkları kendileri ile benzer olanlar arasında güvenle sürdürebilmektedir" (Yayınoğlu & Susur, 2008: 20). Bu durum göç edenin kente uyumunu zorlaştırırken aynı zamanda ortak bir kent kimliğinin oluşmasına da engel olmaktadır. Ortak bir kimliğin oluşturulamaması beraberinde herkese hitap edecek bir kentsel imgenin de oluşmasını engellemektedir/geciktirmektedir. Yoğun göç alan İstanbul, Ankara, İzmir gibi kentlerde ortak bir kimliğin oluşması ve bunu simgeleyen bir imgenin icat edilmesi daha az göç alan kentlere göre daha yavaş olacaktır.

5. Kent İmgesinin Adlandırılması

Bir mekânın, bir kentsel imgenin adlandırılması imgeyi sıfırdan inşa etmek kadar önemlidir. Çünkü ad, tıpkı bireylerde olduğu gibi kent imgesin de bir kimlik kazanmasındaki ön koşullarından biridir. Çünkü adı konulmamış bir imgenin varoluşu kentli tarafından kabul görmeyecektir.

Adlandırılmanın imge üzerindeki etkisinden yola çıkarak Lefebvre'nin (2014: 47) sorduğu "dil toplumsal mekândan önce mi geliyor yoksa bu mekâna eşlik mi ediyor veyahut ardından mı geliyor? Dil, toplumsal mekânın koşulu mudur yoksa ifadesi mi? Sorusu dilin önceliği tezi kendini dayatmaz. Toprağı belirleyen, iz bırakan, ortak tutum ve işleri örgütleyen faaliyetler, gayet kurallı, gayet iyi eklenmiş dillerden önce değil midir?" gibi sorulara cevap aramak gerekmektedir. Görüldüğü üzere bir mekânın ya da bir imgenin anlamlandırılması ve yorumlanmasından önce mekânın adının önemi üzerinde durmaktadır. Çünkü bir kentsel imgenin adı bile tek başına bir anlam ifade etmektedir. Çünkü imgeye konulan her isim bir sebebe dayanmakta, dolayısıyla bir ruh taşımaktadır. Bu durum kentsel göstergeler için daha bir önem taşımaktadır. Göstergeye, imgeye veya kentsel mekâna verilen ad, aslında o kentte yaşayan bireylerin yaşam şekillerini, yaşanmışlıklarını, hayata, eşyaya ve doğaya bakış açılarını yansıtmaktadır. Bu yüzden hiçbir imge gelişigüzel adlandırılmamaktadır/adlandırılmamalıdır. Bir imgenin oluşumu, değişimi veya yeniden üretimi ne kadar önem taşıyorsa taşıdığı isim de aynı ölçüde önem taşımaktadır. Çünkü isimlendirme imgeyi anlamlandırmakta ve çevreyi canlandırmaktadır. Kısacası yukarıda da üzerinde durulduğu gibi imgeye bir kimlik kazandırmaktadır.

Bir toplum üretilirken o toplumun sahip olması gereken kriterler ya da duygular da imge üzerinden üretilmektedir. Bu yüzden her toplum her siyasi erk veya her ideoloji kendi imgesini oluşturma, var olanı ise yok etme gayreti içerisindedir. Değişmesi ya da yok edilmesi mümkün olan kentsel imgeler, istenilen düşünce doğrultusunda restore adı altında ya da zorla hızla değiştirilirken ya da yok edilirken değişmesi mümkün olmayan imgenin ise adına müdahale edilmektedir. Türkiye de özellikle son yüzyıl içerisinde yaşanan siyasi, toplumsal, ekonomik ve ideolojik değişimleri, kentsel mekânların/imgelerin değiştirilmesi kadar adlarındaki değişim ile üzerinden okumak da mümkündür. Özellikle Cumhuriyetin ilanıyla birlikte adlandırma süreci hız kazanmış ve var olan imgelerin ve yeni icat edilen imgelerin adları mevcut düşünceye bağlı olarak yeniden şekillenmiştir. Bu yüzden Cumhuriyet sonrası oluşturulmak istenen toplum, Türkiye'deki herhangi bir kentteki caddelerin, meydanların, anıtların adlarına bakılarak anlaşılabilmektedir.

Oluşan/oluşturulan, icat edilen kentsel imgenin veya yeniden üretilen mekânların genel olarak toplumun hangi kesimine hitap ettiği adına bakılarak anlaşılmaktadır. Bunun yanında kentsel imgelerin adlarına bakılarak imgenin bulunduğu kentin yapısı hakkında da bilgi sahibi olmak mümkündür. Bir kentin muhafazakâr bir düşünce doğrultusunda mı yoksa Kemalist bir ideoloji doğrultusunda mı idare edildiği kent içinde yer alan caddelere, sokaklara, mahallelere, köprülere, üst geçitlere verilen adlara bakarak anlamak mümkündür. Kısacası kent imgelerinin sahip olduğu ad, kentliye çok şey anlatmaktadır. Bu durum aynı zamanda imgenin bulunduğu kentin ve kentlinin kimliği hakkında da ipucu vermektedir. Diyarbakır ile İzmir kentlerini karşılaştırdığımızda kent içindeki mekânların adları, söz konusu iki kentin siyasi yapısından kültürel, ideolojik yapısına kadar birçok alanda kente gelenlere bilgi vermektedir. Kentten kente gözlemlenen bu farklılık bazen aynı kent içinde yer alan iki ayrı mahallede bile karşımıza çıkmaktadır. Işık ve Pınarcıoğlu (2015) tarafından yapılan "Nöbetleşe Yoksulluk: Gecekondulaşma ve Kent Yoksulları" adlı çalışmada Sultanbeyli ilçesini ikiye ayıran E5 yolunun üst ve alt kısmına yerleşen grupların yaşamış oldukları mekânlara verdikleri adların, toplumsal yapıları, inanç yapıları ve yaşam şekilleri hakkında bilgi verdiği üzerinde durulmuştur.

Türkiye'de 1950'lilere gelindiğinde yaşanan siyasi kayma, kendisini mimaride ve imgelerin adlandırmalarında da hissettirmiştir. "Özellikle muhafazakâr bir politik döneme geçiş imgelerin adlandırmalarında kendini göstermiştir. Sokak, cadde, meydan adlandırmalarındaki kaymanın daha küçük çapta olduğu ve hemen her ülkede gözlemlenebilecek bu değişim, bir ideolojik izlek değişimi göstermektedir" (Sargın, 2017:237). Yaşanan büyük çaplı toplumsal gelişmeler (savaşlar, afetler, siyasi darbeler/rejimler) de imgenin adlandırılması üzerinde etkili olmaktadır. Cumhuriyet sonrasında kentsel alanların yeniden isimlendirilme olayı 12 Eylül darbesi sonrasında hız kazanmış olsa da yakın zamanda kentli tarafından yeniden tecrübe edilmiştir. Özellikle 15 Temmuz 2016 tarihinde yaşanan darbe girişimi ve bunun sonucunda meydana gelen gelişmeler, kentsel imgelerin yeniden adlandırılmasını beraberinde getirmiştir. Örneğin İstanbul'un en önemli kent imgelerinden biri olan Boğaziçi Köprüsü'nün adı, darbenin sembol mekânlarından olduğu için '15 Temmuz Şehitler Köprüsü' olarak değiştirilmiştir. Aynı şekilde Ankara'nın tanınmış olan imgelerinden Kızılay Meydanı'nın adı da darbe girişimi sonrasında meydanların önemli rolü neticesinde '15 Temmuz Kızılay Milli İrade Meydanı' olarak değiştirilmiştir. Bu tarz örnekler, ülkenin neredeyse tüm kentlerinde karşımıza çıkmıştır. Bu durum, siyasi bir müdahalenin ve siyasi iradenin kentsel mekân üzerindeki şekillendirici gücünü görmemiz açısından önem taşımaktadır.

Türkiye'de imgenin adlandırılmasının altında yatan sebepler/süreçler, dünyanın başka bir yerinde bulunan ülkelerinde de yaşanabilmektedir. Özellikle tarihlerinde belli kırılmalar yaşayan ülkelerde (Rusya, İsrail gibi) bunun örneklerini görmek mümkündür. Örneğin Güven'in İsrail kentleri üzerinde durduğu çalışmasında; İsrail kentlerindeki imgelere verilen isimlerin de geçmişi gerçek kılan semboller olduğunu ve belli bir amaç doğrultusunda verildiğini savunmuştur. Güven (2011: 134), "İsrail kentlerinde bir sokak isminin iki anlamı vardır. Birincisi göstergesel olarak şehrin labirenti içerisinde kişilere yol gösteren uzamsal bir işaret; ikincisi ise bir yan anlam olarak ideolojik içeriğe sahip bir işaret" olduğunu belirtmiştir. Görüldüğü gibi her ideoloji kendi kimliğini, imgeyi inşa etmek ve isimlendirmek yoluyla var ederek içinde yaşanılan dönemi bu bağlamda sahiplenmektedir. Tıpkı yeni doğan bebeğine isim vermek gibi.

Kent içinde bilinen, dikkat çeken belli başlı mekânların, bulvarların, caddelerin, meydanların, isimleri belli siyasi dönemlerde keyfi uygulamalar ile sürekli değişmektedir. Atlı (2015: 90) bu noktada "Devletten başlayarak en küçük birime, ferde kadar mekân adları bir dert, bir yaradır. En büyük mekânın; ülkenin ve kimi şehir isimlerinden, en küçük mekânların isimlerine varıncaya kadar... Özetle bu ülkenin, esaslı bir "mekânları adlandırama-ma sorunu" vardır" ifadelerini kullanmaktadır. Bir imgeyi adlandırmak/anlamlandırmak, en az onu icat etmek kadar önemlidir. İmgenin, adının anlamı ile uyuşmaması üretilen imgenin amacının dışında bir varoluşa sahip olmasına sebep olabilmektedir. Bunun en güzel örneği yakın zamanda Ankara'da yaşanmıştır; Ankara'nın belli bir dönemdeki yerel yöneticileri bir buz pateni salonuna Adnan Ötüken ismini vermişlerdir. Oysaki adı konulan şahıs bir kütüphaneci ve soyadının çağrıştırdığı konularda çok sayıda kitap kaleme almıştır. Böyle muhafazakâr bir şahsın isminin modern bir sporun yapıldığı bir salona verilmesi, şahsın ise söz geçen sporlarla ilişkisinin olmaması ailesi tarafından protesto edilmesine sebep olmuştur (Bumin, 2016). Bu durum imgeye verilen adlandırmanın bir anlam taşıması ve imge ile bütünlük içinde olması gerektiğini göstermektedir. Üretilen imge ile verilen ad arasındaki kopukluk, imgenin toplum hafızasında yer edinmemesine, aitlik duygusunun oluşmamasına neden olmaktadır. Bu durum ise imgenin yok olmasına veya yeniden adlandırılmasına sebep olmakta ve kentli için birer boşluktan öteye anlamları taşımamasına neden olmaktadır.

6. Kent İmgesinin Birey ve Toplum Üzerindeki Etkisi

Her kent imgesi belirli bir amaca hizmet etmek için icat edilmektedir. Ya yeni bir görüşü temsil etmekte ya da var olan düşüncenin devam etmesini sağlamaktadır. Althusser (2017) de bir devletin ideolojik aygıtı devletin sahip olduğu ideolojiyi topluma benimsetmek için kendine özgü bir yoldan katkı sağladığını dile getirmektedir. Kentsel imge de söz konusu ideolojik aygıtların bir parçasıdır. Şöyle ki: siyasal aygıt, bireyleri devletin siyasal ideolojine uydurmak için mücadele ederken seçim, propaganda, vaat gibi yollar üzerinden bunu yapmaya çalışır; kültürel ideolojik aygıt ise imge üzerinden bunu topluma uyarlar. Kent imgesi görüldüğü gibi devletin egemen ideolojik aygıtı rolünü üstlenmektedir ve toplumu veya bireyi devletin ideolojisine göre şekillendirmeye çalışmaktadır. Fiziksel çevrenin, kentsel imgenin insan davranışı üzerinde etkili olduğu savı genel kabul görmektedir. Halbwachs (2017: 145) bu durumu "bir insan grubu, alışkanlıklarıyla uyumlu bir yerde uzun süre yaşadığında yalnızca hareketleri değil düşünceleri de onun için dış nesneleri temsil eden fiziksel imgelerin ardıllığına göre değişir" sözleriyle açıklamıştır. Bundan da anlaşılacağı üzere insan davranışının kentte yaşanan değişimden etkilenerek değiştiği ileri sürülmektedir. Burada kentsel imge ile insan arasında bir ilişkinin var olduğu ve bu ilişkinin, insanın fiziksel çevreye, kent imgesine gösterdiği tepkinin düzenliliğinde ve tutarlılığında olduğu ortadadır. Amaros (2016: 129) da mekân ve insan arasındaki ilişkiyi şu sözlerle açıklamaktadır: mekân, "toplumsal ilişkileri gösterir, kapsar ve saklarlar. Toplumsal ilişkiler uzamsal birer oluşa sahiptirler; mekân içinde tasarlanırlar ve onu üreterek üzerinde iz bırakırlar. Bu toplumsal ilişkiler kapitalist toplumsal ilişkiler olduğundan toplumsal mekân, sermayenin mekânı, onun eylem alanı ve etkinliklerinin temeli olmaya meyillidir".

Her kentin kendine has, kendisini yansıtan bir mimari yapısı vardır ve bu mimari yapı orada yaşayanların yaşam şekillerini etkilemektedir. Beyazıt ve Güneş (2017: 327) bu bağlamda "kentin yerleşim yerlerinden, sosyal mekânlarına, cadde ve sokaklarına, resmî kurumlarına kadar tüm yapılarda kendine özgü bu mimari yapıya rastlayabiliriz. Bu yapı aynı zamanda kentte yaşayanların yaşam tarzlarına da yansımaktadır" ifadelerini kullanmıştır. Bakıldığında sokakların, caddelerin, meydanların, yeşil alanların insanların toplanacağı ve diğer insanlarla karşılaşacağı, zaman geçireceği ya da kaynaşacağı bireysel ve toplumsal mekân olarak kendini ifade edebileceği alanlar olarak görülmektedir. "Bu alanlarda ise iki unsur belirmektedir: İlk olarak mekânsal, sanatsal tasarılar diğeri ise bu tasarıların birey tarafından algılanış biçimidir. Bu açıdan bu mekânlara yüklenecek sanatsal anlamlar toplumda bireyler arasındaki iletişimin en önemli unsurları." (Yalçın, 2012: 1) olarak görmek mümkündür.

Mimari yapının, kentsel planlama-tasarım olgusunun salt cismî bir olgu olmadığı, sosyal bir işleve de sahip olduğu açıktır. Tasarlanan her imgenin (bina, meydan, anıt) insan davranışını etkilediği aşikârdır. En önemli özelliği ise kent yaşamını kolaylaştırmasıdır. Aynı zamanda Aytaç'ın (2017: 10) da üzerinde durduğu gibi "kentli yurttaşlara konaklama, yeme-içme, eğlenme, vakit geçirme, statü/itibar sunma gibi çoklu imkânlar sunmalarından dolayı geniş kitlelerin yoğun ilgisini çekerler. Fiziki mimarileri, taşıdıkları kültür/kimlik kalıpları ve karşıladıkları sosyal/kişisel tatmin dereceleri itibariyle kentli yurttaşlar için kentin sosyal coğrafyası üzerinde bir yer/mekân olmanın ötesinde kentte var olmak, varoluşsal tutamaklara kavuşmak gibi ontolojik bir aidiyet çeperi olarak görülürler". Kentsel imgenin inşa edilmesi kendi içinde bir anlam, bir amaç taşımaktadır. Çünkü her tasarımın her planlamanın bir hikâyesi vardır ve kentte yaşayanlara ait değerlerin farklı boyutlarda ve sosyal çerçevede yeniden anlatımı barındırmaktadır. Bu bağlamda kentsel çevre ile insan davranışı arasında bir ilişkinin olduğunu söylemek yerinde olacaktır. İnsan ile kentsel/çevresel imge arasında sıkı bir ilişki olduğunu ve bu yüzden insan ile çevre arasındaki ilişkileri inceleyen ve çevre tasarımı, çevre planlaması, çevre politikaları gibi alanlarla ilgilenen birçok disiplinin bu konu üzerinde durduğunu savunan Aydıngün (2000: 64), insan ile kentsel imge/çevre arasındaki etkileşimin şunları içermesi gerektiği üzerinde durmuştur:

a. İnsanlar, insan yapısı çevreyi algılarlar ve tanımlar; insan yapısı çevre, insanlara belli iletiler gönderir.

b. İnsanlar, insan yapısı çevre içinde hareket ederler; insan yapısı çevre, onların davranış ve faaliyetlerini kolaylaştırır.

c. İnsanlar, insan yapısı çevreyi 'biçimlendirirler', insan yapısı çevre de insanları etkiler.

Kent imgesinin birey ve toplum üzerindeki en belirgin etkisi kuşkusuz o bireye ve topluma bir kimlik kazandırmasıdır. Bu yüzden kentsel imge, her ne kadar onu tasarlayan sanatçının veya bir mimarın eseri olsa da zaman içerisinde kentliler tarafından benimsenip sahiplenilmekte ve kentliye bir kimlik kazandırmaktadır. Kentte yaşayanların imgeye ve kente yüklemiş oldukları anlam, kent kimliğinin oluşmasına yardımcı olmaktadır. Bakıldığında insan ile kentsel ilişkisi arasında güçlü bir ilişki olup insan gerek doğrudan gerekse inşa ettiği çevre üzerinden kentsel kimliğin oluşmasına etki etmektedir. Bu oluşumda toplumların "yaşam tarzlarının mekâna yansımasının yanında bireysel tercihlerin de etkisinin olduğu" Taşçı (2014: 96) tarafından desteklenmektedir.

Her kentsel imge, bir birey tarafından tasarlanıp icat edilmektedir. Daha sonra ise bu imge, içinde bulunduğu kenti ve toplumu etkisi altına almaktadır. Sargın'ın (2017: 63) 60'lı yılların Kızılay Meydanı için "Burjuva gündelik yaşantısı için lüks tüketim hizmetlerinin mekânı, büyük sermaye için kentin iş merkezi, yükselmeye başlayan işçi eylemleri için politik bir arena, özellikle gecekondu bölgelerinde yaşayanlar için ise kente dâhil olmak için temas edilmesi gereken bir statü göstergesi." olarak betimlemesi imge ile birey ve toplum arasındaki ilişkiyi açıklaması açısından önemlidir. Kentliyi etkileme noktasında en belirgin kent imgesinin meydan olduğu açıktır. Ergen'e (2011: 10) göre meydanlar, toplumsal hareketliliğin en yoğun yaşandığı mekânlardan biridir. Bu yüzden "toplumsal yapının oluşumunda, kentlilik bilincinin kazanılmasında rol oynayan kent meydanları toplumsal olayların gerçekleştiği mekânlar olarak kentlerin ve kentlilerin belleğinde" önemli yer tutmaktadır.

İnsan ile yaşadığı çevrenin fiziksel, imgesel, doğal ve ekonomik açıdan farklılık göstermesi, davranışların da farklılık göstermesine neden olmaktadır. Çünkü çevre, "çeşitli yaklaşımlarca farklı ele alınmakla beraber geniş bir anlatım ile tüm nesneleri çevreleyen insanın insanla, insanın nesneyle ve nesnenin nesneyle olan ilişkileri sürdürmesine elverişli olan boşluk" olarak tanımlanmaktadır (Ergen, 2011: 4). Örneğin sanayi bölgesine yakın yelerde oluşan gecekondu bölgelerinde suç oranın yüksek olması, fiziksel ve ruhsal hastalıkların diğer bölgelere göre fazlalığı o bölgede yaşayan insanların davranışlarının diğer bölgelerde yaşayan bireylerin davranışlarından farklılık gösterdiğinin kanıtıdır. Bu bölgede toplanan bireylerin kente adapte olamaması ve kendi alt kültürlerini oluşturmaları onların kentin diğer bölgelerinde yaşayan bireylerle ortak davranış sergilemesine sebep olmaktadır. Aynı şekilde kentin kirliliğinden, kent içindeki çatışma ortamından uzak, 'steril' bir alanda yaşayan insanların sergilemiş oldukları davranışlar da bu ortamdan uzak yaşayan insanların sergilemiş oldukları davranışlardan farklılık göstermektedir. Bu örnekler, mekânın birey davranışları ve kimliği üzerindeki etkisini göstermesi açısından önemlidir. Bunun yanında kent imgeleri, Aytaç'a (2007: 200) göre de "kentlilerin karşılaşmaları ve bu karşılaşmalardan 'birlikte üretimler' oluşturdukları, kentin ortak kamusal benliğinin inşa olduğu yerlerdir. Kent dokusu içerisinde sadece bir şekil/dekor değil, aynı zamanda yaşayan bir organizmadırlar ve özellikle de, sosyal iletişim ve özgürlük duygusunu teşvik ettikleri gibi, sosyal etkinlik/katılma olanaklarının sürekliliğini" de sağlamaktadır.

İmgenin bireyin davranışı üzerindeki etkisi birçok çalışmacı tarafından reddedilse de bunu görmemek imkânsızdır. Bir imgenin bireyde "memleket", "yurt" hissini uyandırması, savaş esnasında ya da yurtdışında bireyler ve askerler arasında farklı bir iletişimin ağının gelişmesini sağlamaktadır. Çeşitli şekillerde "yayılan ve bireyi belirli davranışlara yönelten imge, sembol ve modeller aynı zamanda birer toplumsal denetim araçlarıdır. Toplumsal biraradalığı (sociabilite) sağlayan değerleri yansıtır. İnceoğlu'na (2011: 95) göre birey "sembollerle iletişimde pek çok anlamlar ve değerleri yani davranış kalıplarını hazır olarak öğrenir. Bu da bireyin içine doğduğu toplum içerisindeki toplumsallaşma sürecini çabuklaştırır ve kolaylaştırır". Buradan da anlaşılacağı üzere kent imgelerinin toplumsallaştırma özelliğinin yanında topluma ait değer ve kültürel ögelerin aktarımında da yardımcı olduğu görülmektedir. Merrifield (2017) ise kent imgesinin kentsel olan bir öge olarak belirtmekte ve kentsel olanın yakınlığı arttırdığını savunmaktadır. Kentsel imge, kişilerin öncelikle kendilerinin farkına varmasına daha sonra ise dünyada farklı yakınlıkların olduğuna ve bu yakınlıkların birbiriyle karşılaşabileceğinin farkına varmasına yardımcı olduğunu dile getirmektedir.

İmge, birey ve toplum arasındaki ilişkiyi 'çevresel kalite' kavramı üzerinden açıklayan Lynch, (2016: 16) bu durumu "çevrenin kalitesine ilişkin nosyunu tanımlamadaki güçlük, birinin çevresinin, ona değişik yönlerden 'iyi' ya da 'kötü' gelebileceği gerçeği ile ilişkilidir" şeklinde açıklamıştır. İmge ile birey-toplum arasında üç önemli etmenin olduğunu savunan Lynch (2016), bunlardan birincisinin insanının kendi yaşam alanı olan çevrenin, belli bir davranışı olumlu veya olumsuz manada etkileyebileceği görüşüdür. İkincisi ise çevrenin, insanının zihnî ve fiziksel gelişiminin bir alanı olduğu görüşüdür. Üçüncüsü ise yaşam çevresinin insanın yaşamına direk etki edip mutlu veya mutsuz olmasına neden olan bir alan olduğu düşüncesidir. İdeal kent arayışında olan ütopistler de "insanın çevresiyle biçimleneceğine inandıklarından tasarladıkları 'ideal toplum'a önce bir 'ideal kent' kurmakla işe başlamışlardır" (Bumin, 2016: 62). Her ne kadar düşünülen/tasarlanan bu ütopyalar kâğıt üstünde kalsa da savundukları düşünce günümüzde etkisini devam ettirmektedir. Günümüz yerel yöneticilerin çoğunda bu düşünce mevcut olup toplumu/kentliyi değiştirmek, kentliye yeni bir kimlik kazandırmak ya da istedikleri şekli vermek için öncelikle kenti dönüştürme gayreti içinde oldukları görülmektedir. Var olan şehircilik anlayışı da bir kentin görünüşünü, şeklini, imgesini değiştirmenin, o kentin yaşama şeklini, kültürünü, tüketim alışkanlıklarını, boş zamanlarını değerlendirme şekillerinin değişimi üzerine kurulu olduğu açıktır. Çünkü mimari bir devrim, toplumsal bir devrimi beraberinde getirecektir. Lefebvre, Harvey, Castells gibi Marksist kent araştırmacıların ifade ettiği gibi eğer bir toplumun yaşamını veya kendisini değiştirmek istiyorsanız öncelikle mekânı değiştirmek zorundasınız. Çünkü mimari, Bumin'in (2016) de altını çizdiği gibi yüzyıllardır anıtları ve kentleriyle aristokrasiyi, monarşiyi, burjuvaziyi ve daha bir sürü ideolojiyi yüceltmektedir. İmgenin kendi içerisinde toplumsal ilişkileri barındırdığını ve bu şekilde toplumu bir arada tuttuğunu anlatan Lefebvre'ye (2014: 57) göre "mekân, düşünceye olduğu kadar eyleme de aygıt olarak hizmet ettiğinden bir üretim aracı olmanın yanında bir denetim, dolayısıyla tahakküm ve güç aracıdır". Bunun yanında kent imgelerinin toplumsallaşma sürecinde de önemli bir rol üstlendikleri görülmektedir. Mai'ye (2016: 107) göre bu imgelerin "üzerinde düşünülmeden kabul edilen varlığı, az çok istikrarlı bir günlük ilişki ağı içinde, öğrenilen toplumsal norm ve rollerin devamı sağlar". Kentsel imgelerin kentli üzerindeki etkisi imgeden imgeye farklılık gösterebilmektedir. Bazı bölgelerde bir anıt daha ön plana çıkarken bazı kentlerde ise bir meydan veya bir tarihi yapı daha çok ön plana çıkabilmektedir. Demiraslan (2005: 87), kentsel imgenin en önemli sembollerinden biri olan heykelin "çevreyi tanımlama, röper noktası oluşturma, insanlara olumlu psikolojik etkiler kazandırma, asırlar boyu sürecek olan kültür alışverişini sağlama, insanları bir araya getirerek kaynaştırma ve en önemlisi içinde yer aldıkları mekâna ve özellikle de kentlere kimlik kazandırma gibi pek çok önemli işleve sahip olduğunu" dile getirmektedir.

Kent imgelerinin birey toplum üzerindeki en belirgin başka bir etkisi de kentlinin hayata tutunmasını sağlamasıdır. Aytaç'a (2007: 203) göre bu kentsel mekânlar sayesinde kentli, "aidiyet, bağlanma, kimlik, özdeşlik ilişkisi kurar. Kimi zaman zevk almak, eğlenmek, sosyal aidiyet kurmak için kimi zamanda yaşamsal zorluklardan kaçmak adına bu mekânlarda bulunur. Bir yaşam tarzına karşılık geldikleri gibi aynı zamanda, kentteki özgürlüğü, serbestîyi, başına buyruk hareket etme keyfiyetini de müdavimlerine" sunarlar. Kent imgesinin birey üzerinde sürekli karşılaştığımız ve daha çok dikkat çeken diğer bir etkisi ise şüphesiz politik bir duruş sergilemesini sağlaması ve yersel yargılar, ön yargılar ve bir söylem kazandırmasıdır. Bazı kentsel imgeler, (kahve, lokal, dernek, meyhane, parti binası, kulüpler, en önemlisi de bayrak) müdavimlerine ortak bir tavır kazanmalarını sağlamakta ve bu tavır ve söylem üzerinden politik bir kimlik inşa etmelerini sağlamaktadır. Aynı zamanda Aytaç'ın (2013: 141) da dediği gibi kentsel imge "farklı içerimleriyle kenti, insanı ve toplumu algılamada referans noktası gibidir. Mekânın sosyal ağırlığı ve çağrışımsal gücü, müdavimlerin ne'liği ve kimliği üzerine odaklaşan soruların yanıt bulmasına." yardımcı olmaktadır.

İmgenin görünmemesi veya kentin belirli bir imgeye sahip olmaması, kentte yaşayan bireyin kente uyum sağlamasını güçleştirmektedir. Bireyin karşılaşmış olduğu imgeye karşı bir tutum sergilemesi onu kente yakınlaştırmakta ve kente dair aidiyet geliştirmesini sağlamaktadır. Buna bağlı olarak da belli bir tutum kazanmasını kolaylaştırmaktadır. İnceoğlu (2011: 22-23), bu bağlamda kente dair oluşacak tutumu, "bireyin kendine ya da çevresindeki herhangi bir nesne, toplumsal konu ya da olaya karşı deneyim, bilgi, duygu ve güdülerine dayanarak örgütlediği zihinsel, duygusal ve davranışsal bir tepki ön eğilimidir" şeklinde açıklamıştır. İnceoğlu'na göre sözü edilen 'toplumsal konu' bir birey, bir ürün ya da bireyin yarattığı bir şey olabilir. Birey kent içerisinde karşılaşmış olduğu imgelere karşı da bir tutum sergilemektedir. Sergilemiş olduğu bu tutum ise onun davranışlarına etki etmekte ve kent imgesi ile davranış arasında etki meydana getirmektedir. Aslında sözü edilen tutum, davranışın kendisini temsil etmektedir. Eski bir Alman atasözünden de anlaşılacağı üzere "Şehir havası sizi özgürleştirir" (Standluft macht frei). Bu durum da bireyin algı, tutum ve davranışlarına etki etmektedir. Özgür bir kentli, kenti dileği şekilde okur ve yorumlar. Kenti istediği şekilde görür ve kentte geçirdiği süre artar. Özdemir'in de (2009: 145) ifade ettiği gibi kentlilerin "kentsel açık mekânda geçirdikleri süre ne kadar çok olursa, diğer kentlilerle karşılaşma olasılığı o kadar artacaktır. Bu karşılaşmalar, kutlamalar, eylemler, konserler, gösteriler ve pasif iletişim olarak niteleyebileceğimiz hareketlerle gerçekleşebilmektedir. Diğer insanlarla bir arada bulunmak, onlara izlemek ve onlardan etkilenmek yalnız kalmaya oranla daha olumlu etkiler ve deneyimler sağlamakta ve arzu edilen kentli kimliğinin oluşmasını" sağlamaktadır.

Her ne kadar kent, insan davranışlarını, yaşam şekillerini, algı ve tutumlarını etkileyip şekillendirse de insan da kenti aynı derecede şekillendirmektedir. Çünkü kent başlı başına kentlinin ürünüdür. Bu noktada Park ve Burgess (2015: 42) de şunu söylemektedir: "Zaman içinde şehrin her bölgesi ve mahallesi, içinde yaşayanların karakterinden ve özelliklerinden bir şeyler alır. Şehrin her bir ayrı parçası kaçınılmaz olarak, içerdiği nüfusa özgü hassasiyetlerle bezenir". Kentin ve kent imgesinin kentliye bir kimlik kazandırması üzerinde durulsa da bazı araştırmacılar, bu mekânların bireyi kimlik bunalımına sürüklediğin de üzerinde durmaktadır. Kentsel mekânların bireye sunmuş olduğu geçici ve parıltılı yaşamın gerçeklerle uyuşmaması hayal kırıklığı ile sonlanmaktadır. Aytaç'a (2017: 17) göre bu mekânlar, "müdavimlerine itibar, güç, statü vs. kattıkları gibi, onlarda aynı zamanda sahte bir aidiyet duygusu yarattıkları, hayatı bir yanılsamalar içinde yaşamaya yönelttikleri, bu mekânların atfettiği parıltılı ancak içi boş kimliklerin, bireylerde derin bir kimlik krizini tetikleyebildiği bir gerçektir". Bu durum ise bireyin hem kendi içinde hem de topluma karşı bir çatışma içine girmesini bir bunalım yaşamasını beraberinde getirmektedir. Sonuç her ne kadar olumsuz olsa da kentin veya kentsel imgenin bireyi etkilediği görüşünün geçerliliğini desteklemektedir.

7. Kent ve Kent(li) Kimliği

Kent kimliği konusuna geçmeden önce kent kavramına kısaca değinmek konuyu açıklamak açısından yararlı olacaktır. Bakıldığında, her disiplinin kent kavramına kendi penceresinden bakıp tanımladığı ve yorumladığı görülmektedir. Bu nedenle ortak bir kent tanımı yapmak pek mümkün değildir. Bu durumu Mumford (2013: 13), "kentin görünümlerinin hepsine uyan tek bir tarif olmadığı, tek bir betimlemenin onun embriyonik toplumsal çekirdek halinden olgunluk evresindeki karmaşık biçimlerine, oradan da son dönemlerdeki fiziksel çözülmeye kadar geçirdiği bütün dönüşümleri karşılayamaz" sözleriyle açıklamaktadır. Öncü ve merkez olan bir kentin birey hayatını ve siyaseti doğrudan ve dolaylı bir şekilde etkilediğini savunan Alver'e (2017: 13) göre ise kent "kendi etrafında bir dizge oluşturmakta, açık yahut gizli ama kesin bir şekilde iktidarın hissedildiği, izlendiği, gözlendiği ve gerçekleştiği, bir mekân" haline gelmektedir. Kent dediğimiz şeyin aslında imge, simge ve göstergelerden ibaret olduğunu ve bu sembollerin insan yaşamının merkezinde yer aldığını dile getiren Aytaç (2017: 1) ise kent kavramı için "kültürün, kimliğin, imge ve göstergelerin birbiriyle yarıştığı, çatıştığı kaotik bir arenayı andırırlar. Üzerinde yaşayan insanlar için yer/mekân olmanın ötesinde, aidiyet, kültürel çeşitlilik ve değişik yaşam tarzlarının filizlendiği mümbit bir vaha" ifadelerini kullanmıştır.

Kentin farklı tanımlarının olmasında bir diğer etken ise kentin sahip olduğu kimliklerin farklılık göstermesidir. Çünkü her tanım aslında kentin kimliksel özelliğine vurgu yapmaktadır. Taşçı (2014: 29), kentin içinde bulunduğu bu durumu şu şekilde açıklamaktadır; "kentler çeşitli disiplinler açısından tasnife tabi tutulurken aslında bir kimlik tanımlaması da yapılmaktadır. Coğrafi olarak 'kıyı şehri', ekonomik olarak 'ticaret şehri', kültürel olarak 'sanat şehri' veya tarihi olarak 'ortaçağ şehri' derken aslında zaman içinde veya günümüzden geçmişe bakarak o şehrin kazandığı kimliğe güçlü bir atıf yapılmaktadır". Her disiplinin kenti farklı şekilde tanımlaması kent kavramının içerisinde birden çok öğenin var olduğunu göstermektedir. Bunun yanında kent olgusunun sürekli bir değişim ve dönüşüm içerisinde olması da onun dönemsel olarak farklı yorumlanmasına sebep olmuştur. Harvey (2013: 117) kent kavramını, "her türden ve sınıftan insanın –her ne kadar gönülsüzce ve agonistik bir biçimde de olsa- yan yana gelerek durmadan değişen, gelip geçici, ama yine de müşterek bir yaşantıyı ürettiği bir mekân" olarak tanımlanmaktadır. Aynı zaman da Harvey'e göre kent, emeğin yeninde üretildiği, emek mücadelesinin olduğu, birlikte bir şeylerin değiştirilebildiği, sınıf bilincinin oluştuğu ve toplumsal hareketlerin mekânı işlevi görmektedir. Alver'e (2017: 12) göre ise kent, "insanlık tarihinin belli bir anında ve belli koşullarla oluşan ve süreçte sosyal, kültürel, iktisadi, tarihsel, dini, mimari, estetik yönüyle temayüz eden bir yaşam alanıdır. Bu yüzden kent, hem olgusal hem de imgesel bir gerçekliktir. Somut bir olgudur; bellidir, aşikârdır. Ama aynı zamanda imgedir; bir gösteren, sembol ve bir aynadır". Kentin iskân edilen bir çevre değil bir dizi temsil mekânlarından ibaret olduğunu savunan Batuman (2019), kentlerin deneylenecek değil bakılacak bir mimarinin merkezi olduğu savunmuştur. Mimarinin ise en temel tüketim biçimlerinden birisi de şüphesiz görselliktir. Mimarlığın sahip olduğu toplumsal anlamlar da var olan yapılı çevrenin görsel deneyimi ile yakından ilişkilidir ve bu görsellikte barınmaktadır.

Görüldüğü gibi yapılan kent tanımlarında da anlaşılacağı üzere kent aslında imgenin, göstergelerin ve sembollerin bir arada olduğu, tüm bunların ise görsellik içinde barındırdığı koca bir mekândır. Söz konusu bu mekânlar ise kentte yaşayanların bir aynasıdır. Aynı şekilde kentliler de kentsel imgelerin birer karşılığıdır.

Kent kavramına ekonomik bir temelde yaklaşan Lefebvre (2016; 2017a) ise kenti, tarım ürünlerinin, sanayi ürünlerinin, sermayenin pazarı olmasının yanında işaret ve sembollerin de pazarı olarak tanımlamaktadır. Bu tanımdan yola çıkarak kentin, farklı zamanlarda, farklı düzeylerde ve farklı amaçlar doğrultusunda inşa edilmiş/şekillendirilmiş imgelerin pazarı ve gösterge ve işaretlerin, değişkenlerin, parametrelerin, bağlantıların toplamı olarak betimlemek yerinde olacaktır. Kenti, insanın içinde yaşadığı dünyayı, arzularına daha uygun hale getirebilmek için verdiği çabaların en tutarlısı ve bütününe bakıldığında en başarılısı olarak betimleyen Park ve Burgess (2015: 33) ise kenti "genel olarak insanlığın ve özel olarak da yaşanılan bölgeyi sahiplenme güdüsünün oluşturduğu toplumsal ilişkilerin bir ifadesi" olarak açıklamıştır.

Kent içerisinde farklı öğelerin ve farklı sınıfların var olması sürekli bir çatışma ortamını beraberinde getirmektedir. Marx, bu noktada kenti sınıf çatışmasının merkezi olarak betimlemektedir. Lefebvre (2017a: 15) de Marx'ın izini takip ederek kentsel mekânı, "eşyanın (imgenin) ve insanların karşı karşıya geldiği bir mübadele alanı" olarak açıklamıştır. Hem Marx'ın hem de Lefebvre'nin kente bakış açılarından yola çıkarak kentin politik bir özne olduğunu, sınıfsal ve toplumsal çatışmanın mekânı olduğunu, imgelerin ise bu düşünceye hizmet ettiğini söylemek mümkündür.Bu yüzden Merrifield'in (2017) deyişiyle kent, eylemler ve ifadeler için bir araç ve siyasi diyalogun merkezidir. Her ne kadar kent sınıf çatışmasının mekânı olsa da toplum ile mekânın da çatışma alanı olarak karşımıza çıkmaktadır. Doğan (2007: 11) bu durumu "kent mekânı, toplumsal olanla mekânsal olanın diyalektik bir ilişki içinde olduğu ve birbirini karşılıklı olarak etkilediği bir yer" olarak altını çizmiştir.

Görüldüğü üzere yapılan kent tanımlarının çokluğu, kentin farklı ve çok sayıda kimliğe sahip olması ile paralellik göstermektedir. Yapılan her kent tanımı aslında kent kimliğini de açıklamaktadır. Aynı zamanda her kent araştırmacısının kente dair görüşü de zihninde yer alan kent kimliğinin karşılığıdır. Peki, kente kimliği ne verir? Sorusunun cevabını Alver (2017: 20-21), "kent kimliği bir bileşendir ve belli başlı aktörlerin ortaklaşa ürettiği bir zemindir. Kimliğin oluşumu bir süreci işaret eder; bir yaşanmışlık yani tarihsellik ve bir dünya algısı, tasavvur, hayat anlayışı kimliğin yapıcı elemanlarıdır. Kent kimliği dinamik bir yapıdır; bir kez oluşup öylece kalmaz, zamanla kimlik unsurlarında değişmeler olabilir" şeklinde cevaplamıştır. Kentin kendi içerisinde barındırmış olduğu her özellik onun kimliğinin bir göstergesi bir parametresidir. Bu açıdan kent kimliği; Topçu'ya (2011:1052) göre "kent imgesini etkileyen, her kentte farklı ölçek ve yorumlarla kendine özgü nitelikler taşıyan, fiziksel, kültürel, sosyo-ekonomik, tarihsel ve biçimsel faktörlerle şekillenen, kentliler ve onların yaşam biçimlerinin oluşturduğu, sürekli gelişen ve sürdürülebilir kent kavramını yaşatan, geçmişten geleceğe uzanan büyük bir sürecin ortaya çıkarttığı anlam yüklü" bir bütünlüktür.

Kent kimliği kavramı özünde farklılığı barındırmaktadır. Her kendin farklı kimliğe sahip olması, sahip olduğu özelliklerinde birbirinden ayrılması ile açıklanmaktadır. Yayınoğlu ve Susur (2008: 18) da bu durumu destekleyerek "her kentin kendine özgü bir mimari yapısı, yaşam tarzı, başka bir değişle bir kimliği vardır. Kent kimliğinin temel değerlerinin ise tarihsel, kültürel ve doğal güzelliklerden alır" ifadelerini kullanmıştır. Kent kimliğine yönelik yapılan tanımlara bakıldığında nasıl ki her insanın kendine has özelliklerini yansıtan bir kimliği, kişiliği mevcutsa aynı şekilde kentlerin de kendilerine has bir kimliği ve karakteri vardır. Buradan hareketle kent kimliği kavramını; kent imgesini etkileyen, her kentte farklı ölçek ve yorumlarla kendine özgü nitelikler taşıyan, fiziksel, kültürel, sosyo-ekonomik, tarihsel ve biçimsel faktörlerle şekillenen, kentliler ve onların yaşam biçimlerinin oluşturduğu, sürekli gelişen ve sürdürülebilir kent kavramını yaşatan, geçmişten geleceğe uzanan büyük bir sürecin ortaya çıkarttığı anlam yüklü bütünlük (Lynch, 1960; Tekeli, 1991, Koyuncu, 2013) olarak tanımlamak mümkündür.

Kentlerde artan nüfus, oluşan yeni konjonktür, modern yapılaşmalar, meydana gelen değişim ve dönüşüm; kentlerin sahip oldukları kültürel öğelerden uzaklaşarak yeni formlarda üretilen "küresel kentler" gibi birbirine benzemesine neden olmaktadır.

Sahip oldukları doğal güzelliklerin yok edilmesi, kentin kimliğini yansıtan eski yapıların yıkılıp yerine modern ve birbirine benzeyen yapıların inşa edilmesi, kentin simgesi olmuş alanların ve kentsel mekânların başka amaçlar doğrultusunda dönüştürülmesi, kentlerin var olan kimliklerini kaybetmesine neden olurken benzer şekilde yeni kimlikleri ile teşhire çıkmalarını beraberinde getirmektedir. Bu durum ise tek bir kent kimliğinin oluşmasına yol açmaktadır. Bu durum ise var olan kimlik anlayışı ile çelişmektedir. Özellikle modernleşme ile birlikte yeni kentlerin benzer formlarda yapılmaları ve aynı kentsel imgeleri sergilemeleri hem kent için hem de kenti ziyaret eden için tek düze bir durumun oluşması ile sonuçlanmaktadır. Kent merkezlerinde benzer imgelerin inşa edilmesi de kenti ve söz konusu imgeyi sıradanlaştırmakta, birer kimlik ögesi olmaktan uzaklaştırmaktadır. Bu da neredeyse tüm dünya kentlerinde eskiye, nostaljik olana ya da doğal olana eğiliminin oluşmasını beraberinde getirmektedir.

Her şey kendi kimliği ile var olur ve her şey sembolerle, işaretlerle, imgelerle ifade edilir. Maalouf'un (2018) da dediği gibi bir toplumun büyüklüğü de çöküşü de, zaferi de bozgunu da, mutluluğu da sefaleti de sembollerle toplum içinde kendine yer bulur. Tüm bunlar ise o toplumun kimliğidir. Tıpkı toplumsal gruplarda olduğu gibi kentler de benzer şekillerde kendini anlatmak, var olduğunu göstermek için sembolleri, imgeleri kullanma yoluna başvurmaktadır. Kır kendi kimliğini doğanın, varlığın kökensel olanın imgeleri üzerinden inşa ederken, kent ise iradenin, mücadelenin, çabanın imgeleri ve sembolleri üzerinden kimliğini inşa edecektir (Lefebvre, 2016). Kırı temsil eden bir kimliğinin olmaması, ideolojisinin olmamasından kaynaklanmaktadır. Çünkü ideoloji kente aittir ve kent de kimliğini sahip olduğu ideolojiden almaktadır. Çöl'ün (1998) üzerinde durduğu gibi kent kimliği, kent imajını etkileyen; her kentte farklı ölçek ve yorumlarla kendine has nitelikler, özellikler taşıyan; fiziksel, kültürel, sosyo-ekonomik, siyasal, ideolojik, tarihsel, çevresel ve biçimsel faktörlerle şekillenen; kentliler ve onların yaşam biçiminin karşılıklı etkileşimi ile oluşan; sürekli gelişen, değişen, dönüşen ve sürdürülebilir bir nitelik taşıyan, geçmişten geleceğe uzanan büyük bir sürecin ortaya çıkarttığı anlam yüklü bütünlük şeklinde açıklanmaktadır.

Her kentin kendine ait sözü kendine has bir dili vardır. Sokakta, meydanda, boşluklarda kısacası kent içindeki her şey kentin kimliğini oluşturmaktadır. Kent imgeleri görüldüğü gibi hem kent kimliğini oluşturmakta hem de etkilemektedir. Bu aşamada kent kimliği, Aydıngün'nın (2000: 12) deyişiyle "onu oluşturan ögeler ve oluşum etkileri bağlamında tanımlanmaktadır. Kent kimliği ögeleri, kent, kentsellik, kentlilik, kentlileşme, kişilik gibi kavramların, kentin kimliğinin oluşumunda ve kentsel uzamların şekillenmesinde oynadığı rol ile bu kavramların insanlar tarafından algılanışı, etkileşim boyutunda irdelenmektedir".

Küreselleşmenin etkisiyle iletişimin hızlanması, herkesin-her şeyle, herkesin-herkesle ve her şeyin herkesle hızlı etkileşimi kenti, mekânı özgün olmaktan uzaklaştırmakta ve tek tip, tek renkli kent kimliklerinin ortaya çıkmasına neden olmaktadır (Taşçı, 2014). Küreselleşme olgusunun kent kimliğine belki de en büyük zararı şüphesiz sermaye temelli kentlerin doğuşuna sebep olmasıdır. Özellikle gelişmiş ülkelerde bu durumu daha net görmek mümkündür. Öncü ve Weyland (2016: 9), bu noktada "küreselleşme diye adlandırılan çapraşık ve çok yönlü iktidar ilişkileri ağı büyük kentlerde düğümleniyor, kendini yeniden üretiyor, derinleşip yayılıyor. Bunun en bariz göstergesi ise, kent dokusunu yarıp yükselen cam gök-kulelerin dünya coğrafyasına dağılımıdır" ifadelerini kullanmıştır. Durumun yaygın olması ve yavaş yavaş tüm dünya kentlerine yayılıyor olması, var olan kent kimliklerinin şekil değiştirip yerini yeni kimliklere veya kimliksizliğe bırakmasını beraberinde getirmektedir. Ulu ve Karakoç (2004: 59) da bu duruma binaen şu ifadeleri kullanmıştır: "Dünya ekonomisini elinde tutmaya yönelik hızla etkisini artıran küreselleşme süreci, sonuçları itibarıyla yaşam mekânlarımızı ve mimarimizi, dolayısıyla da kentlerimizin kimliklerini, kaçınılmaz biçimde etkilemektedir". Yakın zaman kadar tüm dünyada ve Türkiye'de kendine has özellikler taşıyan kentler mevcut iken yaşanan gelişmelere sonucunda bu kentlerin artık var olmadığını söylemek mümkündür. Bu durumu Bumin (2016: 5), "şehirlerin tarihi bakımından çok yakın denecek bir zamana kadar, ülkede kendine has kokusunu, dokusunu, kimliğini koruyan, onlara gitmenin insana ayrı bir haz verdiği şehirlerimiz mevcuttu. Böyle olduğu için Ahmet Hamdi Tanpınar Beş Şehir'inde bize birbirinden ayrı beş dünyayı anlatabilmiştir" sözleriyle açıklamıştır. Bu perspektiften hareketle yaşanılan gelişmeler kentlerin daha çok birbirine benzemesine ve tek tip bir kent kimliğinin oluşmasına neden olmuştur. Söz konusu 'beş şehir'in ise artık tek şehirde toplandığını söylemek yerinde olacaktır. Yani günümüz insanı ayrı ayrı beş kenti gezmek yerine tek bir kenti gezmesi imgesel anlamda yeterli olacaktır.

Kent kimliği ile kent imgesi arasındaki ilişkiye baktığımızda; imgenin sahip olduğu sosyo-kültürel, sosyo-politik, ekonomik arka plana göre içinde bulunduğu kentin yaşam tarzı ile doğrudan etkileşim içinde olduğu görülmektedir. Bu etkileşim ise beraberinde mekânın, kentin kendine özgü bir kimlik kazanmasına katkıda bulunduğu izlenmektedir. İmgenin oluşum amacı ise doğrudan kente bir kimlik kazanmayla sonuçlanabilmektedir. Topçu'ya (2011:1052) göre "kentsel imge ile kentsel kimlik kavramları yazılı kaynaklarda çoğunlukla birbiriyle karıştırılmaktadır. Kentsel imge, kentin görülmesiyle elde edilen zihinsel bir süreci ifade ederken; kent kimliği ise kentin kişilere gösterdiği sosyal, kültürel ve mekânsal özelliklere işaret etmektedir". Bir kentin sahip olduğu imgeler sayesinde diğer kentlerden ayrıldığı, bu nedenle sahip olduğu kimliğin de özgün olduğunu savunan Yayınoğlu ve Susur (2008: 45) ise "taşınmaz kültür varlıkları olarak da bilinen bu tür eserlerin kentin görsel kimliğinin özgün ve dikkat çekici unsurlarında olması nedeniyle kentin imgeleminde önemli bir yer tutacağı" görüşündedir. Kent kimliği için bu tarz imgelerin/eserlerin önemli bir yer tutması, siyasi erkinin ekonomik kaygı doğrultusunda bu imgeleri korumaya yönelik politikalar hazırlamasına neden olmaktadır.

Bir kentin kimlik kazanmasında en etkili öğelerden birinin fiziksel imge/çevre koşullarının olduğu tartışmasız bir gerçektir. "Kentin sunduğu servisler, sağladığı ya da desteklediği yaşam biçimleri, imkân verdiği sosyal etkileşim çeşitlemeleri yanı sıra imgesel karakteri ile kentin fiziksel çevresi kimliğin tanımında önemli rol oynamaktadır" (Asatekin, 2001: 57). Fiziksel çevrenin/imgenin bir kimlik kazandırma aracı/görevi üstlenmesi ise onu tasarlamak ile mümkündür. Fiziksel çevrenin/imgenin tasarımı aslında bir kimlik tasarımıdır. Kent kimliğini de Okay'ın (2012) da belirttiği gibi kimlik tasarımı içerisinde değerlendirirsek kimlik tasarımının pratik, estetik, sembolik ve sosyal olmak üzere dört işlevinin olduğu görülmektedir: Tasarımın pratik işlevi, tasarımın süreçteki uygulanabilme, yararlılık ve kullanıma uygunluk boyutlarının bulunması anlamında kullanılmıştır. Pratik kullanım alanı belirtilmiştir. Estetik işlevi, tasarlanan nesnenin içeriğinin anlamında bağımsız olarak bu nesneyi gözlemleyen kişinin algılama sürecinde ortaya çıkan estetik hisleri, öznel hoşlanmayı temsil eder. Bu işlevi imgenin sanatsal boyutu ön plandadır. Tasarımın sembolik işlevi, nesnenin ifade gücü ile ilişkilidir. Estetik işlevinin tersine, işaretlerin içeriksel olarak anlamları ve bu anlamların aktarılabilmesi söz konusudur. Bu şekilde sosyal ve kültürel bağlar oluşturulmaktadır. Tasarımın sosyal işlevi ise insanların kendilerine imgeler yaratarak çevrelerinin de oluşturdukları düşüncesinden yola çıkar. Üretilen bu imgeler ise kişinin sosyal karakterini de şekillendirmektedir.

Kente bir kimlik kazanma aracı olarak fiziksel çevrenin olduğu kadar kentte yaşayan bireylerin yaşam şekilleri, üretim tarzları, giyim-kuşamları, tüketim alışkanlıkları da kent kimliğinin oluşumunda önemli yer tutmaktadır. Yayınoğlu ve Susur (2008: 48), "insanların görünüşü, özellikle kentin ziyaretçileri bakımından önemli ölçüde ayırt edici bir faktördür. Kentteki insanların fiziksel özellikleri, giyim-kuşamları, tavır davranışlarının fiziksel görünüş kapsamında yorumlanabileceği" çıkarımında bulunmuşlardır. Nitekim birçok kentte insan öğesinin belirgin bir kent izlenimi oluşturduğu ve kent kimliği oluşumunda etkili olduğu görülmektedir. Bu bağlamda Can (1999: 38-39); kent kimliğini oluşturan üç bileşenin olduğunu ve bu bileşenler arasındaki ilişki ve etkileşimin kent kimliğini meydana getirdiğini dile getirmektedir. Bu bileşenleri ise şu şekilde sıralamaktadır: yerelin karakteri, mekânın karakteri ve anlamları.

1. Yerelin Karakteri: İklim, topografya, jeolojik oluşum ve bitki örtüsünün oluşturduğu doğal çevre içerisindeki özellikler. Bu bileşen içerisinde yer alan kimliksel öğelerin değişimi zamanla olmakta veya değişimi söz konusu olmamaktadır.

2. Mekânın Karakteri: Dolu ve boşlukların oluşturduğu biçim, strüktürel yapı, simgesel etki, kullanılan malzemeler vb. açısından oluşturduğu form ve görüntüdür. Bu bileşenin kapsadığı kimliksel ögeler bireyin veya toplumun kendi eliyle oluşturmuş olduğu yapay mekânları kapsamaktadır.

3. Anlam: Kimlik, geçmişin toplumsal yaşamları ve kültürlerin günümüzde kentsel mekânda somutlaşmış ürünleridir. Bu

zaman diliminde toplumların yaşam mekânlarına yaşamlarını, mücadelelerini, acılarını, sevinçlerini, özlemlerini vb. ile yükledikleri anlamlar dizisidir. Görüldüğü gibi bu başlık altında ele alınan kimlik öğeleri toplumların yaşamış olduğu ve hayatlarında izler bıraktığı duyguların imgeler üzerinden sergilenip kimlik oluşumuna katkı sağlamaktadır.

Kent kimliğinin oluşumu ve kalıcı olmasının yanında tüm ülkeye hatta tüm dünyaya yayılması da önemli bir yer tutmaktadır. Kentlerin bir ürün olarak işlev görmesi, birçok yerel yöneticinin buna yönelik projeler hazırlamasına sebep olmaktadır. Kentlerin sahip olduğu kimliğin yayılmasında teknolojik gelişmelerin yanında ulaşım alanında yaşanan gelişmeler de etkili olmaktadır. "Kentin gezgin imgeleri" dediğimiz otobüsler ve belediye araçları, kente ait olan kentsel imgelerin tanıtılmasında etkili araçların başında gelmektedir. Bu yüzden kentlerin, "doğal, tarihî ve kültürel mirasla giydirilen ve kimliklendirilen ulaşım araçlarıyla (otobüs, tramvay, belediye araçları gibi) yöresel ve kentsel imgelerin/özgünlüklerin/değerlerin farklı diyarlara taşınarak daha kolay ve etkili bir şekilde tanıtılabileceği sonucuna varılmıştır" (Özdemir, 2011: 53). İmge fotoğraflarının otobüs veya şehir içi araçları üzerinde yer alması ve bunlar sayesinde dolaşıma girmesi bu imgelerin birer yaşam alanı veya tarihî bir mekân olmasının ötesine taşıyarak onları mimari bir yapıya dönüştürmektedir. Bu özelliklerinden dolayı şehirlerarası otobüsleri kentlerin dışa açılan bir vitrini olarak görmek mümkündür.

8. Kent Kimliğinin Oluşumu ve Değişimi

Her kent kendi kimliğini oluşturur ve her kentli ise içinde yaşadığı kentin kimliğinin oluşmasına katkıda bulunur. Aynı zamanda oluşan bu kimliği de kullanır ve sahiplenir. Zaman içinde kent için oluşan kimlik kentli kimliği olarak da karşılık bulur. Dolayısıyla kentli, kent kimliğinin hem oluşmasında hem de kullanılmasında büyük bir rol oynar. Kent kimliği üzerine yapılan tanımlamalarda kent ve kentli arasındaki ilişkilere atıf yapılmakta ve hem bireysel kimliklerin şekillenmesinde hem de kent kimliğinin oluşmasında bu ilişkinin önemli bir noktada yer aldığı üzerinde durulmaktadır.

İlkel çağlardan günümüze insanoğlu her dönemde mekân inşa etmiş ve onları düzenleme yoluna başvurmuştur. Arkeolojik kazılarda ve günümüze kadar kalabilmiş tarihi yapılarda (mağaralar, lahitler) da görüleceği üzere her dönemde mekân ile kent arasında kimliksel bir ilişki olduğu görülmüştür. Her kentli, imgenin oluşum aşamasında kenti kullanan diğer bireylerle, kentin sahip olduğu değerleri imgeye aktarmakta ve imge üzerinden kent kimliğinin oluşmasına katkı sağlamaktadır. Yani imge sadece pratiklerin değil, aynı zamanda temsil biçimlerinin ve kimliklerin üretildiği bir araç olarak karşımıza çıkmaktadır (Sargın, 2017). Kentsel mekân, imge ve kent kimliği arasındaki ilişkiyi tanımlarken, kentlinin gerek mekânın oluşumuna ve mekân üzerinden kentsel kimliğe katkısını ve gerekse doğrudan doğruya kentsel kimliğe yaptığı katkıyı öncelemek gerektiğini savunan Taşçı (2014: 15), kent kimliği ile kent imgesini arasında bağın önemli olduğunun üzerinde durmuştur. Yani üretilen her kent imgesi kent kimliğinin de üretilmesini sağlamaktadır.

Değişen ekonomik yapı ve artan teknolojik gelişmelerden en çok etkilenen alan kentti. Söz konusu gelişmeler kentte görünürlük kazanmaktadır. Dolayısıyla kentteki her değişim, kent kimliklerini de değişime uğratmaktadır. Topçu (2011:105) da bu doğrultuda "geçmiş dönemlerdeki doğal çevre ile uyumlu ve kültürel yapıya bağlı olarak gelişen kentsel doku (kimlik), artık yerini ekonomik ve teknolojik değişimle biçimlenen günümüz kentlerine bırakmış" ifadelerini kullanmış ve bu durumun kent kimliklerine yansıdığı görüşü üzerinde durmuştur. Yani her toplumsal değişim ve gelişme, direk kent kimliğini etkilemekte ve şekillendirmektedir. Bu bağlamda günümüz kentleri, Aytaç'a (2007: 202) göre "farklı siyasetlerin ete kemiğe büründüğü, mekân, insan, zaman, kimlik, kültür, imge ve göstergelerin kaotik ve çatışkan bir aradalık sergilediği, oldukça heterojen ve kozmopolit alanlar" olarak karşımıza çıkmaktadır.

Değişmez gibi görünen kent kimliği zaman içerisinde özgünlüğünü kaybetmekte veya yaşanılan toplumsal kırılmalar (deprem, savaş, iklim değişikliği, yerleşim yerlerinin kaydırılması gibi) ile birlikte özelliğini kaybedebilmektedir. Örneğin Batman ili sınırları içerisinde yer alan tarihi Hasankeyf bölgesinin baraj dolayısıyla taşınmaya başlanması, içerisinde bulundurduğu birçok tarihi imgeyi kaybetmesine sebep olmuştur. Bu durum Batman kentinin kimliğinin değişime uğramasını beraberinde getirecektir. Batman'ın bugüne kadar söz konusu imge ile anılıyor olması ve o mekân üzerinden kimlik kazanması, imgenin şekil değiştirmesi ile birlikte, kimliğinin de değişime uğramasına sebep olmuştur.

Türkiye'nin yakın tarihine bakıldığında, özellikle Cumhuriyet'in kurulması ile birlikte oluşturulmak istenen yeni toplumsal kimlik, kent imgeleri üzerinde de üretilmeye/icat edilmeye çalışılmıştır. Gerek kamu binalarının yapısı gerekse kamusal alanda sergilenen diğer kent imgeleri (anıt, park, meydan) ve bu imgelerin adlandırılmasında bu durumu görmek mümkündür. Güleç'e (2017:35) göre "mimarlığın kimlik ve kişilik üzerindeki etkileri keşfedildikten sonra özellikle toplum mühendisleri yeni kimlik ve kişilik inşa süreçleri ile istedikleri toplumu, ulusu ve medeniyeti vb. mekândan yaralanarak yeniden kurgulamak istemişlerdir. Özellikle devrimlerden sonra ulus inşa dönemleri kimliğin yeniden kurgulandığı dönemler" olarak karşımıza çıkmıştır. Cumhuriyetin ilanıyla birlikte oluşturulmak istenen topluma Atatürk tarafında çağdaş bir kimlik kazandırma anlayışı 1923- 1945 yılları arasında toplum tarafından da yeni bir yaşam biçimi olarak benimsenmeye başlanmıştır. Özellikle ikinci dünya savaşının son bulması ile Türkiye'de çoğu kentte kente dair birçok imgenin talan edilmesi, ulusal kimliğin inşa edilmesi sürecini sekteye uğratmıştır. 1950 ve sonrasında ise yaşanan ve günümüzde de az da olsa devam eden kırdan kente göç olayı, kentlerin şekil değiştirmesine ve yeni kimlikler kazanmasına sebep olmuştur. Ulu ve Karakoç (2004: 61) bu durumu "kırdan kente göç ile gelen büyük kitlelerin kentlerde yer alması ile oluşan kır kültürü, mevcut kent kimliğini oluşturan yaşam tarzını ve mekân kullanımını değişime uğratmıştır. Bu aşırı nüfus artışı mevcut kentleri bir anda mekânsal olarak hazırlıksız yakalamakta ve oluşan talepleri karşılayamaz duruma düşürmektedir" sözleriyle açıklamıştır.

Kentlerdeki kültürel yapının değişime uğraması, kentin farklı kimliklerin çatışma alanı olması, kentsel imgelerin de değişmesine sebep olmuştur. Türkiye'nin yakın tarihinde tecrübe ettiğimiz Refah Partisinin birçok belediye yönetimini elde etmesi, İslami kimliğin kamusal alanda daha da belirgin hale gelmesini beraberinde getirmiştir. İktidara ayna tutarak bir "iktidar yeri hizmeti gören kent" (Sennett, 2014: 20), iktidar hallerinin ilk tanığı olduğu açıktır. Kentin genel yapısına iktidar yerleşmekte ve iktidar, kentin nasıl bir hayat tarzı ortaya koyacağını belirlediği gibi kente müdahale ederek kentsel dönüşümü gerçekleştirmektedir. Kentsel iktidar, şüphesiz kenti kendi ideolojisine göre yıkmakta, yapıp değiştirmekte, düzenlemekte, planlamakta ve yeni yapılar ortaya çıkartmaktadır. Bu durum kentsel iktidarın kent üzerinden toplumu şekillendirmekte ve istediği gibi bir toplum inşa etme gayreti içerisinde olduğunu göstermektedir. Yani kent imgeleri de bu düşünceye birer araç işlevi görmektedir. Kentlerin, kentsel yapıların/imgelerin insan davranışlarına doğrudan etkide bulunduğunu savunan Alver (2017: 14), de bu durumu "kente verilecek düzen aslında insani ve toplumsal ilişkilere verilmiş bir düzendir; kent üzerindeki bütün politikalar, uygulamalar, projeler doğrudan insan algısına, insan ilişkilerine ve toplumsal olana dönüktür" sözleriyle açıklamıştır.

Görüldüğü üzere kent imgeleri, daha genel adıyla mimari, kent kimliğini yansıtmak, kente ve topluma yeni bir kişilik kazandırmak için birer araç olmaktadır. Yani ulusal düzeyde bir yönetim mekanizması oluşturmanın yolu yerel yönetimlere sahip olarak kentlerin dizayn edilmesinden geçer diyebiliriz. Bu durumu Alver (2017: 20); "iktidar kente yerleşmeyi, oraya hâkim olmayı önceler. Kent gibi merkez ve öncü birimi kendi haline bırakmayan iktidar, kendi meşruiyet zeminini kentte inşa etmenin yollarını aramakta, kendi iktidarını kentte abideleştirmeyi denemektedir. Kentteki anıt ve heykellere bu açıdan bakmakta yarar vardır" şeklinde açıklamaktadır.

Kent kimliklerinin değişiminde yerel gelişmeler olduğu gibi küresel gelişmeler de etkilidir. Özellikle kent mekânlarının ve kent imgelerinin küresel kültüre açık olmalarından dolayı hızlı bir değişimin ve dönüşüm taraftarı olarak karşımıza çıkmaktadırlar. Aytaç (2017: 2) bu durumu "günümüz kentleri artık; istikrarlı, kalıcı, sabit ve kararlı kimliklerini, yaşadığımız çağın teknolojik gelişmelerinin bir sonucu olarak kaybediyorlar. Kentler, mekânlar, yerler sürekli değişen konuklarıyla, yeni kimlikler ve yeni yaşam tarzlarıyla tanışıyor, bunun etkisiyle yoğun ve yakıcı bir başkalaşım içine girmektedir" sözleriyle açıklığa kavuşturmuştur. Küreselleşme ile birlikte kentler, kentsel mekânlar değişimi yaşarken kent kimlikleri de aynı oranda değişmektedir. Özellikle yaşanan kapitalist ilişkiler, kent kimliğini değişime uğratmaktadır. Ulu ve Karakoç'a (2004: 65) göre ise küreselleşme "giderek yaygınlaştırdığı tek tip yaşam düzeni oluşturmaya yönelik siyasi etkileri hem ekonomik, hem de sosyal yaşantımızı olduğu kadar tüm yerleşim birimlerimizi, kentlerimizin kimliklerini ve onları oluşturan kentsel imgeleri de hızla tüketmektedir".

Kent mekânlarındaki bu küresel değişim, beraberinde kent kimliklerini de değiştirmektedir. Koyuncu'nun (2013) da üzerinde durduğu gibi küreselleşme modernleşme dediğimiz gelişmeler, kentleri birbirine benzetmekte ve bu gelişmelerin yarattığı yeni değerler skalası ile sadece kentlerin işlevi değil bunun yanında kent ve kentli kimliklerini de dönüşüme uğratmaktadır. Bu gelişmeler sonucunda hem kentler hem de kentli, değişime uğramakta, eski kentte dair göstergelerden, imgelerden iz kalmamaktadır. Bu durum var olan hafızasını kaybetmiş, kimliksiz kalmış, bulundukları yerle bağlarını koparmış ve her yerde karşımıza çıkabilecek kentlerin oluşmasına sebep olmaktadır. Bu tarz kentlerin ve kent mekânlarının oluşması, kent imgelerinin de bu değişme karşısında savunmasız kalmasını beraberinde getirmektedir. Yani kentin değişmesi, imgenin değişmesine bu durum ise hem kent hem de kentli kimliğinin değişmesine neden olmaktadır.

9. Kent İmgesi ve Kentsel Hafıza

Nasıl her bireyin veya her toplumun kendine ait bir hafızası varsa kentlerin de bir hafızası mevcuttur. Kentler de hafızalarında yaşanmışlıklarını/tecrübelerini saklı tutmaktadır. Yani yaşanılan savaşlar, kahramanlıklar, doğal afetler her zaman kentin ve kentlinin hafızasında kendine yer bulmaktadır. Lynch (2016: 1) de kentte yer alan çeşitli imgeleri kastederek bu noktada "her kentlinin kentin bazı kısımlarıyla uzun bir münasebeti olmuştur ve ona ilişkin kendi imgesi hatıra ve anlamlarla yüklüdür" açıklamasında bulunmuştur. Yani kent ve kentlinin hafızasında yer alan yaşanmışlıklar, kent imgeleri aracılığıyla kentin çeşitli noktalarında somutlaşarak kendine yer bulmaktadır. Aytaç'a (2013: 139) göre ise "akıp giden ilişkilerin yere ve zamana aidiyetle neticelenen kültürel izleri ve işaretleri, kentlerin bellek ve hafızalarının oluşmasında önemli rol oynamaktadır". Toplumların, geçmişini onu temsil eden sözcüklerle veya imgelerle yeniden sunduğunun altını çizen Connerton'a göre (2014) kentsel imge, kentsel hafızanın bir yapıda şekillenmesine ve kalıcı olmasına katkıda bulunmaktadır.

Kentleri şekillendirirken şüphesiz kent hafızasından önce bireysel hafızadan yararlanılmaktadır. Çünkü bireysel hafızamızda yer edinmiş olan kentsel ögeler/yaşanmışlıklar kentsel hafızayı bize daha net bir şekilde göstermektedir. Halbwachs'a göre (2017: 145) "evler, sokaklar ve buralarda oturanların oluşturdukları gruplar arasında yalnızca rastlantısal ve kısa süreli bir ilişki bulunsaydı, insanlar evlerini, mahallelerini, şehirlerini yıkıp aynı yerde farklı bir plan takip ederek yenilerini yapabilirdi; oysa taşlar oradan oraya taşınabiliyorsa da, taşlar ve insanlar arasında kurulmuş ilişkileri değiştirmek o kadar kolay değildir". Halbwachs'ın bu sözleri kentsel imge ile insan arasındaki sarsılmaz bağı görmemiz açısından önem arz etmektedir.

Her kentsel imge, içerisinde topluma ait değerleri, normları ve düzeni içermektedir. Bu yüzden kentsel imge, toplumsal ve kentsel hafızanın oluşmasının temel taşlarından belki de en önemlisidir. Görsel olan imgeler/temsiller, Batuman'nın (2019: 16) da altını çizdiği gibi "gerek bir kentin bütününü, gerekse belirli kentsel mekânları tanımlamakta ve bunlarla özdeşleşme sağlamakta oldukça etkin araçlardır".Mekânın, imgenin toplumsal belleği saklayan, bir sonraki kuşağa aktaran bir saklama kabı işlevi taşıdığını dile getiren Assmann (2001) ise kentsel imgeleri toplumun kolektif hafızasının üzerine giydirildiği özel uzaysal elamanlar olarak betimlemektedir. Bu bağlamda kentsel mekânlar, "kolektif hafızada iz bırakarak somutlaşır ve yersel aidiyetin odağı haline gelmektedirler. Böylelikle imge, toplumsal olanın, kültürel zihnin ve algısal dünyanın içine sızdığı, onu dönüştürdüğü, yeniden şekillendirdiği/ürettiği bir gerçeklik olarak öne çıkmaktadır. Bu yönüyle kentsel imgeler, bir nevi hafıza mekânları olarak görülebilirler" (Aytaç, 2013: 143). Kent imgesinin icat edilmesinde, yorumlanmasında veya açıklanmasında kent belleğinin, hafızasının önemli bir rolü vardır. Bu yüzden Özdemir'in (2011: 51) dediği gibi "bellekten hareketle pek çok kent imgesi yaratılarak/tasarlanarak, otobüslerin unvan ve görsellerinde (logo vd.) etkili bir şekilde kullanmaktadır. Böylelikle 'gezgin imgelere' dönüştürülen yöresel değerlere ulusal ve küresel ölçekte görünürlük ve farkındalık kazandırılmaktadır". Bu şekilde ise kentin hafızasında yer alan öğeler kentli tarafından yeniden hatırlanmakta ve önem kazanmaktadır.

Kentler, hafızasında yer alan kavramların öncelikle bir tanımlanması yoluna başvurmak zorundadır. Benimsemiş olduğu vatanseverlik, kahramanlık, zafer, bağımsızlık, adalet, barış gibi kavramların açıklanması ve kent için toplum için ne anlam ifade ettiği üzerinde durulmalıdır. Kamusal alanda ifadesini bularak toplum yaşamında yer alması istenen bu kavramlar, öncelikle toplumun benimseyeceği, aitlik hissedeceği imgelere dönüştürülerek algılanabilir ve fark edilebilir hale getirilmektedir. Daha sonra bu imgeler, mimari ya da mekânsal pratikler yoluyla somutlaştırılmakta ve kamusal alanda yoğunlaşmaktadır (bayrak, tören, anıt, festival vs. gibi). Sargın'nın (2017: 63) da üzerinde durduğu gibi "hatırlama eylemi, imge üretimiyle bire bir ilişkilidir ve algılanan gerçek, toplumun kavrayış biçiminin ürettiği bir imge ile anlaşılır hale gelmektedir". Hatırlama eylemi ile algılanan, farkına varılan gerçek, toplumun kavrayış biçiminin ürettiği bir imge ile anlamlı hale gelir. O zaman imge, bireyi saran ilişkiler ve fikirlerin somutlaşmış hali, bir diğer tanımla, hatırlanan şeyin, sosyal çerçevenin oluşturduğu değerler sisteminin uygun gördüğü bir 'temsiliyet' olarak karşımıza çıkar ki bu durum hatırlamanın ve algılamanın temelini oluşturmaktadır.

Kent hafızası kavramına farklı bir bakış açısı sunan Sarlo (2012) kent imgesi için hatırlama eylemi vazgeçilmez olsa da anlamanın hatırlamaktan daha önemli olduğunu savunmaktadır. Sarlo'ya (2012: 35) göre "bir imgeyi hatırlamak tek başına bir anlam ifade etmezken, imgeyi anlayıp yorumlamak imgenin oluşturulma amacının sağlandığını göstermektedir". İmgeyi anlamlandırdığın vakit hatırlama da beraberinde gelecektir. Yani imgeler geçmişi bu güne getirip bugüne uyarlamaktadır. Bu yüzden kent hafızasının görünür olması noktasında önemli bir işleve sahiptir. Kentsel imge tek başına kent hafızasından yoksun anlam kazanamazken kent hafızası da imge olmadan var olması mümkün görünmemektedir. İki kavram arasında sıkı ve sürekli bir bağ mevcuttur.

10. Kent İmgesinin Kentin Markalaşması Üzerindeki Rolü

Toplumsal gelişmeler, ekonomik anlamda toplumun tüm kademelerini etkilerken beraberinde kentleri de yeni bir ekonomik forma sürüklemektedir. Özellikle bazı dönemlerde bu durum daha görünür olabilmektedir. Örneğin 1970 ve sonrasında küreselleşme ile birlikte iletişim ve ulaşım ağlarındaki gelişme, teknolojik ilerleme gibi gelişmeler tüm dünyayı etkileyecek yeni ekonomik ilişkilerin oluşmasını beraberinde getirerek sermayenin tüm dünyada hızlı bir şekilde yer değiştirmesine/dolaşımına neden olmuştur. Bu gelişmeler tüm alanlarda kendini hissettirse de şüphesiz en çok kentleri etkilemiştir. Bu durum ise kentleri hızlı bir şekilde sermayenin en belirleyici alanları haline getirmiş ve bir ekonomik tüketim nesnesine dönüştürmüştür. Böylelikle "kentlerin markalaşması" kavramını ortaya çıkarmıştır. Mutlu (2010: 1) bu durumu "sermayenin aktığı kentler, devamlılığın sağlanabilmesi için birbirleriyle yarışmaya ve kendilerini satışa sunmaya başlamışlardır. 'Kent girişimciliği' olarak nitelenen bu süreçte, kentin potansiyellerinin nasıl kullanılması ve kentin nasıl pazarlanması gerektiği araştırılmış ve uygun projeler uygulamaya geçilmiştir" sözleriyle aktarmıştır.

Kentin markalaşması/pazarlanması kavramına baktığımızda ise kent pazarlanması; uluslararası sermayeyi çekmeye çalışarak yatırımcıları, çok uluslu firmaları, turistleri kente çekmek amacıyla kentlerin bir tüketim nesnesine dönüştürülmesi olarak karşımıza çıkmaktadır. Bu noktada kentlerin, özellikle de kent imgelerinin yerel yöneticiler tarafından hazırlan projelerle ve yapılan çeşitli aktivitelerle daha bir ön plana çıkarılmaya çalışıldığı açıkça görülmektedir. Özellikle kent yöneticileri kentlerin tarihi mekânlarını, doğal güzelliklerini ziyaretçilerin ilgisini çekecek şekilde değiştirmekte, yenilemekte veya yeniden icat etmektedir. Görüldüğü gibi kentsel imgelere ve kentsel mekânlara pazarlama stratejilerinin bir gereği olarak müdahalelerde bulunulmaktadır. Kurt (2011: 2) bu durumu "söz konusu bu müdahalelerin gerisindeki motivasyonun kapitalist niteliği, kentin tüm yapısal karakterine ve dokusuna nüfuz etmektedir. Kentsel mekânlarda post-modernist kentsel tasarım ilkeleri ile yüzeysel bir üslupta sürekli yeniden üretilmekteler" şeklinde açıklamıştır.

Kentlerin birer kazanç alanına dönüşmesindeki en göze batan bahane, kentsel dönüşüm olmuştur. Egemen sınıf, kent merkezinde yer alan kent parçalarını dönüştürme yoluyla yok ederek yerine ekonomik getiri olan otel, alışveriş merkezi gibi ögelere dönüştürdüğü görülmektedir. Neredeyse ülkenin bütün kentlerinde rastlanılan bu durumun tek sebebi ise yaşanan gelişmelere sermayenin yön vermesidir.Kentlerin küresel sermaye içerisine dâhil edilme süreci Türkiye'de ise 1980 ve sonrasında kendini göstermiştir. Turgut Özal ile birlikte liberal ekonomi politikalarının benimsenmesi ve özelleşme ile birlikte Türkiye de kendini bu sürecin içinde bulmuştur. Tüm Türkiye'de etkisi görülen bu değişim ve dönüşümden ise neredeyse tüm kentler nasibi almıştır. Kentlerin bu süreç ile birlikte değişimini ise imgeler üzerinden okumak mümkündür.

Kent, kırdan farklı olarak tarihten beri ekonominin/kapitalist sermayenin merkezi olmuştur. Zaten kentleri var eden, Marx'ın deyimiyle, ekonominin kendisidir. Simmel de kenti, para ekonomisinin yuvası olarak açıklamaktadır. Nesnelerin kent içindeki değişen değerine değinen Simmel (1950), kent içinde var olan nesnelerin algılanma noktasında sorun yaşamadıklarını, anlamlarının ve değerlerinin değiştiğini dile getirmektedir. Kent içinde imgenin değerinin, nitel olmaktan çıkıp nicel olmaya doğru sürüklendiği görülmektedir. İmgenin değeri Simmel'in dediği gibi 'kaça?' terimiyle açıklanmaktadır. İmgenin değerindeki bu değişim, kent imgelerinin de artık ekonominin bir parçası olduğunu göstermektedir. Sargın'a (2017: 24) göre egemen sınıf(veya grup), "baskı ve onayı gerek özgürce ve meşru, gerekse ideolojik yanılsamanın araçlarıyla uygulayacak, mekânı kapitalist örüntünün dilediği biçimde üretmektedir". Kentler, anlaşılacağı üzere tüketimin ve pazarlamanın birer mekanizması halini almış bulunmaktadır. Koyuncu (2013: 160), bu durumu "günümüzde kent mekânı yalnızca üretim, dolaşım ve tüketim ilişkilerinin örgütlendiği yer olmanın ötesinde mekânın kendisi de üretim, dolaşım ve tüketim ilişkilerine konu olan bir meta haline gelmiştir" sözleriyle açıklamaktadır.

Kent pazarlanması bakış açısıyla bir kent kimliği çözümlemesi yapılmaya çalışıldığında, ön plana çıkan kentsel ögelerin nitelikleri, toplumun tutum ve beklentilerine bağlı olarak ekonomik göstergeler aracılığıyla dönüştürülmektedir. Bunun yanında ülkenin turizm gelirleri imgenin kullanma sıklığıyla bağlı olarak değişim göstermekte ve gelir imgenin değerlendirilmesine paralel olarak değişkenlik göstermektedir. Bu yüzden çoğu imge, kentin seyirlik alanına dönüştürülüp tüketilmeye ve pazarlanmaya başlamıştır. Ülkemizde bazı kentlerde bulunan imgelerin tanıtılması, ön plana çıkarılması bu bakış açısı doğrultusunda yapılmaktadır. Küçük kentlerde/yerleşim yerlerinde bu durum büyük kentlere göre daha yavaş ve yerel boyutta kalırken gelişmiş kentlerde imge, çoğu zaman ülke sınırlarını aşacak boyutlara ulaşabilmektedir. Küçük kentlerin turizm piyasasında yer alamaması, turizm gelirlerinin sınırlı olması bu durumu özetlemektedir. Öncü'nün (2016:86) de üzerinde durduğu gibi "günümüzde büyük kentlerin tarihsel geçmişi, uluslararası turizm piyasasında 'seyirlik' mekânlar ve yapılarda somutlaştırılıp pazarlanmakta ve tüketilmektedir. Bir kentin ne denli uzun ve zengin tarihsel geçmişi varsa, o denli kolayca fotojenik görüntülere dönüştürülüp, renkli broşürlerde, cep kitapçıklarında, dergi sayfalarında, televizyon ekranlarında sunulabilmektedir". Bu durum ise kentin ve kentlinin sosyal, kültürel ve tarihsel belleğinde yer alan öğelerin yer değiştirmesine, yok olmasına ve anlam değiştirmesine sebep olabilmektedir. Diğer bir deyişle, kent imgeleri ile kentliyi yabancılaştırıcı sonuçların ortaya çıkmasına neden olmaktadır. Kentin planlanması veya kent kimliğini yansıtan ve ekonomik getiri olan kentsel öğelerin ön plana çıkarılması bunu net bir şekilde özetlemektedir. Bu durum yeni başlayan bir süreç olmayıp şehir devletlerinin ortaya çıktığı tarih kadar eskidir.

Yerel yönetimler de kentin bir kimlik kazanması ve bu kimliğin yayılması için çaba sarf etmektedir. Bakıldığında bu amaç doğrultusunda sürekli yeni projelerin hazırlandığı görülmektedir. Özellikle kentlerin sahip olduğu logolarda ve amblemlerde imge ile tasarlandığı, kentin karakterine göre şekillendirildiği görülecektir. Tüm bunlar ise kent imgelerinin birer ürün olarak yüksek kazanç sağlama amaçlı yapıldığı gözlemlenmektedir. Özellikle yaşanan küresel gelişmelerin kentlerin, kent imgelerinin ve buna bağlı olarak kent kimliklerin şekil değiştirdiğini savunan Beyazıt ve Güneş (2017: 324) göre küreselleşme süreci, "kentleri ve kent kimliklerini yerel, ulusal ve küresel dinamikler üzerinde etkilemektedir. Günümüzde, neoliberal piyasa temelli bir küresel kapitalist çerçevede oluşan bu gelişmelerin bir sonucu olarak, kentler arası bir yarıştan söz edilmeye ve kentlerin pazarlanması ve bu amaçla da markalaştırılması gereği vurgulanmaya başlanmıştır". Kent markalaşma faaliyetleri içinde ise görsel bir dil kullanılmakta ve kimlik görsellik üzerinden oluşturup yayılmaktadır.

Markalaşma sürecinde kenti yönetenlerin muhakkak kent belleğinden yararlanması gerekmektedir. Bu yüzden yöneticilerin çeşitli yollara başvurduğu görülmektedir. Özellikle kent belleğinde yer alan tarihi, doğal, kültürel imgelerin yerelden alınıp ulusala aktarımı noktasında ulaşım araçları önemli rol oynamaktadır. Bu yüzden Türkiye'de özellikle birçok Anadolu kentine ait uzun yol otobüslerinin bağlı bulundukları kente ait tarihi, kültürel, mimari unsurlar ile tüketim nesneleri ile süslenmeleri, bu durumu desteklemektedir. Kentlerin üretmiş oldukları bu logolar, süslemeler üzerinden bireylerle iletişime geçmekte ve kente gelenler ile logo üzerinden bağlantı kurduğunu söylemek mümkündür. Tasarlanan logoda kullanılan sembol, tercih edilen renk, yazı tipi, şekil ise kentin ve kentte yaşayanların sahip olduğu kimlik hakkında misafirlere ipucu vermektedir. Tüm bunlar ise kentin, dünya ekonomi pazarında yer almaya yönelik girişimleri olarak yorumlanmaktadır.

Batı kentlerinin ülkemizdeki kentlere göre pazarlanma noktasında daha avantajlı konumda olduğunu savunan ve bu nedenle kentsel üzerinden çok ciddi bir kazanımın olduğunu dile getiren Ulu ve Karakoç (2004: 60), bu noktada "belirli ekonomik, sosyal ve kültürel düzeye ulaşmış, dengeli büyümeye sahip gelişmiş batı toplumu kentlerinin sabitlenmiş nüfusları, kentin sahip olduğu doğal, kültürel ve mimari değerleri kolaylıkla benimseyip, ortak değere dönüştürebilmesine olanak tanımaktadır. Bunun yanı sıra oluşan kentsel dokuları yabancı ziyaretçilere pazarlamakta ve bundan da büyük ekonomik girdi/getiri sağlamaktadırlar" ifadelerini kullanmıştır. Kentler görüldüğü gibi ziyaretçilere sunulan bir üründen farksız duruma düşmüştür. Söz konusu bu "ürün"ün satılması, alıcı bulması ve değer kazanması için onu yönetenlere çok fazla iş düşmektedir. Kent içinde hazırlanan her proje, kentleri pazarlayacak ve kentsel bir canlandırmayı beraberinde getirecektir.

Yaşanan gelişmelerin, yapılan çalışmaların ve hazırlanan projelerin kentlerin yerel kimliklerine, tarihi dokularına ve özgün yapılarına zarar verdiğini düşünen ve tüm nedenlerden dolayı kentlerin kimliksizleştiğinin altını çizen Koyuncu (2013: 174), bu durumu "kentlerin tarihsel-kültürel kimliklerinin hızla yitirildiği mekânlara dönüşmesine zemin hazırlamakta ve kentler bir yandan dünya kentleri kervanına katılabilmek için küresel anlamda bir yarış içine sokulurken ve bu yarışta da (sürdürülebilir kent, ortak miras vb. söylemlerle) kentin özgün ve yerel değerlerinin öne çıkartılması gereği vurgulanırken, diğer yandan da küresel kentler olarak kapitalist dünyanın tek tip tüketim mekânları haline getirilmektedir" sözleriyle özetlemiştir. Aynı zamanda kentlerin bu hale getirilmesi ile kent içinde karşıt başkaldırıyı da doğurduğunun altını çizmiştir. Torlak (2016: 20) ise bu gelişmeyi "neoliberal kapitalizmin ketin kendisini bir meta olarak pazarlamak ve artı-değeri gerçekleştirmek adına kent yoksullarına karşı yürüttüğü savaş, küresel ölçekte bir otoriterleşme-askerileşme eğilimiyle birlikte giderek şiddetlenmektedir" sözleriyle açıklamıştır. Tüm gelişmeler doğrultusunda kentler, çatışma alanı olma özelliği koruyacaktır. Kent içinde yeni toplulukların, yeni sosyal hareketlerin oluşmasını bu şekilde açıklamak mümkündür.

2. BÖLÜM

Şanlıurfa Kent İmgeleri ve Kentli Kimliği

Bu bölümde çalışmanın uygulama neticesinde elde edilen verileri tartışılmıştır. Araştırma problemleri ile görüşme sorularından yola çıkılarak hazırlanan bölüm başlıkları, veriler ışığında şekillenmiş ve son halini almıştır. Öncelikle Şanlıurfa'nın ve belirlenen imgelerin kent ve kentli için önemi hakkında kısa bir tanıtımı yapılmıştır. Sonrasında ise görüşme yapılan bireylerin kent algısı, kentlilik bilinci ve bu bireylerin toplumsal hafızasına yönelik bulgular değerlendirilmiştir. Sonrasında ise görüşmeler kapsamında belirlenen Şanlıurfa kent imgelerinin değişimi, kent ve kentli kimliğine etkisi üzerinde durulmuştur. Öte yandan medyanın kent imgelerinin tanıtımı, markalaşması ve pazarlanması üzerindeki etkisi açıklanmıştır. Bu bağlamda görüşme yapılan katılımcılar, yakın oldukları kent imgesine, mesleklerine ve yaşlarına göre kodlanmıştır.

1. Kent Algısı ve Şanlıurfa

1.1. Batının Doğusu Doğunun Batısı: Şanlıurfa

Şanlıurfa, uygarlık tarihinin en eski merkezlerinden biri olarak karşımıza çıkmaktadır. Doğu kısmında Mardin, Diyarbakır gibi kentlerin yer aldığı ilin, batı yönünde ise Adıyaman ve Gaziantep gibi önemli kentler yer almaktadır. Geniş bir coğrafyada konumlanmış olan kent, bu anlamda Türkiye'nin 7'inci büyük kentidir. Kentin halk arasında kullanılan yaygın adı Urfa olup, Şanlıurfa ismi daha çok resmi dilde tercih edilmektedir. Cumhuriyet tarihinde "kendi kendini kurtaran şehir" olarak kimlik kazanan kente bu özelliğinden dolayı 24 Haziran 1984 yılında TBMM tarafından "Şanlı" ismi verilmiş ve kentin yeni adı Şanlıurfa olarak belirlenmiştir.

Urfa adının kökenine baktığımızda kentte yer alan Balıklıgöl imgesinin kentin adlandırılması üzerinde etkili olduğu düşünülmektedir. Sümerce Uru "şehir" veya "yer" anlamına gelirken ha/kua ise "balık" anlamında kullanılmaktadır. Uruha veya Urukua adı da dolayısıyla "balıklı şehir/ balıklı yer" anlamına gelmektedir" (Komisyon, 2019: 22). Zaman içinde bu isimlerin Uruha, Urha ve Urfa şeklinde dönüşüme uğradığı yüksek ihtimal dâhilindedir. Diğer bir kaynağa göre Urfa'nın en eski adı Urhaydır. Bazı kent tarihçiler (Komisyon, 2019: 10), "Makedon Kralı Büyük İskender suları bol olan Urfa'yı Makedonya'daki Edessa (bugünkü Vodena) şehrine benzeterek Urfa'ya "Suları Bol" anlamına gelen Edessa ismini" verdiği görüşünü desteklemektedir.

Mezopotamya olarak adlandırılan bölgenin en eski kentlerinden olan Şanlıurfa'nın, su kaynaklarına yakın olması ve ticaret yolları üzerinde konumlanması, tarih boyunca stratejik bir öneme sahip olmasını sağlamıştır. Kentin, 12 bin yıllık bir tarihe sahip olmasından dolayı mimarlık ve tarım tarihi anlamında dünyanın en eski kentleri arasında yer almasına vesile olmuştur (Komisyon, 2019). Arkeoloji dilinde "bereketli hilal" olarak adlandırılan bölgede yer alan kent, zengin Anadolu ve Mezopotamya kültürünün kesişme noktasında yer almaktadır. Zengin bir kültürel yapıyı bünyesinde barındıran kent, bu özelliğinden dolayı mimari, tüketim alışkanlıkları ve gündelik hayat pratikleri noktasında zengin bir görüntü çizmektedir.

Daha çok inanç turizmi ile dikkat çeken Şanlıurfa hem tek tanrılı hem de çok tanrılı birçok inanca ev sahipliği yapmaktadır. Yakın dönemde kent sınırları içerisinde ortaya çıkan ve var olan tarih algısını baştan sona değiştiren Göbeklitepe, tarih öncesi inançlara dair pek çok bilgi sunmaktadır. Bunun yanında Harran ilçesinde gök cisimlerine tapan Harraniler'in yaşamış olması, Peygamberlerin babası olarak bilinen Hz. İbrahim'in bu kentte doğması, "sabrın sembolü" olan Hz. Eyyüb'ün makamının ve türbesinin burada yer alması, kentin "Peygamberler Şehri" olarak adlandırılmasında ve bu şekilde bir kent kimliği kazanmasında etkili olmuştur. İnanç noktasında güçlü ve görünür bir özellik taşıyan kent, bu özelliğinin dışında tarihi, kültürel ve mimari özellikleri ile de diğer birçok kentten ayrılmaktadır. Balıklıgöl gibi bir oluşumun var olması, tarihi çarşı, hamam ve hanların çokluğu, taş mimari konutlarının çeşitliliği kentin mimari anlamda da zengin olduğunu göstermektedir.

Türkiye'nin en büyük barajı olan Atatürk Barajının kent sınırları içerisinde yer alması, Güneydoğu Anadolu Projesi (GAP) gibi önemli bir projenin kentte uygulama alanı bulması ve Harran Ovası gibi zengin tarımsal bir arazinin bulunması, kentin tarım alanında da dikkat çekmesini ve ülkenin sayılı tarım kentleri arasında yer almasını sağlamıştır. Kentin bu tarz zengin parametrelere sahip olması sürekli ve yoğun bir şekilde göç almasını beraberinde getirmiştir. 1970 sonrasında yapılan Tarım Reformu, 1980 sonrasında faaliyete giren Atatürk Barajı ve hayata geçirilen GAP, 1990 ve sonrasında Türkiye'nin doğu bölgelerinde yaşanan çatışmalı ortam ve 2000 sonrasında Ortadoğu'da yaşanan savaşlar, kentin hem ülke içinden hem de ülke dışından çok sayıda göç olayına maruz kalmasına neden olmuştur. Bu durum ise kentin heterojen bir toplumsal yapıya sahip olmasını kaçınılmaz kılmıştır. Kent merkezinde birden fazla etnik kökenden grupların yaşaması Türkçe, Kürtçe ve Arapça dillerinin yaygın olarak kullanılmasına vesile olmuştur. Tüm bu yaşanmışlıklar kentin imgesel anlamda da çeşitlenmesini mümkün kılmıştır.

Kentin yerleşim özelliklerine bakıldığında eski Urfa (Suriçi) ve yeni Urfa diye ayrıldığı görülmektedir. Eski Urfa denilen bölgede hem mimari anlamında hem yaşam şekli anlamında daha çok geleneksel bir yapı söz konusu iken yeni Urfa bölgesinde de modern bir oluşumun olduğu gözlemlenmektedir. Bu durum ise kent imgelerinin de farklılaşmasına ve çeşitlilik göstermesine olanak sağlamıştır. Yoğun göçe bağlı olarak kentin eskiden kopup yeniye doğru kaydığını söylemek yerinde olacaktır. Bu kayma ise kentin, 'eski' ile 'yeninin' çatışma sahnesi olmasına neden olmaktadır.

Eski Urfa veya Suriçi olarak adlandırılan bölgede daha çok geleneksel bir yaşam söz konusu iken, Yenişehir ya da Karaköprü bölgesinde ise modern bir yaşantının olduğu görülmektedir. Bu durum gündelik yaşam pratiklerinin, yaşam şeklinin, tüketim alışkanlıklarının farklılaşmasına neden olmaktadır. Durumun böyle olması ise kentte yaşayan bireylerin kenti ve imgeyi yorumlama ve açıklama noktasında ayrışmalarına sebebiyet vermektedir. Yeni olan, eskiyi geri kalmış şeklinde yorumlarken eski olan ise yeniyi yozlaşmış olarak nitelemektedir. Bu durum ise sürekli görünmeyen bir çatışmanın olduğunu özetlemektedir. Özellikle yoğun göçlerle birlikte eski yerleşim alanlarının göçmenler tarafından kullanılması, oraların güvenli olmayan alanlar olarak betimlenmesine sebep olmaktadır.

1.2. Şanlıurfa Kent İmgeleri: "Ölüsü de Dirisi de Kıymetlidir"

Şanlıurfa, Anadolu'nun tarihsel süreç içerisinde çeşitli medeniyetlerin izini barındıran tarihi, mimari ve kültürel zenginlikleriyle

Türkiye'nin önemli kentlerinden biridir. Sahip olduğu kimliği tarihin ilk devirlerinden beri koruması bünyesindeki kent imgelerinin birçoğunun Kültür ve Turizm Bakanlığı tarafından belirlenerek "Taşınmaz Kültür Varlığı" olarak tescil edilip koruma altına alınmasını sağlamıştır. Şanlıurfa, tarih boyunca birçok medeniyetin hâkimiyetinde kalmıştır. Bu durum kentin mimari, sosyal, dini, kültürel ve tarihi yönlerini etkilemiş olup çok sayıda kent imgesinin inşa edilmesini ya da eski imgelerin üzerine yeni imgelerin konulmasını beraberinde getirmiştir. Kent imgesinin fazlalığı ise kenti bir açık hava müzesine dönüştürmüştür. Kentin sahip olduğu çoğu mekânın/imgenin eski ve orijinal halleriyle kullanılıyor olması, modernliğe direnen bir yaşam şeklinin kısmen de olsa devam ettiğini göstermektedir. Şanlıurfa kent merkezinde 'geleneksel hayatın' canlı bir şekilde devam ettiğini savunan Kürkçüoğlu'na (2017: 7) göre Şanlıurfa'da "kültürel mirasın korunması ve tarihi kent kimliğinin yaşatılması ve canlandırılması etkin bir şekilde devam etmektedir". Bu durum ise kentin kimliğinin değişmesini yavaşlatmakta ve eski yaşam şeklinin devam etmesine imkân vermektedir.

Zengin bir kentsel imgeye sahip olan kent, daha çok mimari ve kültürel değerleri ile ön plana çıkmaktadır. Her yapının kente kendi hususiyetini yansıttığını vurgulayan Doğan (2015: 101), Şanlıurfa'yı ve sahip olduğu imgeleri "öyle şehir ki camiler açısından bakarsanız bu şehir sade bir "camiler şehri", medreseler açısından bakarsanız sade bir "medreseler şehri", hamamlar açısından bakarsanız sade bir "hamamlar şehri" sivil mimari açısından bakarsanız sade bir "evler şehri", hanlar açısından bakarsanız bu şehir sade bir "hanlar ve kervansaraylar şehri" demekten alamazsınız kendinizi" şeklinde betimlemektedir.

Şanlıurfa denilince akla gelen kent imgeleri, şüphesiz kent kimliğinin ve kentli kimliğinin oluşmasında da etkilidir. Kentin en dikkat çeken, en çok ziyaret edilen ve kent dışında yaşayanlar için özlem ve merak duygusu uyandıran kent imgeleri sonraki sayfalarda yer almaktadır.

a. Balıklıgöl

Şanlıurfa denilince ilk akla gelen mekânların başında yer alan bölge her ne kadar Balıklıgöl olarak geçse de halk dilinde Halîl-ür Rahman olarak adlandırılmıştır. Şanlıurfa dışındaki bireylerin yerel ismi bilmemesi, bizim de bu imgeyi Balıklıgöl adıyla ele almamıza neden olmuştur. Söz konusu imge, Şanlıurfa'nın en önemli ve en dikkat çeken imgeleri arasında yer almaktadır. Tarihi yapısı, doğal güzelliği, *"öyküsü"* ve etrafında tarihi medreselerin, camilerin, hanların yer alması bu mekânın kent için daha ön planda kalmasını, daha çok ilgi çekmesini ve çok sayıda yerli ve yabancı turist tarafından ziyaret edilmesini sağlamıştır. Üç semavi dinin atası olarak bilinen Hz. İbrahim'in dünyaya geldiği mağaranın bu bölge içerisinde yer alması da farklı inançlara mensup bireylerin bu imgeyi ziyaret etmesini beraberinde getirmiştir. Buranın kentte yaşayan ve kenti ziyaret edenlerin ruhuna dokunduğunu dile getiren katılımcılardan biriimge ile ilgili şu yorumda bulunmuştur:

> "Şanlıurfa'ya özellikle de Balıklıgöl'e baktığınızda, burasının tarihi merak edenler için duygu dolu bir yer olduğunu göreceksiniz. Herhangi bir yerine dokunduğunuzda o duyguyu hissedersiniz. Buraları görmek bunları yaşamak lazım. Balıklıgöl'e geldiğinizde tüm çağları görerek, dokunarak yaşayabilirsiniz" (Balıklıgöl, İşletmeci, 34).

Halîl-ür Rahman platosu içerisinde yer alan ve kentin sembollerinden biri olan Balıklıgöl, Hz. İbrahim döneminden kaldığına inanılmaktadır. Anlatılanlara göre Hz. İbrahim'in Nemrut tarafından ateşe atılması ve sonrasında yaşanan mucize, mekânın önemini ve kutsiyetini arttırmaktadır. Bundan dolayı özellikle Ramazan aylarında, önemli dini gün ve gecelerde ise ziyaretçi sayısı daha da artmaktadır. Bunun dışında kentin en serin, en sulak ve en yeşil bölgesi olması, manevi, mistik ve ruhani bir havaya sahip olması kentlilerin gezmek için bu mekânı tercih etmesini sağlamaktadır.Balıklıgöl'ün özellikle İslam âlemi için öneminden bahseden katılımcılardan biri şu ifadeleri kullanmıştır:

> "Her şehrin kendine ait tarihi bir yüzü vardır. Şanlıurfa'nın tarihi yüzü de Balıklıgöl'dür. Çünkü tüm İslam âlemi bu mekânı bilmekte ve ziyaret etmeye çalışmaktadır. (Balıklıgöl, STK Temsilcisi, 50).

Balıklıgöl platosunda Hz. İbrahim'in doğduğu mağaranın, Şanlıurfalılar için önemli bir mekân olan Dergâh Camisinin, Şanlıurfa Kalesinin ve Ayn Zeliha Gölü'nün bulunması imgenin kentli için önemini arttırmaktadır. Bunun yanında Said Nursî'nin ilk gömüldüğü alanın bu plato içerisinde bulunması, bölgenin çok sayıda farklı dini görüşe? sahip olan bireyler tarafından ziyaret edilmesine sebep olmaktadır. Öte yandan kentin bu alana göre planlanmış olması da bu imgenin kentin merkeziolarak nitelendirilmesine vesile olmuştur.

b. Göbeklitepe

Şanlıurfa'nın sembolik olarak ön plana çıkan diğer bir imgesi yakın zamanda yapılan arkeolojik kazılar sonucu ortaya çıkan Göbeklitepe'dir. Yaklaşık olarak 12.000 yıl öncesine tarihlenen Göbeklitepe, coğrafi konum itibariyle kente 22 kilometre uzaklıkta yer almaktadır. Deniz seviyesinden yaklaşık olarak 800 metre yüksekte yer alan mekân, Harran Ovasına hâkim bir noktada bulunmaktadır.

Mekânı değerli kılan özelliklerine bakıldığında; var olan tarih anlayışını değiştirdiği anlaşılmakta ve "tarihlendirildiği zaman ayracında olması beklenilen anıtsal bir mimarinin, son derece gelişkin bir sembolik dünyanın izlerini" (Komisyon, 2019. 5) içinde barındırmaktadır.Bu anlamda Göbeklitepe, insanlık tarihinin değişimine ön ayak olmuş ve tarihe olan bakışı baştan sona değiştirmiştir. Göbeklitepe öncesinde var olan "insanlığın tarım ile birlikte yerleşik yaşama geçtiği" düşüncesi son bulmuş, "avcı-toplayıcı dönemde de insanların kalıcı yapılar inşa ettiği" görüşü geçerlilik kazanmıştır. Bunun yanında mekânın inşa edildiği döneme ait kullanılan malzeme, dikilitaşlar üzerinde yer alan soyut semboller ve hayvan figürleri, 12 bin yıl önce Göbeklitepe'de yaşam sürmüşsosyal grupların yaşam şeklini, inanç yapısını ve toplumsalhafızasınıaçıklaması, imgenin tüm insanlık için önem taşımasını sağlamıştır. Göbeklitepe ile birlikte Şanlıurfa'nın tarihi bir kent olduğu görüşünün daha da geçerlilik kazandığını ifade eden katılımcılardan biri şunları dile getirmiştir:

> "Göbeklitepe ile birlikte bu tarih çok daha eskilere gitti. Bizim sandığımızdan da eskiye gitti. Dolayısıyla Şanlıurfa'nın daha kadim, daha tarihi/eski bir kent olduğunu anlamaya başladık" (Genel, İdareci, 45).

Göbeklitepe'nin ortaya çıkış serüvenine bakıldığında; ilk olarak 1980 yılında tarihi kalıntıların/taşların fark edildiği buna rağmen sahte olduğu gerekçesiyle önemsenmediği açıklanmıştır. 1994 yılında başka kazılarda da yeniden fark edilen taşlar, bölgenin araştırılması gerekliliği görüşünü beraberinde getirmiş ve kazılar 1995 yılında Alman arkeolog Prof. Dr. Klaus Schmidt tarafından resmi olarak başlatılmıştır. Hem kent hem ülke hem de dünya için büyük önem arz eden bu kent imgesi, 15 Nisan 2011 yılında UNESCO Dünya Kültür Mirası aday listesine alınmış, 7 Ocak 2018 yılında ise UNESCO Dünya Kültür Mirası Listesi'ne dâhil edilmiştir. Bunun dışında Cumhurbaşkanı Recep Tayyip Erdoğan'ın Türkiye'de 2019 yılını "Göbeklitepe Yılı" olarak ilan etmesi, söz konusu kent imgesini ülke içinden ve yurt dışından çok sayıda turistin kentsel mekânı ziyaret etmesini sağlamıştır. Bu sebeple 2019 yılı içerisinde 2 milyonda fazla kişi Göbeklitepe'yi ziyaret etmiştir. Böylelikle mekânın kent içinde imgeleşme süreci hızlanmıştır. Göbeklitepe'nin Şanlıurfa için önemli bir noktada gelmesi, kent kimliğinin kısmen de olsa değişmesine sebep olmuştur. Katılımcılardan biri bu durumu şu şekilde betimlemiştir:

> "Şanlıurfa'nın, yıllarca peygamberler şehri imajı vardı. Göbeklitepe'nin ortaya çıkması ise bu imajı değiştirdi. Bu kez "Uygarlığın doğduğu kent, mimarinin ilk örneklerinin olduğu kent" olarak anılmaya başlandı" (Genel, Emekli Sanat Tarihçisi, 70).

Göbeklitepe'nin Şanlıurfa ve Türkiye için değerli olmasının yanında yaşanan gelişmeler ve alınan kararlar, imgenin öneminin ulus ötesine taşınmasını hızlandırmış ve uluslararası bir anlam kazanmasını sağlamıştır. Daha çok ulusal çapta önemli olan Şanlıurfa kent imgeleri, Göbeklitepe'nin ortaya çıkmasıyla birlikte ülke sınırlarını aşmıştır. Kentin sınırları içerisinde ortaya çıkan ve hem dünyanın hem de ülkenin tarihsel, kültürel ve mimari anlamda dikkatini çekmesi, kente ekonomik anlamda da fayda sağlamıştır. Bundan dolayı Göbeklitepe, son yıllarda kentin en dikkat çeken, en fazla turistik getiri sağlayan ve kentin tanıtımını hızlandıran kent imgesi konumunda yer almaktadır.

c. Eyyüb Peygamberin Sabır Makamı

Şanlıurfa'nın peygamberler şehri olarak adlandırılmasında önemli bir yeri olan Hz. Eyyüb'ün kent sınırları içerisinde yaşam sürmesi ve kabrinin kent merkezinde yer alması hem kent hem de kentli için önemli bir unsur olmasını sağlamıştır. Sabır peygamberi olarak bilinen Hz. Eyyüb'ün hastalandığı, hastalanıp çile çektiği mağaranın ve yıkanıp şifa bulduğu söylenen suyun bulunduğu makam hem Şanlıurfa hem de Şanlıurfalılar için önemli bir mekân olma özelliği taşımaktadır. Özellikle Yaratandan sabır ve hastalıklarına şifa dileyenlerin uğrak yeri olan makam, kentin "Peygamberler Şehri" olarak kimlik kazanmasında önemli rol oynamaktadır. Kentlinin de kimlik kazanmasında önemli bir yere sahip olduğunu hatta Şanlıurfa'da Eyyüb isminin yaygın olarak kullanılmasında makamın önemli bir yere sahip olduğunu vurgulayan katılımcılardan biri şunları söylemiştir:

> "Burası bizim şükür, sabır, şifa ve kanaat kapımızdır. Çünkü burada yaşayan Peygamberin sabır, şükür ve kanaat sahibi olduğunu biliyoruz. Bu yüzden buraya her gelen kişi şifa bulur, huzur bulur" (Topçu Meydanı, 58, Memur).

Kentin Eyyubiye olarak adlandırılan mahallesinde yer alan imge gerek Urfa ilinden gerekse de Türkiye'nin değişik illerinden çok sayıda insan tarafından ziyaret edilmektedir. Makama gelen ziyaretçilerin manevi anlamda huzur bulduğunu, hastalıklara şifa aradığını paylaşan katılımcılardan biri bu imge ile ilgili şu ifadeleri paylaşmıştır:

> "Eyyüp Peygamberin makamı çilenin, sabrın makamıdır. Bu yüzden oraya gittiğimizde başta huzur buluyor ve hastalıklarımıza şifa arıyoruz. Kendisinin de hasta olduğunu ve hastalığa karşı sabır gösterdiğini bildiğimiz için biz de sabrı öğreniyoruz" (Eyyüp Peygamber Makamı, 62, Esnaf).

Mekânın ve mekânda yer alan kuyu suyunun şifalı olduğuna inanılmaktadır. Bundan dolayı mekâna kutsallık atfeden kentli, kuraklık zamanında dua etmek için bu kentsel mekânı seçmektedir. Uzun yıllar devam eden yağmur duası geleneği,en son 2008 yılında yapılmıştır. Kentin manevi mekânlarından olan bu makamda yer alan şifalı suyun modern yöntemlerde şişelenip pazarlanmasının kente ve kentliye katkısı olacağını dile getiren katılımcılardan biri, şunları aktarmıştır:

> "Bu makamın buradaki insanları manevi olarak etkilediği gibi ekonomik olarak da etkilemesi gerekir. Bana kalırsa burada şifalı

suyun Zemzem Suyu gibi modern şekilde şişelenip pazarlanması gerekir. Zaten insanlar kutsal diye gelip alıyor, böyle yaparsak daha fazla kişiye ulaştırabiliriz" (Topçu Meydanı, 58, Memur).

Bir kentin sahip olduğu farklı unsurlar kimliğin şekillenmesinde önemli bir role sahiptir. Hz. Eyyüb makamı, her ne kadar diğer imgelere nazaran geri planda kalsa da kentin inanç tarihini okumamız noktasında önem taşımaktadır. Özellikle Hz. Eyyüb'ün çileli yaşamı ve bu çileye göstermiş olduğu tutum, kentin ve kentlinin kimliğinin betimlenmesinde önemli bir yere sahiptir. Yani imgenin hikâyesi bile tek başına birer kimlik unsuru olabilmektedir.

d. Urfa Çarşıları ve Bedestenleri

Eski çağlardan beri önemli bir ticaret merkezi olan Şanlıurfa'nın tarihi dokusunun şekillenmesinde kapalı çarşıların, bedestenlerin ve hanların önemli bir yeri vardır. Anadolu ve Mezopotamya bölgeleri arasında önemli bir konumda yer alan kent, doğu ile batıyı birbirine bağlayan bir kavşak görevi gördüğünden ayrıca İpek yolu ve Baharat Yolu güzergâhında bulunduğundan kent içinde çok sayıda çarşıya, bedestene ve hana rastlamak mümkündür. Günümüzde halen aktif olarak kullanılan bu çarşılar, bedestenler ve hanlar gündelik yaşamın kalbinin attığı mekânların başında gelmektedir. Tarihi çarşıların ekonomik olduğu kadar sosyal bir yanının olduğuna dikkat çeken katılımcılardan biri şu bilgileri paylaşmıştır:

> "Bizim tarihi çarşılarımız, ilk günkü gibi canlılığını koruyor. Şehrin kalbi burada atıyor diyebiliriz. Özellikle köyden gelenler burada alışverişini yapar, yer içer ve gezer. Hem alışveriş yapıp kazanç sağlar hem de sosyalleşir" (Genel, Sendikacı, 60).

Bilindiği üzere Şanlıurfa; İstanbul, Bursa, Edirne, Kayseri gibi kapalı çarşı kültürünün yaygın olduğu nadir kentlerden biridir. Kent tarihine bakıldığında Osmanlı Döneminde kent merkezinde inşa edilen bu çarşıların/bedestenlerin ilk günkü gibi işlevini koruduğu ve yöre halkına, turistlere hizmet verdiği görülmektedir. Balıklıgöl havzası içinde yer alan bu çarşılar modern yaşamın tüketim simgesi olan AVM kültürünün yaygınlaşmasına rağmen canlılığını korumayı başarmıştır. Bu çarşıların üzerinin kapalı olması, satılan ürünlerin yazın güneşten/sıcaktan, kışın ise yağmurdan korunmasını sağlamıştır. Dolayısıyla tarihi çarşılar dört mevsim hizmet vermeye devam etmektedir. Labirent şeklinde inşa edilen bu çarşılar arasında en dikkat çeken çarşılar ise Sipahi Pazarı, Bakırcılar Çarşısı, Kınacı Pazarı, Kazaz Pazarı, İsotçu Pazarı olarak sıralanmaktadır. Çarşı sayısının fazla olmasının kentin ticari anlamda önemli bir noktada olduğunu belirten katılımcılardan biri şu şekilde konuşmuştur:

> Tarihi Urfa dediğimiz bölgede onlarca han vardı. Bu hanların çoğu bizim çocukluğumuzda kullanılıyordu. Her handa farklı ürünler satılıyordu. Ticaret anlamında zengindi. Halep'ten, Bağdat'tan gelen kervanlar muhakkak buraya uğrardı (Topçu Meydanı, 53, Memur).

Hem mimari hem de ekonomik işlev bakımından kentin değerli alanlarından olan çarşıların bir diğer önemli yanı, kültürel devamlılığı sağlamasıdır. Bu çarşıların edata birer meslek lisesi işlevini gördüğünü aktaran katılımcılar bu imgenin kent ve kentli kimliğinin şekillenmesindeki rolü üzerinde durmuşlardır. Zaman içinde çarşının bu özelliğini kaybettiğinden yakınan katılımcılar, gittikçe çarşı içinde ayakta kalan mesleklerin yok olacağını dolayısıyla kentin kültürünün de kaybolacağı üzerinde durmuştur.

e. Gümrükhanı

Şanlıurfa'nın sahip olduğu coğrafi konum itibariyle ticaret yolları üzerinde kurulduğu görülmektedir. Bu özelliğinden dolayı çok sayıda imge inşa edildiği görülmektedir. Şanlıurfa'nın sahip olduğu bu özelliğinden ötürü kent merkezinde çok sayıda han mevcuttur. Söz konusu hanların eski dönemlerde otel işlevi görüyor olması, gelen tüccarların beslenme ve dinlenme ihtiyaçlarını bu mekânlarda gidermiş olması, hanları kent için ticari anlamda önemli kılmıştır. Kent merkezinde yer alan hanlardan en büyüğü ve işlev olarak önem arz eden hanların başında ise Gümrükhanı gelmektedir. Günümüzde aktif olarak kullanılmaya devam eden bu yapının kentin tanıtılmasında önemli bir yere sahip olduğunu vurgulayan katılımcılardan biri şunları aktarmıştır:

> "Şanlıurfa denilince akla gelen yerlerden biri Gümrükhanıdır". İsminin nasıl verildiğini, ne amaçla verildiğini bilmiyorum. Ama tarihimizi iyi yansıtmakta. İnsanlar buraya gelince nasıl tarihi bir yerde yaşadığının farkına varıyor. Bu da ona huzur veriyor. Aynı zamanda çok fazla turist geliyor buralara. Bizde esnaf olduğumuz için bunun bize ekonomik bir getirisi de oluyor" (Gümrükhanı,Esnaf, 37).

Kanuni Sultan Süleyman zamanında 1562 yılında Behram Paşa tarafından inşa edilen han "Urfa'nın Osmanlı Dönemi'nden kalan 11 hanından birisidir. Avlusunda asırlık çınarların yer aldığı hanın ortasında Balıklıgöl'den gelen su akıp geçmektedir" (Komisyon, 2019, 15). Tüm ihtişamı ile ayakta kalmaya devam eden hanın avlusunda çayhaneler yer alırken hanın üst katı ise terzi ustaları tarafından aktif olarak kullanılmaktadır. Alt katının turizme kazandırılmasından rahatsız olduğunu ve bu kararın hanın kimliğine zarar verdiğinden yakınan katılımcılardan biri şu ifadeleri kullanmıştır:

> "Tarihi yerleri turistik yerlere çevirdiler buralarda insan kalmadı. Eskiden buralar çok güzeldi. Kıymetini bilemedik ve turistik bir yere dönüştü. Çok üzülüyorum bu duruma. Esnaflık da değişti burada. Gelen kalmadı ve başka işlere yöneldi. Çoğu da

okumaya başladı, mesleği öğrenmeye kimse kalmadı" (Gümrükhanı, Esnaf, 83).

Osmanlı Döneminden kalma; çarşıların, camilerin ve hanların yoğun olduğu bir bölgede yer alan Gümrükhanı, "Evliya Çelebi'nin seyahatnamesinde "Yetmiş Hanı" olarak geçmektedir. Dış cephesinin iki renkli kesme taşların almaşık olarak sıralanması hanın "Alaca Han" olarak da tanınmasını" (Doğan, 2015: 102) sağlamıştır. Hanların yüklendikleri anlam veya fonksiyon itibariyle insanın uzun, hazin ve bir o kadar da garip olan yolculuğunu sembolize ettiğini dile getiren Doğan (2015:102), "kent içinde insan unsuru olan tek han olarak söz etmiş ve kentin nabzının Gümrükhanı'nda attığını" savunmuştur.

Faruk Nafiz Çamlıbel'in (2015: 12)"Han Duvarları" şiirinde yer alan "ne zaman yolda bir hana rastlasam irkilirim, çünkü sizde gizlenen dertleri ben bilirim" dizeleri hanların, kent toplum hafızası için önemini anlatması açısından dikkat çekicidir. Bu bağlamda düşünüldüğünde Gümrükhanı'nın Şanlıurfa için önemli olduğu aşikârdır. Tüm bunlardan dolayı Gümrükhanı, kentin önde gelen kentsel imgeleri arasında yerini almıştır.

f. Tarihi Urfa Evleri

Şanlıurfa'nın en dikkat çeken imgelerinden biri de şüphesiz tarihi hayatlı (avlulu) evleridir. Kent merkezinde 200'ün üzerinde tescilli tarihi ev bulunmaktadır. Bu evlerden 980 tanesi ise koruma altına alınmıştır. Tarihi evlerin mimarisine bakıldığında; iklimi, sosyal yaşamı, inanç yapısı ve mahremiyeti göz önünde bulundurularak inşa edildiği görülmektedir. Yani kent içinde yer alan tarihi evlerin belli bir düşünce doğrultusunda inşa edildikleri görülmektedir. Bu evlerde "haremlik (kadınlar) ve selamlık (erkekler) bölümler, yazlık ve kışlık eyvanları (bir kenarı dışa açık oda) ile "hayatları" (avlu) mevcuttur" (Komisyon, 2019: 84). Evlerin mimarisi, yaşamış ve halen yaşamını sürdüren bireylerin kimliklerinin anlaşılmasında belirleyici rol üstlenmektedir. Örneğin gayrimüslimlere ait evlere bakıldığında dış kapının direk hayat olarak adlandırılan avluya açıldığı görülürken, Müslümanlara ait evlerde ise dış kapı öncelikle bir hole, sonrasında de avluya açıldığı gözlemlenmiştir. Evler inşa edilirken dikkat edilen en önemli husus şüphesiz mahremiyet olmuştur. Örneğin; "Müslümanlara ait evlerin kapılarında biri küçük, diğeri büyük iki kapı tokmağı bulunmaktadır. Küçük tokmak kadınlar, büyük tokmak erkekler içindir. Misafir gelen kadın küçük tokmağı çalar ve kapıyı evin kadınlarından biri açar. Eğer büyük tokmak çalınmış ise gelen misafir erkek olduğundan kapıyı ev sahibi erkek açar" (Komisyon, 2019: 84). Evlerin bir diğer dikkat çeken yönü ise evde Hac vazifesini yerine getiren birileri varsa nakkaşlar tarafından süslenmesidir. Bu da kimliğin mekân üzerindeki etkisini özetlemesi açısından önem taşımaktadır. Özellikle kentlinin kimlik kazanmasında tarihi evlerin belirleyici yönüne dikkat çeken katılımcılar şu ifadeleri paylaşmıştır:

> "Eskinden üç aile dört aile aynı anda bu evlerde yaşardı. Yemekler beraber yenir, işler ortak yapılır ve sonrasında herkes kendi odasına giderdi. Bir arada yaşamamın tabiî ki orda yaşayanlara bir katkısı vardı. O evde o sokakta büyüyen biri farklı bir şekilde hayata hazırlanırdı" (Urfa Evleri Müzisyen, 58).

İnsanın çocukluğundan yaşlılığına kadar yaşam sürdürdüğü bir mekândan etkilenmemesi olası değildir. Bu yüzden kentin önemli kültürel unsurlarından olan tarihi evlerin kentli kimliğinin şekillenmesinde doğrudan etkisinin olduğunu söylemek mümkünüdür. Gerek tarihi evlerdeki aile ilişkileri gerekse de evlerin yer aldığı sokak ve mahalledeki komşuluk ilişkileri kentlinin kimliğinde belirleyici bir role sahip olduğunu söylemek mümkündür.

Hayatlı evde yaşamanın büyük bir şans olduğunu savunan görüşmecilerden biri şunları aktarmıştır:

> "Şanlıurfa tarihi evlerinde doğmak, eski sokaklarında yaşamak bana göre çok büyük bir şanstır. En büyük sermayedir. Çünkü biz mücadele etmeyi, hayat hazırlanmayı o sokaklarda o evlerde öğrendik. Bizi hayata hazırlıyordu o evler o sokaklar, o kültür. Şimdiki gibi sınava hazırlamıyordu. Biz çocuklarımızı hayata değil sınava hazırlıyoruz. Aynı avluda oturduğu halasıyla, kiracısıyla akrabadır. Paylaşmayı öğrenir. Görev, sorumluluk, paylaşmak. Birçok şeyi orda öğreniyorduk. Nefis, beden vücut hepsi birlikte eğitilirdi. Bu şekilde bir karakter oluşurdu. Saygıyı, adabı orda öğrenirdik, misafire nasıl davranılmasını orda öğrendik. Şimdiki çocukları sınav var diye misafir karşısına çıkmaz" (Topçu Meydanı, 58, Memur).

Bireyin doğduğu ev, bazen kaderi olabilmektedir. Çünkü insanın karakteri, doğduğu andan itibaren çevreden gelen etkilere göre şekillenmektedir. Bu yüzden doğup büyüdüğümüz hanelerin yapıları, bulundukları konum ve içindeki insanlar, farkında olmadan bizim kimliğimizi inşa etmektedir. Şanlıurfa hayatlı evlerin mimari yapıları ve içindeki aile yaşantısı, komşuluk ilişkileri Şanlıurfa halkının farklı bir kimlik kazanmasında önemli bir yere sahiptir. Özellikle yeni tip konutlardaki yaşam tarzı ile karşılaştırıldığında bu durum çok net anlaşılacaktır. Zaten çoğu katılımcı da bu durumu destekleyen açıklamalarda bulunmuştur.

g. Ulu Cami

Türkiye'nin inanç merkezlerinden biri olan ve inanç turizmi bakımından gelişmiş kentlerden biri olan Şanlıurfa, tarihi camileri ile dikkat çeken kentler arasındadır. Eski Urfa olarak adlandırılan bölge içerisinde tarihi değere sahip olan 42 adet cami ve mescit yer almaktadır. Bu camilerin çoğu ise tarih boyunca etkinliğini sürdürmüştür. Çoğu cami, önceki dönemlerde kullanılan farklı bir inanç mekânı üzerinde yeniden inşa edilmiştir. En çok dikkat çeken ve Şanlıurfa için önemli bir konumda bulunan camilerin başında ise Ulu Cami gelmektedir. Tarihi Urfa evlerinin yer aldığı Güllüoğlu Sokak'tan geçilerek ulaşılan cami, Divan Yolu Caddesi üzerinde yer almaktadır.

Kızıl Kilise olarak bilinen bir yapı üzerine inşa edilen Ulu Cami, kendine has mimarisi ile dikkat çekmektedir. Sahip olduğu bu özellik, kent için önemli bir imge olmasını sağlamıştır. Tipik ve özel bir mimariye sahip olan caminin minaresi, İslam fetihlerinden sonra çan kulesinden çevrilerek yapılmıştır. Avlusunda kiliseye ait avlu duvarları, sütunlar, sütun başlıkları bulunmaktadır. Yapım tarihi tam olarak bilinmeyen caminin, benzer teknik ve planın kullanılmasından dolayı Halep Emevi Cami (M.S. 715) ile aynı dönemde yapıldığı düşünülmektedir. Avlu kısmında yer alan ve minare olarak kullanılan çan kulesine Cumhuriyet sonrası dönemde modernliğin bir göstergesi olarak saat eklenmiştir. Söz konusu bu saat kentin ilk saat kulesi olarak hizmet vermektedir. Saat kulesi ile birlikte camiye modern bir görüntü kazandırılmaya çalışılmış olsa da Ulu Caminin diğer camilerden farklı olduğunu dile getiren katılımcılardan biri şunları savunmuştur:

> "Bana göre Ulu Cami maneviyat anlamında diğer camilerden ayrılıyor. Dire camiler sanki şatafat, para, gösterişi üzerine kurulmuş. Ama Ulu Cami öyle değil, çevrede bir sürü cami (Hasanpaşa, Yusuf paşa, Pazar Cami, Tabakane Cami) olmasına rağmen burada ki ruhaniyet diğer camilerde bulunmuyor" (Ulucami, İmam, 30).

Kentin maneviyat merkezlerinden olan bu imge, bu özelliğinin dışında tarihsel anlamda da önemli bir yere sahiptir. Caminin harim (giriş) kısmında yer alan tarihi kuyu bu durumu desteklemektedir. Halk arasındaki bir inanışa göre bu kuyu içerinde yer alan suyun şifalı olduğu söylenmektedir. İnanışa göre Hz. İsa'nın, dönemin kralı Kral Abgar'a havarilerinden Thomas aracılığıyla göndermiş olduğu bir mendilin kente bereket ve sağlık getirmesi amacıyla kuyuya bırakıldığına inanılmaktadır. Bundan dolayı caminin girişinde yer alan bu kuyunun kutsal, içindeki suyun ise şifalı olduğu söylenmektedir. Söz konusu imgenin tarih, inanç ve mimari anlamda kentin önemli merkezlerinden olduğunu dile getiren görüşmecilerden biri şunları ifade etmiştir:

> "Avami gözle baktığımızda Şanlıurfa'nın Ulu Camiye göre planlandığını görürüz. Çünkü aşağı kısmı Eski Urfa dediğimiz bölgeden oluşuyorken, üst kısmı ise yeni Urfa olarak tabir ediyoruz. En geniş alan camiye aittir ve merkezde yer alır, halen de yaşlılar nerde olursa olsun Cuma namazlarına Ulu Camiye gelmektedir" (Ulucami, İmam, 30).

Görüldüğü gibi Ulu Caminin eski Urfa olarak adlandırılan bölgenin merkezinde yer alması kentsel planlamanın da bu imgeye göre yapılmasını sağlamıştır. Bu anlamda kent için önemlidir. Bunun yanında kentin işlek noktasında yer alması, ibadet edilecek geniş bir avluya sahip olduğundan dolayı, dinlenecek bir yer olma işlevine sahip olması kentli içinde önemli olmasını sağlamıştır.

h. Topçu Meydanı

Topçu Meydanı, Millî Mücadele döneminde kentin Fransızlar tarafından işgal edilmesi sonucu yerli halk ile düşman birliklerin çatıştığı alan olarak bilinmektedir. Dolayısıyla kentin kurtuluşu için önemli sembollerin başında yer almaktadır. Bahçelievler olarak bilinen semtin ortasında yer alan meydan, Şehbenderiye Camisi, İl Halk Kütüphanesi, Çarşamba Pazarı ve yıkılan valilik binası arasında yer almaktadır. Hacı Kara Ağa Hanı olarak bilinen ve yıkılan tarihi bir han üzerinde konumlanan meydan, kentin nirengi noktalarının başında yer almaktadır. Konser, miting ve farklı grupların gösteri alanı olarak hizmet gören mekân, kentin fiziksel olarak en büyük alana sahip meydanı olarak göze çarpmaktadır. Kentin toplumsal hafızasında önemli bir yere sahip olan bu imge ile ilgili katılımcılardan biri şu ifadelerin altını çizmiştir:

> "Burası, çoğumuzun dedesinin, babasının düşmana karşı savaştığı şehit düştüğü bir meydan. Topçu Birliği halen meydanın ortasında duruyor. Buranın bir anısı var. Burası tarihi, kültür ve özgürlüğü temsil ediyor" (Topçu Meydanı, 58, Memur).

Yakın zamanda ismi ile gündeme gelen ve içerisinde top anıtlarından dolayı "Topçu Meydanı" olarak anılan meydanın ismi, kenti yönetenler tarafından alınan karar neticesinde "Rabia Meydanı" olarak değiştirilmiştir. Birçok kentli tarafından kabul görmeyen bu meydan ismi, halk arasında kullanılmamakta ve eski isim kullanılmaya devam etmektedir. Suriyeli göçmenlerin yoğunlukta yaşadığı semtin sınırları içinde yer alan meydan, son zamanlarda ise kentin suç merkezi olarak da anılmaktadır. Bu yüzden çoğu kentli tarafından kentin en güvensiz alanı olarak nitelendirilmektedir.

ı. Sıra Gecesi

Kent ve kentli için önemli bir anlam taşıyan ve sosyalleşme aracı olarak ön plana çıkan sıra gecesi, Şanlıurfa'nın kültürel imgelerinin başında gelmektedir. Sıra gecesinin geleneksel dayanışma, yardımlaşma, eğlenme, bilgilenme temelli toplumsal kültür unsurlarından biri olduğunun altını çizen Kaya (2015: 574), sıra gecesinin "yılların sosyal ve kültürel birikiminin bir sonucu olarak gelişen bir geçmişe dayandığını" vurgulamıştır.

Eski bir yaşantıyı betimlemesi ve tarihi konaklar ile ilişkilendirilmesi sıra gecesinin Şanlıurfa kent kimliğini yansıtan ögelerden olmasını sağlamıştır. Öte yandan sahip olduğu anlayış ve düşünce, imgenin kentlinin yaşam şeklini yansıttığından dolayı kentli içinde değerli olmasını beraberinde getirmiştir.

Sıra gecesi, 2010 yılında UNESCO İnsanlığın Somut Olmayan Kültürel Mirası Temsilî Listesine kaydetmiş olduğu bilgisini aktaran Akbıyık (1999: 21), bu imgenin tanımını, "genellikle kış gecelerinde, birbirine yakın yaş grubundaki gençlerin veya orta yaşlardaki arkadaş gruplarının, her hafta bir başka arkadaşın evinde olmak üzere, haftada bir akşam, belirli bir niteliğe ve düzene göre sıra ile yaptıkları toplantılara Şanlıurfa'da "sıra gecesi" denmektedir. Kısaca; "sıra gecesi" bir arkadaş grubunun haftada bir olmak üzere bir araya geldikleri toplantılar" şeklinde açıklamıştır. Zaman içinde bu kültürün de değişime uğradığını aktaran katılımcılardan biri şu ifadeleri kullanmıştır:

> "Aşı, işi ve yaşı birbirine denk kişiler arasında haftada bir yapılan bir araya gelmenin adıdır. Fakat İbrahim Tatlıses, ne zaman müzikli bir gece demeye başladı, bizim de kaş yıllık sıra gezmesi, sıra gecesi olmaya başladı. Popüler kültürün de etkisine girerek magazinselleştirildi. Vur patlasın çal oynasın davullu zurnalı konaklara taşındı. Kötü mü oldu, bana göre kötü olmadı. Her sıra gezmesinde müzik var demek yanlıştır. Bu gelişme Şanlıurfa kültürünün bir ivme kazanmasına sebep oldu" (Genel, İdareci, 57).

Sıra gecesinin Şanlıurfa tanıtımı için birer lobi faaliyetini gösterdiğini özellikle kentte müziğin gelişmesi, yaygınlaşmasına katkı sağladığı ve kentin bu şekilde kimlik kazandığının altını çizen Akbıyık, (2009: 1) sıra geceleri hakkında "bu geceler bir usta çırak geleneğine uygun olarak müziğin öğretildiği ve icra edildiği meşk ortamıdır. Bu yönüyle sıra geceleri bir "Halk Konservatuarı"dır. Urfalı, genç yaşından itibaren sıra gecesine katılarak, cemaatle oturup kalkmayı, gelenek ve göreneklerini, adâb-ı muaşeret kurallarını, cemaatte konuşmanın adabını, yeri geldiği zaman konuşmayı, yeri geldiğinde dinlemesini bilmeyi, büyüğüne saygıyı öğrenir. Bu yönüyle "sıra gecesi" bir halk mektebidir" ifadelerini kullanmıştır. Katılımcılardan biri de bu noktada şu ifadeleri kullanmıştır:

> "Sıra gecelerinden insanlar nasıl davranacağını, oturup kalkmasını, büyüklerin yanında nasıl konuşulmasını veya konuşulmamasını öğretir. Mekteptir. Çok yönlü bir yanı vardır ve hayat mektebidir. Bu aşamalarında geçen bir cemaat kültürünü sıra gecesi sayesinde öğrenir. Şanlıurfa'nın yetiştirmiş olduğu önemli şarkıcıların birçoğu sıra gecesinde yetişmiştir" (Genel, İdareci, 57).

Gerek dünyada gerekse de ülkede yaşanan teknolojik gelişmeler, sanayileşme, kentleşme, modernleşme ve küreselleşme gibi süreçler kentlerin sosyal ve kültürel imgelerinin de değişmesine neden olmuştur. Şanlıurfa'da kimi geleneksel kurum ve hayat tarzları yaşanan bu gelişmeler karşısında direnç göstermeyi başarmışken Kaya'ya (2015) göre sıra gecesi geleneği, değişime direnememiştir.

1.3. Kentlilik Bilinci ve Kentlinin Gözünden Şanlıurfa

Kentlilik bilinci, kentte yaşayan bireylerin kenti aktif olarak kullanması ve kentin sahip olduğu kuralları benimseyip bu kurallara göre yaşaması olarak tanımlanmaktadır. Bireyin edindiği kentlilik bilinci kenti daha iyi tanımasına ve okumasına yardımcı olmaktadır. Bu bilincin ilk basamağının kişinin kendini kentli olarak görmesi, tanımlaması olarak açıklanmaktadır. Yani kişinin kendini yaşadığı kente ait hissetmesi, kentin gerekliliklerine göre davranması olarak betimlenmektedir. Söz konusu bu durumun kentlilik bilincinin oluşmasında yeterli olmadığını savunan ve en önemli temel basamağın ise "kişinin kendisini kentli olarak görmesi" olduğunun altını çizen Belli ve Aydın (2017: 425) ise bu kavramı "kentlerde yaşayan insanların ortak kullanım alanlarındaki davranış biçimleri, geldikleri yörelerle ilgili bağları, geldikleri yörelerden kente taşıdıkları ve edindikleri değerler, kente ve kendilerine ilişkin gelecek planları, yaşanılan kenti algılayışları, kente olan aidiyet duyguları, yerel yönetimlerinden talep ve beklentileri, temsil ve katılım kabiliyetleri, memnuniyet ve memnuniyetsizlikleri, şikâyetlerinin bir bütünü" şeklinde açıklamıştır. Kentte yaşamak tek başına kentlilik bilincinin oluşması için gerekli olsa da tek başına yeterli değildir. Çünkü kentte yaşamak ile kentli olmak ya da kentlileşmek birbirinden ayrılmaktadır. Kent bir kimliğin oluşması için kentte yaşamının gerekliliği üzerinde duran Parlak'a (2018:13) göre ise kentlilik bilinci, "kent kültürü ve kent kimliğinin somut olarak kentsel yaşamın ana fenomenleri şeklinde etkin bir konuma ulaştıklarında anlam kazanmaktadır. Kentlilik bilinci olan bireylerden oluşan bir kentli toplumda, yerleşik ve belirgin bir kent/ kentli kültürü ile kent/kentli kimliği kendini gösterecektir" anlamı taşımaktadır. Şanlıurfa'da yaşayan çoğu bireyin halen çiftçilikle geçimini sağladığının altını çizen bu yüzden burada yaşayanlarda kent bilincinin var olduğunu söylemenin doğru olmadığını vurgulayan katılımcılardan biri şu şekilde açıklamalarda bulunmuştur:

> "Kent bilinci, kentte yaşayan birinin yaşayışından dolayı kenti bilmesi, kent kavramını bilmesi olarak görebiliriz. Tarihine, tarihi alanlarına önem veren, kente girdiğinde bunlara dikkat eden kişilerde kent bilincinin oluştuğu söyleyebilirim. Şanlıurfa'da bizim muhatap olduğumuz kesimi tam olarak kentli olarak göremiyorum. Çünkü kitlemizin büyük bir kısmı çiftçilik üzerine hayatını sürdürmekte" (Balıklıgöl, İşletmeçi, 34).

Kent dediğimiz kavramın çoklu özellikler taşıması, tek bir kentli bilinci görüşünün oluşmasını olanaksız kılmıştır. Kent araştırmacılarının da bu noktada ortak bir kent bilinci kavramı geliştirmedikleri açıktır. Bu yüzden her kentlinin sahip olduğu kentlilik bilinci birbirinden farklıdır. Buna paralel olarak kentlilerin kenti yorumlaması ve açıklaması da benzerlik göstermemektedir. Kentlilik bilincinin oluşum süreçlerinden en önemli ikisinin kente aidiyet ve kenti sahiplenme olduğunun üzerinde duran Belli ve Aydın (2017: 426), bu noktada şunları söylemiştir: "Kente aidiyet, kentlilik bilincinin önemli göstergelerinden biri olarak bireyin yaşadığı kente ait hissetmesi, kendini kentli olarak görmesi, kentin bir parçası olduğunun farkına varması ve bu ait oluş hissini kent içi pratiklerle sergilemesidir. Kente sahiplenme ile kente aidiyet arasında sıkı bir ilişki vardır. Sahiplenmenin oluşabilmesi için öncelikle kente aidiyet duygusunun gelişmesi gerekmektedir". Aidiyet duygusundan yoksun bireylerde kent bilincinin oluşmasının zor olduğunu dile getiren katılımcı bu durumu şu sözlerle aktarmıştır:

> "Şanlıurfa için ve burada yaşayanlar, için bir geçiş sürecinin olduğunu, bir geçiş sürecinden geçtiklerini söyleyebiliriz. Bu yüzden buraya kendilerini ait hissetmiyorlar. Her an gideceklermiş gibi duruyorlar. Bir de gerçek yaşam alanları köy-kır olduğu için kentliliği ve kent bilincini empoze edemiyoruz. Bunu oturtmamız çok zor" (Balıklıgöl, İşletmeçi, 34).

Kentlilik bilinci, bireysel bir yaşamdan ziyade toplumsal bir yaşamı zorunlu kılmaktadır. Her ne kadar bireyselliğin oluşmasına sebep olsa da kent kavramı toplumsal bir kavram olarak açıklanmaktadır. Bu durum ise ortak bir kent kültürünün ve yaşam şeklinin gelişimini sağlamakta ve kentlinin buna bağlı olarak bir kimlik kazanmasına olanak sunmaktadır. Bireyin yaşamış olduğu kentin veya mekânın diğer yerleşim yerlerinde farklı olduğunu anlaması, bu bilincin oluşmaya başladığını göstermektedir. Söz konusu bilincin eğitim ile yeniliğe açık olma ve yoğun gayret ile kazanılacağını aktaran katılımcılardan biri şunları söylemiştir:

"Kenti değiştirmeden önce, kentliyi değiştirmek gerekir. En güzel parkı yaparsınız ama gece içine gidemeyiz, içinde uyuşturucu satılır, en güzel, en geniş caddeyi yaparsınız gece yürümeye korkarız. Önce kent bilincini oturtmamız gerekir. Önce zihniyeti değiştirmemiz gerekir." (Genel, İdareci, 64).

Kentte yaşamak, kentlilik bilincini kazanmak ise yakın anlamlar taşımakta ve kentlilik bilinci, kentte yaşamanın bir karşılığı olarak da karşımıza çıkmaktadır. Bu nedenle kent içinde yıkıcı olmadan yaşamasını başarabilen, iletişimi kuvvetli ve kentin faydasına göre çalışan, hareket eden kentlilerin kentlilik bilincine sahip olmaması olası değildir. Bu bilinç ise şüphesiz eğitimle ve kenti yönetenlerin yapacakları faaliyetler ile de edinilmektedir. Öncelikli olarak bir kente gerçek bir kent görüntüsü vermek ve milleti bu noktada bilinçlendirmek kent bilincinin kazanılmasını hızlandıracaktır. Köyden gelen birinin kentli olma noktasında yeteri kadar bilinçlendirilmediği takdirde köylü gibi yaşamaya devem edeceğini belirten katılımcılar, bu noktada kenti yönetenlere çok fazla iş düştüğünü ifade etmişlerdir.

Kent bilinci kavramını, kentte yaşayanların kent olgusunun neye karşılık geldiğini bilmesi olarak açıklamak mümkündür. Tarihine, tarihi alanlarına önem veren, kente girdiğinde bunlara dikkat eden kişilerde kent bilincinin oluştuğu söylenebilir. Şanlıurfa'da yaşayan bireylerin tamamının yeteri kadar kent bilincine sahip olduğunu tam anlamıyla kentlileştiğini söylemek zordur. Büyük bir kısmının kırsaldan kente göç etmesi bu bilincin oluşmasındaki en büyük engel olarak karşımıza çıkmaktadır. Kentin sahip olduğu bu özelliğinden dolayı katılımcıların çoğu Şanlıurfa'nın burada yaşayanlar için bir geçiş sürecinin mekânı olduğunu dile getirmiştir. Kenti yönetenlerin bile kentlilik bilincinden yoksun olduğunu, bu durumun da kente yaşayanlara yansıdığının altını çizen katılımcılardan biri şunları söylemiştir:

"Kentlilik bizde tam oturmuş değil, ne olduğunu bile bilmiyoruz. Yakın zamanda bu soruyu belediye başkanına sordum o bile cevap vermedi. Biz insanları sürekli bir yere topluyoruz. Kimsenin kimseden haberi yok. Şanlıurfa'da "tırşık" diye bir yemek var, herkes bilir. Türkçede türlü olarak bilinir. İşte kenti biz bu hale getiriyoruz. Bu şekilde bir kent bilincinin olacağını zannetmiyorum"(Balıklıgöl, Şehir Planlamacısı, 69)

Bireyin sahip olduğu kişisel özelikler ile sahip olacağı kentlilik bilinci arasında doğrudan bir bağ olduğunu, bu bilinci ise bireysel özelliklerden yola çıkarak açıklamak ve özetlemek mümkündür. Kentlilik bilincini, kamusal alanda belirlenecek ve açıklanacak bir kavram olarak görmek hatalı olacaktır. Çünkü kentlilik bilincinin bireysel olduğu kadar toplumsal bir yönünün de olduğu açıktır. Kentlinin sahip olduğu yaş, cinsiyet veya meslek durumu gibi etkenler kent bilincinin oluşumuna etki edeceği gibi bireyin boş zaman anlayışı, ekonomik durumu, eğitim durumu ya da yaşadığı çevrenin şartları, toplumsal şartlar, bu bilincin oluşmasına katkı sağlayıpdoğrudan etkilemektedir. Kent bilincinin oluşmasındaki bir diğer önemli husus ise şüphesiz kentlinin kentte kaldığı süredir. Uzun yıllardan beri kentte yaşayan bireylerin kent ile ilgili bir aidiyet duygusuna sahip oldukları görülürken özellikle göç ile birlikte kente sonradan gelen bireylerin kente karşı pek bir aidiyet duygusu taşımadıkları gözlemlenmiştir. Bu farklılık da kent bilincinin gelişmemesine neden olmaktadır. Kentte yaşayan bireyin kent bilincine sahip olması, yaşadığı kentin başta kent olup olmadığının farkına varmasını sağlamaktadır. Bu bilinç oluştuğunda ise kentlinin kenti daha iyi okumasını, yorumlamasını ve yaşanan kentsel değişimi daha yakından görmesini sağlayacaktır. Bu bağlamda katılımcıların sahip olduğu kentlilik bilinci üzerinden Şanlıurfa'nın kentleşme durumu tartışılmıştır. Ayrıca görüşmecilerden birinin kentin yöresel yemeklerinden biri olan "tırşık[1]" şeklinde kavramsallaştırdığı durum, karmaşıklığa ve özensizliğe işaret etmektedir. Tırşık dediğimiz kavram her ne kadar bir yemek türü olarak karşımıza çıksa da her şeyin içe içe olma durumunu betimlediği için farklı anlamlarda da kullanılmaktadır. Yemek için önceden bir hazırlığın olmaması, hızlı ve kolay hazırlanması yani kısaca düzensiz bir durumu özetlemesi kentin de bu şekilde yorumlanmasına sebep olmuştur.

Bilindiği üzere Şanlıurfa, çok sayıda peygamberi misafir eden bir kenttir. Sahip olduğu bu kimlik, katılımcıların deyişiyle "Yaratan" tarafından verilmiştir. Bu özelliği onun çoğu kentten ayrılmasını sağlamış, farklı bir kimlik ile anılmasını beraberinde getirmiştir. Nasıl ki Ankara siyasî, idarî ve kurumsal anlamda Türkiye'nin başkenti olarak karşımıza çıkmakta iken keza İstanbul, ekonomik ve turizm anlamında dünyaya bakan yüzü olarak karşımıza çıkar. Sözü edilen kent Şanlıurfa'da isedinî anlamda İslam âlemi için aynı konumdadır. Bu özelliklerle birlikte Şanlıurfa'nın bilimin de merkezi olduğunu savunan katılımcılardan biri bu bağlamda şu yorumda bulunmuştur.

> "Mekke gibi Kudüs gibi Şanlıurfa da İslam âlemi için önemli bir konumdadır. Kadim bir kenttir. İnanç merkezidir. Sacın önemli üçayağından birini temsil etmektedir. Harran ile birlikte düşündüğümüzde de bilim merkezi diyebiliriz" (Genel, Sendikacı, 60).

Şanlıurfa'nın sahip olduğu tarihi yapısından dolayı birçok bireyin algısında bir kent olarak yer edinmiştir. Bu özelliğinden do-

---

1 Tırşık kavramı,göstergebilim penceresinden ele aldığından her bireyin zihninde farklı anlamlar barındıracağı görülecektir. Çünkü bu kavram Şanlıurfa'da sadece bir yemek türü olarak kullanılmamakta, birçok birey için düzensizliği, kopukluğu, karmaşayı da temsil etmektedir. Birer gösterge olarak karşımıza çıkan bu kavram; yorumlayanı olmadığı takdirde gösterge olma özelliğini kaybedecek ve sadece yöresel bir yemek olarak kalacaktır.

layı bulunduğu bölge itibari ile de sürekli göç aldığını bu yüzden kültürel bir zenginliğe de sahip olduğunun altını çizen katılımcılardan biri şu açıklamada bulunmuştur:

> "Urfa deninde tarihi kimliği ile ön plana çıkmakta. Urfa denilince aklıma gelen ilk şey tarihi kimliği gelmektedir. Tarihi mekânları toplu olarak korunmuş olsaydı, eski Urfa dediğimiz bölge UNESCO tarafından korunma altına alınabilirdi. Ama maalesef bu yapılmamış" (Ulu Cami, Şehir Planlamacı, 32).

Şanlıurfa, geçmişin yani tarihin zenginliklerini barındırmasının yanında dinsel dinamizmiyle de ön plana çıkan kentlerin başında yer almaktadır. Bu özelliğinden dolayı çok sayıda etnik ve dini grubu misafir etmiş ve bir arada tutmayı başarmıştır. Kürtlerin, Türklerin ve Arapların bir arada yaşamasından ve sahip olduğu bu etnik zenginlikten dolayı bir kent görüntüsü sunmaktadır. Bundan dolayı katılımcıların çoğuna göre Şanlıurfa denince akla öncelikle hoşgörü, dürüstlük ve dostluk kenti gelmektedir. Kentin geçmişinin, tarihinin ve dinsel zenginliğinden dolayı buranınbir kent olarak algılandığı, sahip olduğu etnik çoğulculuk ve dinsel zenginliklerin bu algıyı güçlendirdiğini savunan katılımcılardan biri şu ifadeleri kullanmıştır:

> "Çünkü geçmişi ile tarihi ile dinsel dinamizmiyle yüzyıllardır insanların bir arada yaşamasından dolayı gelişmiş bir kent görüntüsüne sahiptir. Bunun yanında üç farklı etnik grup çatışmadan halen bir arada yaşaması bun özetlemektedir. Şanlıurfa'yı bu özelliklerinden dolayı bir kent olarak görmek mümkündür" (Genel, İdareci, 64).

Şanlıurfa, bulunduğu coğrafi konum itibariyle hem ülke içinden hem de ülke dışından göç alan illerin başında yer almaktadır. Bu özelliği ile bölgedeki bir diğer il olan Gaziantep ve Diyarbakır ile yarışmaktadır. Kentin almış olduğu göç serüvenine bakıldığında kademeli ve kitlesel olarak sürekli göç aldığı görülmektedir. Yaşanan göç olaylarının Şanlıurfa'nın sahip olduğu kent olma özelliğini kaybettirdiği ve kentlilik bilincini giderek azalttığı görülmektedir. Özellikle son dönemde göç eden Suriyeli göçmenlerin Şanlıurfa'yı modern bir kent olma özelliğinden uzaklaştırdığını, kırsal bir kültürden geldikleri için ise kent bilincinden ve kentlilik bilincinden yoksun olduklarını aktaran katılımcılardan biri şu ifadeleri kullanmıştır:

> "Kent, bizim için 1970 ve öncesinde var olarak kabul ettiğimiz, daha sonra da var olacağını düşündüğümüz bir kavram idi. En azından Şanlıurfa için bu böyleydi. Nostaljik olarak söylemiyorum, muhteşem bir kentti Şanlıurfa. Onlarca yüzlerce hatta binlerce roman, hikâye, film, doktora tezi çıkarılabilecek bir kent. Ama ne yazık ki göçle gelenler ili kent görüntüsünden uzaklaştırdılar" (Genel, Avukat, 65).

Göç eden her grup, sahip olduğu toplumsal hafızasını da yanında getirmektedir. Bu durum kent içinde eski yaşam alanı ile yeni yaşam alanının sürekli bir çatışma meydanı haline gelmesine neden olmaktadır. Yeni yaşam şeklini hızlıca benimseyen gruplar kente daha hızlı adapte olurken, yeni yaşam şeklini benimsemeyenlerin ise kente uyumu zaman almaktadır. Göç sonrası topraktan kopup kente gelen nüfusun kentli faaliyetlere girişmediklerinden dolayı köylü kalamadıkları gibi tam olarak kentli de olamadığının altını çizen, bu gelişmelerin ise kentin standartlarını düşürdüğünü vurgulayan Kıray'a (1998: 21) göre, "kırsal bölgelerden kentlere gelen ve modern bir iş ve tabakalaşma düzenine giremeyen kimselerin mekânda yerleşmeleri değişik olmakta ve birçok sorunun doğmasına sebep olmaktadırlar". Üretime bir katkıları olmadığı için kent içindeki yaşantının bir kentli yaşantısı olmadığını, bu yüzden Kıray'ın belirttiği gibi ne kentli ne de köylü, arada bir yaşantının olduğunun altını çizen katılımcılardan biri Şanlıurfa'nın tam anlamıyla kent görüntüsüne sahip olmadığını şu yaşanmışlıklara bağlamaktadır:

"Buradaki yaşam tam bir kent yaşamı değil. Ne köylü olmuşuz ne de kentli olmuşuz. Yani kentleşememişiz. Kentlerimiz de aslında köylerden farklı değil, çünkü birbirine çok yakın değerleri var. Kırsaldan aldığı göçler devam etmekte ve böyle devam ederse kent dememiz çok zor olur (Genel, İdareci, 45)

Bir yerleşim yerinin bireyin kent olarak algılanmasındaki en temel etkenlerden biri sahip olduğu ekonomik göstergelerdir. Çünkü bu göstergeler beraberinde çok sayıda kentsel dinamikleri etkilemektedir. Şanlıurfa'da özellikle sanayi sektörünün gelişmemiş olması, birçok alanda çevre illere göre gelişmediğini göstermektedir. Bu durum ise çoğu katılımcının zihninde Şanlıurfa'nın bir kent olma noktasında eksik olduğu, tam anlamıyla kentleşmenin olmadığı görüşünün hâkim olmasına sebep olmuştur. Şanlıurfa halkının hiçbir zaman ticareti öğrenmediği bu yüzden kentte üretimin ve sanayinin gelişmediği, dolayısıyla sürekli bir tüketim şehri özelliği taşıdığını bundan dolayı da buraya kendi kendine yeter bir kent demenin çok zor olduğunu aktaran katılımcılar şu ifadeleri kullanmıştır:

"Buna gerekçe olarak şunları söyleyebilirim; tamamen tüketim üzerine kurulmuş bir şehir var karşımızda. Sanayileşme alanında yeterli bir ilerleme yok şu an için. Bu da Şanlıurfa'nın tam olarak bir kent olamadığını gösteriyor bize. Çünkü kent kavramı bana göre sanayileşme üzerine kuruluyor" (Balıklıgöl, İşletmeci, 34).

Kentin çevre illere, özellikle Gaziantep'e göre hem sanayi hem de ticaret alanında ileri bir düzeyde olmadığı kente ait verilerden anlaşılmaktadır. Birçok katılımcıya göre ticaret, Fırat Nehri'nin doğusuna geçememiştir. Bu yüzden birçok katılımcı tarafından Gaziantep ile Şanlıurfa aradaki Birecik Köprüsü "medeniyet köprüsü" olarak isimlendirilmiştir. Ticaretin, sanayinin olmamasından dolayı katılımcılar, Şanlıurfa'nın sürekli bir yokluk içinde olduğunu, buna bağlı olarak da kent içinde dayanışma ve yardımlaşma kültürün geliştiğini savunmuştur. Tarihi Urfa evlerine bakıldığında iki evin ortak bir kuyuya sahip olması, kentin yardımlaşma kenti olduğunu desteklemektedir. Bunun yanında kent içinde otelciliğin ve lokantacılığın yakın bir zaman kadar ayıplanan mesleklerden sayılması kentlinin ticaret mantığı ile olaya yaklaşmadığını doğrulamaktadır. Büyüklerin "misafirden para mı alınır?" diye son dönemde yaşanan gelişmelerden yakınmaları, ticaretin bu kentte neden gelişmediğini özetlemektedir. Bu konuda katılımcıların biri şunları aktarmıştır:

> "Eğer bir misafirim gelse ona dışarıda yemek yedirmekten ve onu otele götürmekten utanırım. En lüks restoran en lüks otel olsa dahi utanırım. Çünkü benim bir evim varken bunları yapmam anlamsız. Zaten kendime de yakıştırmam. Biz büyüklerimizden böyle gördük çocuklarımıza da bu şekilde anlatmaya devam edeceğiz" (Genel, Mimar, 32).

Bir yerleşim yerinin kendine has bir tarihe, mimari yapıya, kültüre sahip olması da yerleşim yerinin kent olarak betimlenmesi için önemlidir. Çünkü bazı unsurlar kentin maddi yönüne dikkat çekerken bazıları ise manevi yönüne dikkat çekmektedir. Maddi unsurlar günümüz kentlerinin çoğunda var oldukları için kente ait bir kimliği temsil etmezken manevi unsurlar kent kültürünün oluşmasında ve şekillenmesinde etkin rol oynadığı görülmektedir. Bunun yanında kendine has bir kimliğe, diğer yerleşim yerlerinde olmayan gösterge ve imgelere sahip olması katılımcılar tarafından buranın da bir kent olarak nitelenmesini sağlamıştır. Kentin kendine has bir müziği, mimarisi, giyim-kuşamı, yeme-içme kültürü, dili (şive) olması da Şanlıurfa'nın bir kent olduğunu göstermektedir.

Kent ile kentli kavramları birbirini sürekli etkileyen ve besleyen iki kavramdır. Bu yüzden özellikle Amerikan sosyolojisinde yaşanan kentsel gelişmeler "kentleşme" kavramı ile açıklanırken bizde "kentlileşme" kavramı kullanılmaktadır. Çünkü sadece kentte yaşamak kentlileşmek ile aynı anlamları barındırmamaktadır. Her ne kadar aynı anlamları taşımasalar da bu kavramlar arasında sürekli bir etkileşim mevcuttur. Karşılıklı bu etkileşim ise kentin gelişmesi ile açıklanırken kentlinin de bir bilinç edinmesini beraberinde getirmektedir. Kentlilik bilinci oluşması ise kentliler tarafından kentin okunmasında, açıklanmasında yardımcı olmakta ve kentsel imgenin anlam bulmasına hizmet etmektedir. Öte yandan kent imgesinin korunmasında ve imgenin tanıtılmasında etkili olmaktadır. Şanlıurfa'da yaşayan gruplara bakıldığında birçoğunun göç sonucu kırsal bir yaşamdan kente göç ettiği görülmektedir. Bu durum ise yeteri kadar kent ve kentlilik bilincinin oluşmasını engellemektedir. Elde edilen veriler perspektifinden bakıldığında da kente sonradan gelen bireylerde kentlilik bilincinin gelişmediği görülmektedir. Bu durum ise çoğu katılımcı tarafından kent imgeleri için bir tehlike olduğu şeklinde yorumlanmaktadır. Aynı zamanda bu durum, katılımcılar tarafından kent kimliği ve imajının olumsuz bir nitelik kazanması adına şüphe ile karşılanmaktadır.

1.4. Misafirperver Kentin İmge "Sofrası"

Misafirperver kavramı her ne kadar insanlar için kullanılan bir sıfat olsa da kentler de bünyesinde barındırmış oldukları özelliklerden ve güzelliklerden dolayı misafirperver olarak nitelenebilmektedir. Şanlıurfa'nın başta Türkiye olmak üzere tüm dünyaya sahip olduğu imgeleri sunması, kentin bu şekilde adlandırılmasını ve bu doğrultuda bir kimlik kazanmasını sağlamıştır. Kentin sahip olduğu bu kimliğin kentliler tarafından benimsenmemesi ya da kentliyi etkilememesi söz konusu değildir. Yani misafirperver kavramı hem kent için hem de kentli için kullanılmakta olup, bu durumu destekleyen çok sayıda hikâye ve anlatımlar mevcuttur. Bu doğrultuda katılımcıların çoğu da Şanlıurfalıların Hz. İbrahim'in misafirperver olmasından, sofrasında misafirinin eksik olamamasından dolayı cömert ve misafirperver olduğunu aktarmıştır. Katılımcılardan biri bu konuda şunları dile getirmiştir:

> "Mekân ve insan o kente en büyük kimliği kazandırır. Örneğin Şanlıurfa denildiğinde veya Şanlıurfalı denildiğinde akla ne geliyor? Misafirperverlik. Bu nerden geliyor? Hz. İbrahim'in sofrasından geliyor. Hem mekândan hem insan karakterinde kaynaklanıyor" (Genel, İdareci, 45).

Şanlıurfa'nın birçok kültürü ve kentsel imgeyi bünyesinde barındırması, bunu bir sofra şeklinde tüm dünyaya sunması kentin de misafirperver olduğunu desteklemektedir. Yani kenti de üzerinde çeşitli kentsel ögenin bulunduğu zengin bir sofra gibi görmek mümkündür. Bulunduğu konum da imge sofrasının başta yakın iller olmak üzere tüm ülkeye hatta tüm dünyaya ulaşmasını sağlamıştır.

Tarihi açıdan bakıldığında Şanlıurfa'nın adeta bir sofra gibi diğer kentleri kültürel anlamda beslediği görülecektir. Çevresindeki kentlerin benzer kültürel unsurlar barındırması, bu bakış açısını desteklemektedir. Kentin sahip olduğu her imge ve her kültürel öge kent sofrasında ayrı şeylere denk gelmektedir. Bunun yanında sahip olduğu tarih, içinde barındırmış olduğu ruh, kentsel anlamda misafirperverliği, birçok medeniyete ev sahipliği yapması ve birçok medeniyeti misafir etmesi, çoğu katılımcı tarafından Şanlıurfa'nın özel bir kent olarak görülmesini sağlamıştır. Bu yüzden Şanlıurfa, çoğu katılımcı tarafından "sofra" metaforu ile açıklanmıştır. Buna göre kentte yaşayan birçok birey, Şanlıurfa'nın sahip olduğu kültürel özelliklerinden dolayı kenti dünyaya açılan sofra olarak nitelemiştir. Çünkü kentin bulunduğu coğrafi konum, sahip olduğu kültürün farklı noktalara ulaşmasını kolaylaştırmıştır. Örneğin Sıra Gecesi gibi bir kültürel imgenin çevre kentlerde farklı isimlerle yapılmasını Şanlıurfa'nın zengin kültürel yapısı ile açıklayan katılımcılardan biri şu bilgiyi paylaşmıştır:

> "Sıra gecesi Şanlıurfa kent kimliğini yansıtan öğelerin başında gelmekte, tüm Türkiye'ye hatta tüm dünyaya mal olmuş durumda. Örneğin; Antep' "meşk gecesi", Elazığ'da "kürsü başı" Diyarbakır'da "Eyvan Gecesi" deniliyor. Bunlar Şanlıurfa'nın sahip olduğu kültürün yayıldığını gösteriyor" (Urfa Evleri Müzisyen, 58).

Şanlıurfa'nın sahip olduğu kültürel değerlerin yanında mimari imgeleri de hem Türkiye'nin hem de dünyanın ilgisini çekmektedir. Özellikle "Peygamberler Şehri" olması, Balıklıgöl gibi tüm İslam toplumuna hitap eden bir imgenin var olması, kenti önemli kılmaktadır. Öte yandan Göbeklitepe gibi dünya tarihini değiştiren ve tüm insanlığın dikkatini çeken bir yapının kentte yer alması, Şanlıurfa'nın dünyada sayılı kentler arasına girmesini sağlamıştır. Bu özellikler sayesinde Şanlıurfa, kültürel, mimari, dini ve tarihi açıdan imgeler aracılığıyla tüm dünyaya hizmet etmektedir. Bu noktada katılımcılar şu ifadeleri kullanmıştır:

> "Şanlıurfa denilince akla gelen ilk mekân Balıklıgöl'dür. Göbeklitepe'nin ortaya çıkmasıyla birlikte o da çok popüler bir yer olmaya başladı. Bunlar bizim dünyaya açılan tarihi yerlerimiz. Bu yüzden özellikle yurtdışından gelenler için Balıklıgöl ve Göbeklitepe çok önemlidir" (Genel, Mimar, 33).

> "Balıklıgöl daha çok İslam tarihini simgelerken Göbeklitepe dünya tarihine, tüm insanlığa hitap ediyor. Tarihi Harran Üniversitesi de aynı şekilde dünya tarihine hitap ediyor. Kent logolarında eğer kullanılacaksa bunlar kullanılmalı. Çünkü biz tarihsel olarak artık dünyaya hizmet ediyoruz" (Balıklıgöl, İşletmeci, 34).

> "Örneğin, Göbeklitepe ortaya çıkınca bu olay dünya basınında yer aldı. Bu gelişme Şanlıurfa'nın dünya çapında bir kimlik kazanmasına vesile oldu" (Genel, Mimar, 25).

Tüm bu açıklamaların yanında katılımcıların çoğu Şanlıurfa'nın yemek kültürü anlamında da çevre kentleri etkilediği üzerinde durmuştur. Örneğin kentin önde gelen imgelerinden biri olan çiğköftenin çevre illerde de yapılıp, ticaretinin yapılması bu görüşü desteklemektedir. Çiğköftenin tarihine bakıldığında Hz. İbrahim'e kadar götürülebildiğini aktaran katılımcılardan biri Şanlıurfa'ya ait olan bu kültürel ögenin diğer kentler tarafında pazarlanmasına karşı çıkmış ve bu noktada şu ifadeleri kullanmıştır:

> "Örneğin çiğköfteyi biz yeterince tanıtımını yapamadık. Adıyaman, çiğköfteyi İbo Show'dan sonra öğrendi. Nereden baksan Adıyaman'daki geçmişi yirmi yıldır. Urfa'da çiğköftenin üç bin yıldan fazla bir geçmişi var. Adıyaman'da on eve gitsen dokuzunda pul biber bulamazsın, ama Urfa'da hangi kapıyı çalsan pul biber bulursun. Yakacak odunu olmasa bile biberi muhakkak vardır. Bu da çiğköftenin bize ait olduğunu göstermektedir" (Balıklıgöl, 78, Esnaf).

Kentler sahip oldukları özelliklerden dolayı çevresinde yer alan kentleri farklı yönlerden etkileyebilmektedir. Bazı kentler ekonomik anlamda çevre kentleri etkilerken bazılar da turistik, kültürel ve siyasi hatta yemek kültürü anlamında etkileyebilmektedir. Özellikle yaşadığımız dönemde sınırların daha geçirgen olması bu sürecin daha hızlı ve hissedilir bir şekilde yaşanmasına olanak sağlamaktadır. Örneğin Diyarbakır gibi siyasi yönü ile ön plana çıkan bir kentin çevre kentlerde yaşayan bireyleri etkilememesi mümkün değildir. Bunun yanında İstanbul gibi ekonomik anlamda dikkat çeken bir kentin bu anlamda çevre kentleri etkilememesi olası değildir. Bu yüzden Şanlıurfa gibi kültürel, dini ve tarihi açıdan zengin olan bir kentin çevre kentleri beslemesi gayet normaldir. Katılımcılardan birinin "*Göbeklitepe Şanlıurfa'da ama uçaklar Gaziantep'e inmekte*" ifadesi özellikle komşu kentler arasında var olan bu etkileşimi desteklemektedir.

Kentin sahip olduğu imgeler üzerinde tanıtılmasında müziğin önemli bir vardır. Özellikle sıra gecesinin müziğin ve müzisyenin yetiştirilmesindeki katkısından dolayı kentin bu şekilde bir kimlik kazanmasını sağlamış ve kentin özelliği ile tüm Türkiye'yi müzik anlamında doyurmasını beraberinde getirmiştir. Tüm ülkeye mal olmuş çok sayıda türkünün, beytin Şanlıurfa'dan yayılması kentin bu özelliğe sahip olduğunu doğrulamaktadır.

1.5. Görünür Kent ve Görünen Kentli

Kent, bünyesinde barındırmış olduğu çeşitli parametrelerden dolayı tek bir tanımı yapılamayacak kadar geniş ve karmaşık bir kavramdır. Her disiplinin, her kent araştırmacısının hatta her bir bireyin kenti farklı bir perspektiften ele alması çok sayıda kent tanımının ortaya çıkmasına sebep olmuştur. Kentin coğrafi ya da ekolojik özelliğinin ötesinde iktisadi, mimari, siyasi ve kültürel birçok birimden oluştuğunu savunan Park ve Burgess'e (2015: 37) göre kent, "münferit olarak insan yığınlarında ve sosyal koşulların uygunluğundan -sokaklar, binalar, elektrik ışıkları, tramvaylar, telefonlar vb.- daha fazlasıdır. Benzer şekilde sadece kurumların ve idari aygıtların -mahkemeler, hastaneler, okullar, polis ve farklı alanlardaki memurlar- oluşturdukları gruptan da daha fazlasıdır. Kent, daha ziyade bir ruh haline, birtakım gelenek ve adetlere ve bu adetlerin özünde yer alan düzenlenmiş davranışlara ve duyarlılığa" karşılık gelmektedir.

Kent'in farklı tanımlarının olması, beraberinde farklı kuramsal bakış açılarının ortaya çıkmasına neden olmuştur. Buna göre başta Harvey, Lefebvre ve Castels olmak üzere Neo-Marksist yaklaşımı benimseyen kent araştırmacıları, "kentin mekansallığını keşfetmiş ve mekânı salt bir fiziksel boyuttan kurtararak, içinde toplumsal ilişkilerin şekillendiği, toplumsal üretim, tüketim ve yeniden üretimin oluştuğu, toplumsal bir mekân olarak algılamaya başlamışlardır" (Koyuncu & Akkaya, 2019: 42). Kentte yaşayan her birey, sahip olduğu sosyo-ekonomik düzeyinden, siyasi ve ideolojik tercihinden, kültürel dokusundan, yaş ve cinsiyetinden, kentte geçirmiş olduğu süreden ve en önemlisi yaşam şeklinden dolayı kenti farklı yorumlamaktadır. Bu bakımdan kent, sahip olduğu çoğulculuktan dolayı kırdan farklı bir anlam taşımaktadır.

Kentin "Medine[2]" sözcüğünün kökeninden geliyor olması, medeniyetin sembolü ve yeri olarak görülmesi, bu şekilde adlandırılmasına neden olmuştur. Çünkü kent; sanatıyla, müziğiyle, mimarisiyle ve en önemlisi tarihi ile medeniyetin göstergesidir. Kentin çok geniş bir kavram olduğunu, bu yüzden de her yerleşim yerine kent denilmemesi gerektiği, bu tarz bir betimlemenin ise yanlış bir betimleme olduğunu aktaran katılımcılar bu durumu şu sözlerle açıklamıştır:

> "Kent, çok geniş bir kavram ve günümüzde çoğu yere kent denilmekte. Ama benim nazarımda kent, kendine ait bir kültürü, kültür adamları, edebiyatı, müziği, sanatı ve en önemlisi mimarisi olan yapılardan, insanlardan oluşan bir mekândır. Esas kent budur"(Genel, Emekli Sanat Tarihçisi, 70).

Görüldüğü gibi kent, sanatın mekânı olarak diğer yerleşim yerlerinden ayrılmaktadır. Şanlıurfa'nın kendine has bir sanat kimliğinin olması, birçok katılımcı için buranın birer kent olarak betimlenmesine sebep olmuştur. Osmanlı döneminden kalma "gazel" geleneğine sahip olması, divan şairlerinden olan Nâbî ile

---

2 Birçok kültür, uygarlık belirtisi olarak yerleşik yaşamı temel almıştır. Bu nedenle batı dilinde uygarlık, "civilization" kavramı ile açıklanmıştır. Bu kavram ise Latince'de kentli anlamına gelen "civitas" kelimesinden türemiştir. Arapça'da ise şehir/kent anlamına gelen "Medine" kavramı uygarlık anlamına gelen "medeniyet" sözcüğü ile aynı kökene sahiptir.

Abdî gibi çok sayıda şairin Şanlıurfa'da yetişmesi ve TRT repertuarında yöreye ait onlarca türkünün yer alması, bu görüşü desteklemektedir.

Kent, köyden farklı olarak birçok ihtiyacın karşılandığı, birçok sorunun anında çözülebildiği, kentliye bir özgürlük alanı sunduğu bir alan olarak tanımlanmaktadır. Çünkü kenti diğer yerleşim yerlerinden farklı olarak, her türden bireyin/grubun yaşadığı ve ihtiyaç duyduğu birçok şeye kolayca ulaşılabileceği bir yaşam alanı olarak görmek mümkündür. Kentin; caddelerinin, sokaklarının daha belirgin, daha geniş olduğu en önemlisi de daha kalabalık bir yerleşimin var olduğu, bu açıdan bakıldığında Şanlıurfa'ya da bir kent demenin daha doğru bir tanım olacağını savunan katılımcılardan biri şu açıklamalarda bulunmuştur:

> "Kent benim için, insanların gerekli sosyal ihtiyaçlarının karşılandığı, adil, düzenli yapıların olduğu bir yer anlamı taşımaktadır. Ekonomik, sosyal bakımdan kendine yeten yerdir" (Ulu Cami, Şehir Planlamacı, 32).

Kent; dilsel, kültürel, ekonomik, tarihi ve siyasi birçok oluşumu kendi içerisinde barındırmaktadır. Bu açıdan kent, heterojen bir görünüme sahiptir. Sahip olduğu bu özelliğinden dolayı şüphesiz diğer yerleşim yerlerinden ayrılmaktadır. Öte yandan kent, toplumsal yapıyı oluşturan en büyük etmenlerden biridir. Şöyle ki kent, aile, kabile, aşiret gibi kan bağının ötesine geçmeyi sağlayan, tüm farklılıkları ile insanların birbiri ile yaşamasını kolaylaştırmakla birlikte; kültür, sanat, felsefe, bilim gibi tüm toplumsal değerlerin gelişmesinde rol alan en büyük etkenlerden biri olarak karşımıza çıkmaktadır.

Kent, geniş bir yaşam alanı olarak yorumlanmakta ve burada yaşayanların kendilerini daha iyi ifade edebileceği bir alan sunmaktadır. Bu özelliğinden dolayı kentin diğer yerleşim yerlerinden ayrıldığını savunan katılımcılardan biri kent ile ilgili şu yorumda bulunmuştur:

> "Köy, bir vakitten sonra size çok dar gelebiliyor ve kendinizi ifade etmekte zorlanıyorsunuz. Kentte özgürsünüz, binlerce milyonlarca insan içindesiniz ve özgürsünüz, köy de ise sürekli göz önündesiniz" (Genel, İdareci, 45).

Her bireyin zihninde farklı bir kent algısı mevcuttur. Çünkü her bireyin kente bakışı, kentten beklentileri, kentte görmek istedikleri farklılık göstermektedir. Lynch'in (2016: 5) de üzerinde durduğu gibi "çevreye ilişkin açık bir imge, bireysel gelişim için yararlı bir dayanaktır" yorumu katılımcının da üzerinde durduğu gibi özgür bir alan olarak açıklanan yerin bir kent olarak tanımlanmasında yeterli olduğunu göstermektedir.

Kentlinin kente karşı hissettiği aidiyet, kenti farklı tanımlamasına ve yorumlamasına neden olmaktadır. Bu durum kentlinin kent üzerinde bir kimlik kazanmasını ve kentsel mekânlara daha fazla sahip çıkmasını sağlamaktadır. Kente karşı yoğun bir duyguya sahip olan katılımcılardan bazıları kente dair şu betimlemeleri yapmıştır:

> "Sosyal anlamda yaşanılır bir kent, benim için yaşamış olduğum tarihi çarşıları, sokakları ile var olan bir yaşam alanıdır. Bu alanlar, bu ilişkiler kentin anayasasıdır bana göre ve hiçbir zaman değişmemesi gerekir. Çünkü bunlar kenti kent yapan, kente kimlik kazandıran şeylerdir"(Topçu Meydanı, Memur, 58).

> "Bir insan nasıl ki anne-babasına ait hissediyorsa bana göre kent de öyledir. Ben yaşadığım bu kenti kedimden bir parça olarak görüyorum. Kan bağım var gibi" (Gümrükhanı, Esnaf, 32).

Kent, bireyin duygu dünyasını ve toplum ile olan bağını etkilemektedir. Bireyin kente aidiyet duyması veya kenti sahiplenmesi, sosyal ilişkilerine yansımakta ve kent ile bütünleşerek bir duygudaşlık kurmasını sağlamaktadır. Simmel'in (1950) de üzerinde durduğu gibi kentin toplumsal ilişkilere ev sahipliği yapan nötr bir arka plandan ibaret olması bireyi kentte yaşayandan çok kent ile ilişki kurmasına yönlendirmektedir. Katılımcılardan çoğunun kent ile olan ilişkilerinden çok kentin olanakları üzerinde durması kent içinde birey-toplum etkileşimini özetlemektedir.

1.6. Kent ve Kentli İmajı Üzerinden Şanlıurfa'ya Bakmak

Yaşanan toplumsal gelişmeler tüm kentleri farklı bir imaj arayışına sürüklemiştir. Bu durum kentlerin markalaşmasını, ticari bir meta halini almasını beraberinde getirmiştir. İmaj kavramına bakıldığında "İngilizce "image" sözcüğünden alıntılanan ve "görüntü", "tasvir" gibi kavramları barındırmakta ve temsil ettiği nesneyi aksettiren, tanımlayan" (Taşçı, 2012: 206) bir anlama gelmektedir. Kentler ve bireyler, içinde yaşamış oldukları coğrafyanın, tabiatın, inancın, yaşam şeklinin, ideolojinin ve siyasetin karşılıklı etkileşimi ile şekillenir ve bu güçlerin ortak bir ürünü olarak ortaya çıkarlar. Bundan dolayı kentler ile bireyler arasında çok yönlü, güçlü ve zorunlu bir ilişki vardır. Bireyin yaşadığı kent/çevre ile direk etkileşim içinde olduğunu vurgulayan Duru, (2006: 1) "insan bir yönüyle dili, dini, kokusu rengi, tarzı ve tavrıyla içinde bulunduğu sosyal ve fiziksel çevrenin bir çocuğudur. Bir yönüyle de yaşadığı şehri şekillendiren, onaran, çeşitlendiren, zamanın istek, düşünce ve duygularını mekânın bütün dokularına yansıtan büyük ustalardır" ifadelerini kullanmıştır. Kent ile birey arasındaki bu karşılıklı ilişki, mekân, kent imgesi, kent kimliği ve kent/kentli imajı gibi kavramların da birbiri ile sıkı ilişki içinde olmasını sağlamaktadır. Bu kavramlar birbirlerini karşılıklı inşa etmenin yanında birbirlerine karşılıklı bir anlam da kazandırmaktadır. Söz konusu bu ilişkinin/bağın, kentsel mekân ve kent imgesinde meydana gelen değişim ve dönüşümlere bağlı olarak şekillendiğini savunan Karakaş (2019: 25) bu duruma "modernlik paradigması çerçevesinde şekillenen modernleşme sürecinde toplumsal yaşamda meydana gelen hızlı ve köklü değişimler, kent mekânını oluşturan yapıların türünü, simgeleme anlamlarını biçimsel olarak radikal biçimde değiştirmektedir" şeklinde açıklık getirmiştir.

Şanlıurfa kent imajına baktığımızda kentin, İslami bir kent imajına sahip olduğu; cami, çarşı-bedesten, pazaryeri, han ve hamam gibi temel ögeler ile ön plana çıktığı görülmektedir. Kentin başta Balıklıgöl imgesi olmak üzere Şanlıurfa Kalesi çevresinde şekillendiği gözlemlenmektedir. Caminin hemen yanında hanların, çarşıların ve tarihi evlerin yer alması, pazaryerinde ticaret dallarına mensup iş yerlerinin belli noktalara toplanması, imalatçıların ve satıcıların birbirine yakın olması, dar alanda birden fazla caminin bulunması Şanlıurfa'nın İslami kent imajını edinmesine sebep olmuştur. Bunun dışında kentin tarihi evlerinin mimari özellikleri de kentin bir İslam kent imajına sahip olduğu görüşünü desteklemektedir. İslam kentinde evlerin mahremiyet düşüncesiyle yapıldığını vurgulayan Keleş'e (2015:133) göre Müslüman evleri "sokağa sırt çevirmiş, iç avlusuna dönük, ışığını avlusundan alan yapılardır. Yapının bütün öğeleri, içinde yaşayanlara en büyük gizliliği (mahremiyet) sağlayacak biçimde birbiriyle bağlantılıdır. Sokak kapıları, açık olduklarında içerdeki kadınların görünmesine engel olabilmek amacıyla, karşı karşıya gelmeyecek biçimde" inşa edilmiştir.

Her kentlinin zihninde farklı bir kent ve kentli imajı yer almaktadır. Bu imaj aslında Şanlıurfa'nın ve burada yaşayanların kimliklerini ifade etmektedir. Şanlıurfa kent imajına bakıldığında ülkenin en eski yerleşim yerleri arasında olduğu görülmektedir. Tarihi sokakları, hanları, camileri buranın "eski bir kent" olduğu imajını desteklemektedir. Şüphesiz kent, tarihi ve dini mekânları ile dikkat çekmektedir. Sahip olduğu tarihi yapıların fazla olması kentin tarihi bir kent olarak algılanmasına olanak sunmuştur. Bazı katılımcılar ise kentin bu özelliğini değerlendiremediğini düşünmekte bazıları ise kentlilerin ve yerel yöneticilerin bu değerlere yeteri kadar önem vermediğini ifade etmektedir. Bu bağlamda bazı katılımcılar şunları dile getirmiştir:

> "Bir diğer yanı ise tarihine karşı çok vefasız olmasıdır. Tarihi dokusunu koruyamamış, Urfa gibi tarihi bir kente modernleşme adıyla bu kadar zarar verilemez. Yeni kentleşme diyorlar ama dev katlı binalardan başka bir şey yok. Tarihi göz önünde bulundurmalıydılar. Çok katlı binalar tarihi yerlerin görünmesi engelliyor. Kısacası tarihi dokuyu koruyamadılar" (Genel, mimar, 34).

Kent imajı noktasında katılımcıların üzerinde durduğu bir diğer nokta ise kentin "cömert ve misafirperver" olduğudur. Kentin tarihten beri bu şekilde benimsenmesi kentlinin de bu şekilde bir imaj edinmesini sağlamaktadır. Bu durum kent tarihinin ya da tarihi şahsiyetlerin hem kente hem de kentliye birer imaj inşa ettiğini açıklaması açısından önem taşımaktadır. Kentin ve kentlinin Halîl-ür Rahman sofrası ile ön plana çıktığını söyleyen katılımcılardan biri şu ifadeleri kullanmıştır:

> "Öncelikle çok misafirperver bir il olduğunu söyleyebilirim. Kentin öyle algılanması, çoğu insanın da o şekilde davranmasını sağlamıştır. Bir de insanlık yönü olarak Batıdaki illere göre biraz daha fazla. Senin bir işin olur, bir sorunun olur hemen yardımcı olurlar. Olumsuz yönleri de vardır tabi ki, ama daha çok iyi yanıyla tanınır" (Balıklıgöl, Esnaf, 69).

Kentin ve kentlinin misafirperver bir imaja sahip olduğunu destekleyecek olayların başında şüphesiz Hac kafilelerinin evlere misafir edilme olayı gelmektedir. Urfa'nın Peygamberler Şehri olması ve özellikle Hz. İbrahim'in bu kentte doğması, tarihten beri hacı adayları için bu kenti önemli kılmıştır. 1970'li yıllara kadar hacı adaylarının karayolu ile Hac vazifelerini yerine getirmeleri, kafilelerin Şanlıurfa'da konaklamalarını sağlamıştır. Otel sayısının yetersiz olması, hacı adaylarının kalacak yer temin etmelerini zorlaştırmıştır. Düzenli olarak her yıl yaşanan bu durum, kentlilerin duruma el atması ile son bulmuştur. Belediyelerin her yıl bu talebi anons etmesi kentlilerin hacı adaylarını misafir etmesini sağlamıştır. Birçok kentlinin bizzat yaşamış olduğu bu olayı katılımcılar şöyle aktarmıştır:

> "Hacılar kente geldiği gibi ailelerimiz bizi Balıklıgöl'e gönderip hacı adaylarını eve davet etmeye gönderirdi. Kim kaç kişi misafir edebiliyorsa, alır eve davet ederdi. Yolda eve giderken insanlar bizden korkardı ve çekinirlerdi. Aileler bizi kabul eder mi diye tedirgin olurlardı. Ama kapıdan adım atar atmaz gülen yüzleri sıcak hava ile karşılandıklarını gördükleri zaman rahatlarlardı. Hiç kullanmadığımız odaları, yatakları onlara ayırırdık. Akşam yemeği, sabah kahvaltısı ikram edilirdi. Eğer kalacaklarsa akşam tekrardan davet ederdik, giderlerse de yeni grubu almaya giderdik" (Topçu Meydanı, Memur, 58).

Çoğu katılımcının benzer hikâyeler ile yaşanan bu olayı aktarması, yaşanan bu olayın uzun süre tekrarlandığını/yaşandığını desteklemektedir.

Şanlıurfa'nın misafirperver bir imaja sahip olduğunu destekleyen bir diğer olay ise 2010 yılında yaşanmıştır. 2010 yılında Fenerbahçe ile Trabzonspor arasında Şanlıurfa'da oynanan Türkiye Kupası final maçından dolayı çok sayıda futbolsever kente gelmiştir. Otellerin kapasitesinin gelen ziyaretçilere yetmemesi birçok kişinin dışarıda kalmasına sebep olmuştur. Bu olaydan sonra çok sayıda Şanlıurfalı gelenleri evinde ağırlamıştır. Yüzlerce kişi o gün kentliler tarafından misafir edilmiştir. Bu durum özelikle Trabzon ile Şanlıurfa arasında sıkı köprülerin kurulmasına vesile olmuştur. O tarihten beri sürekli görüşme halinde olduklarını dile getiren katılımcılardan bazıları Şanlıurfaspor ile Trabzonspor'un kardeş takım ilan edilmesinde bu yaşanmışlıklarının payının büyük olduğu görüşündedir.

Kentin tarihinde yaşanmış olan olaylar, gerçek olduğu söylenen anlatılar, kentin farklı bir kimlik ile anılmasını ve farklı bir imaj edinmesini sağlamaktadır. Bunun dışında hem mekân anlamında hem de bireysel anlamda doğal yapıya sahip olması, kentin kentli gözünde farklı bir yer edinmesine sebep olmuştur. İnsanların kentlerdeki deneyimlerini birbirlerine aktarması ya da medya aracılığı ile kent efsaneleri yaratması bireyin zihninde farklı bir kent imajının oluşturmasına sebep olduğunu aktaran Tekeli (1991: 83), "Paris'te Eiffel Kulesi gibi kentin sembolü haline gelen anıtlarda, oradaki yaşam deneyiminden ve yapıyla ilişkilerinden çok bu yapı üzerinde yaratılan söylem, kurulan efsane önem kazanır. Bu belki de daha sonra gerçekleşecek, belki de hiç gerçekleşmeyecek bir ilüzyon ya da aldatma üzerine de kurulmuş olabilir. Bunlar hem insanların algılamasını hem de kentlerin gelişimini etkiler" ifadelerini kullanmıştır. Birçok katılımcı, Şanlıurfa'nın ve imgelerinin sırlı, esrarengiz ve efsanevi bir imaja sahip olduğu üzerinde durmuştur. Özellikle Hz. İbrahim'in Nemrut tarafından ateşe atıldığı sırada Yaratıcının Cebrail aracılığıyla değil de kendi nidasıyla ateşe "yakmama emrini" vermesi, yaşanan bu mucizevi hadisenin ise kâinatın yaratılışından beri yaşanmamış bir olay olarak yorumlanması kenti farklı bir imaja bürümüştür. Bunun dışında hem ülke içinde hem de kent içinde güvenilir kent olarak nitelenmesi bölgede yer alan diğer illerden farklı olarak imaj edinmesini sağlamıştır. Özellikle 2000'li yılların ortalarına kadar kent içinde çatışmaların olmaması, suç oranlarının düşük olması kentin bu imajını desteklemektedir. Bu noktada katılımcılardan biri şu ifadeleri kullanmıştır:

> "Her tarafı doğal, çarşıları, tarihi mekânları, giyim kuşamları, hal hareketleri hepsi çok doğal. Belediye başkanlarına "Şehrül Emin" diyorlar. Emin olan şehirlere ne deniliyorsa ya da emin derken akla ne geliyorsa Şanlıurfa kenti odur. Bir insandan emin olunca nasıl ki her şeyinizi emanet edebiliyorsanız, Şanlıurfa da öyle bir kenttir" (Topçu Meydanı, Memur, 58).

Kent imgeleri, kentte yaşayanların karakterinden ve özelliklerinden bir şeyler almaktadır. Aynı şekilde her kentli yaşadığı kente dair bir imaj edinmektedir. Bazen kentlerin sahip oldukları imaj, kentlinin de yeni bir imaj kazanmasını etkilemektedir. Kentlerin sahip oldukları imaj, zaman içinde yaşanan toplumsal kırılmalara bağlı olarak olumluya da olumsuz anlamda değişebilmektedir. Yapılan savaşlar, artan göç olayları ve toplumsal çatışmalar kentlerin farklı algılanmasına ve toplum zihninde yeni şekiller edinmesine sebep olabilmektedir. Şanlıurfa'nın yoğun göç almasına bağlı olarak olumsuz bir imaj edindiğini bu nedenle "güvenli kent" imajını kaybettiğini söylemek yerinde olacaktır. Artan suç oranlarını Suriyelilerin gelmesine bağlamak yetersiz olsa da göçlerle birlikte kent içinde ciddi anlamda bir kültürel çatışmanın olduğunu ve buna bağlı olarak suç oranında artış olduğunu söylemek yerinde olacaktır. Son zamanlarda artan göç olayları ile birlikte kalabalık bir kent olduğunu, bu kalabalıktan dolayı ise güvenirliliğini yitirdiğini ifade eden katılımcılardan biri şu yorumda bulunmuştur:

> "Eskiden insanlar çok rahat gece yarılarına kadar dışarıda gezebilirken veya istedikleri mekâna gidebilirken Suriyelilerin gelmesi ile birlikte bu ortadan kalktı. Sadece onlarla alakalı mı bilmiyorum ama onların da bir ilgisi olduğu kesin... Son zamanlarda gelen göçmenlerle birlikte kalabalık bir hal de aldı tüm bunları buna bağlıyorum" (Genel, Mimar, 33).

Özellikle medyanın bir kentin imajını yansıtmada en etkili kanallardan biri olduğunu söylemek yerinde olacaktır. Nasıl ki medya bir şahsı hem yüceltip hem de yeriyorsa kentleri de aynı şekilde etkileyebilmektedir. Bu noktada katılımcılardan biri şu şekilde konuşmuştur:

> "Eskiden kötü bir izlenimi vardı, 80-90 yıl önce Urfa'yı bilinçli bir şekilde milletin kafasında kötülediler. Mağara insanı gibi lanse ettiler. Bunda o zamanki siyasetin çok etkisi var. İnsanlar bu bölgeden korkardı, gelmekten çekinirdi. Bunlar hep planlı yapıldı ve bir nevi intikam alınmaya çalışıldı" (Balıklıgöl, 78, Esnaf).

Her kent olumlu imajlara sahip olduğu kadar olumsuz birçok imaja da sahip olabilmektedir. Özellikle kent içinde yaşanan toplumsal çatışmalar, erken yaşta evlilikler, kan davaları gibi etkenler kentlerin olumsuz bir kimlik ve imaj edinmesine sebep olmaktadır. İki aile arasında yaşanan en ufak bir kavga bile ne yazık ki hem kentin hem de kentlinin imajını etkilemektedir. Bu noktada çoğu katılımcı geçmişte doğru olarak kabul gören gelenek ve göreneklerin geçerliliğini yitirdiğini/yitirmesi gerektiğini, devam etmesi takdirde tüm kentin bundan etkileneceğinin üstünde durmaktadır. 2019 yılı içerisinde Siverek'te mensubu olduğu İzol Aşireti içerisinde yaşanan silahlı çatışmanın hem tüm aşiretin hem de Şanlıurfa'nın imajına zarar verdiği, bu tarz olayların daha az yaşanması gerektiği üzerinde duran katılımcılardan biri bu bağlamda şu sözleri sarf etmiştir:

> "Mesela kan davaları, ne kadar acı bir durum olduğunun farkındayız. Bunlar örf adet olanak biliniyor ama bunlar bize zarar veriyor. İki aile arasında yaşanan bir olay tüm Şanlıurfa'ya mal edilebiliyor. Bu çok üzücü, çok acı bir durum. Tüm şehir bundan dolayı kötü imaja sahip oluyor" (Genel, Yerel Yönetici, 34).

Görüldüğü gibi kent içinde uzun süredir devam eden gelenekler, normlar zaman içinde kentli tarafından farklı yorumlanabilmektedir. Toplum tarafından kabul gören örf ve adetler yeni nesilde karşılık bulamamakta ve kentin olumsuz bir imaj edinmesine sebep olan etkenler olarak nitelendirilmektedir. Özellikle katılımcılar, medyanın kent imajını yanlış yansıttığı üzerinde durmaktadır. Kentin tarihten beri devam eden alışkanlıklarının ve sahip olduğu mekânsal güzelliklerin daha çok ön plana çıkarılması gerektiğini ifade eden katılımcılar kent ve kentli imajının da buna bağlı olarak olumlu bir hal alacağı görüşünü savunmaktadır.

1.7. Medya Bağlamında Kent

Kentlerinde de tıpkı insanlar gibi kişilikleri ve karakterleri vardır. Şanlıurfa da kendine özgü kişiliği ve karakteri olan kentlerden bir tanesidir. Kentlerin sahip oldukları bu karakter ise kentlerin kimliğini oluşturmada temel rol oynamaktadır. Bu yüzden kentlerin sahip olduğu karakterin bozulmaması ve korunması gerekmektedir. Bu bağlamda medya, kentsel imgelerin algılanması, tanıtılması, kullanılması, pazarlanması ve kısmen de olsa tasarlanması üzerinde etkili unsurların başında gelmektedir. Özellikle internetin ortaya çıkması ile kentsel sınırların ortadan kalktığını vurgulayan Çakır (2019: 17), medyanın "tek başına belirleyici olmasa da yeni iletişim teknolojilerinin gelişimi ve yaygınlaşması ile kentler üzerinde önemli etkilerde bulunmaya başladığını" savunmuştur.

Kentlerin, "küresel ekonomiye eklemlenmesi ve ekonominin en temel fonksiyonel motoru olarak ortaya çıkmasıyla yansımasını bulan yeni rolleri; kentleri yepyeni paradigmalar ve argümanlarla küresel pazarda kendilerini ifade etmeye zorlamıştır" (Akturan & Oğuztimur, 2016: 118). Nitekim 1 Temmuz 2006 tarihli ve 26215 sayılı Mükerrer Resmî Gazetede yayımlanarak yürürlüğe giren DPT'nin 9. Kalkınma Planı Raporunda, ekonomik ve sosyal gelişmesi dikkate alınarak, kentlerin "rekabet gücünün artırılması" noktasında bir rekabet birimi noktasına geldiği üzerinde durulmuştur (Komisyon, 2007). Bu noktada Lynch (2016) ise kentin pazarlanması, tanıtılmasında malzeme aramak yerine kente özgü imgelerin kullanılması gerektiğini açıklamış ve kent için fotojenik öneme sahip olan görselliği ön planda olan kentsel imgelerin, dış dünya ile iletişim kurma noktasında önemi üzerinde durmuştur. Bir nevi kentin tanıtımı için bir yöntem sunmuştur. Şanlıurfa'da yer alan çoğu imgenin hem yerel hem de ulusal medyada çok fazla yer almaması kentin sahip olduğu imgelerin yayılımını olumsuz anlamda etkilediğinin altını çizen mimar katılımcılardan biri, şu tespitlerde bulunmuştur:

> "Sahip olduğumuz değerler ne yazık ki medyada çok fazla gösterilmiyor. Son iki üç yıldır bunun için bir çabanın olduğunu söyleyebiliriz. Fakat yeterli değil. En basit örneğini verirsek, 2019 yılı Göbeklitepe yılı ilan edildi ama ne medyada ne de başka bir yerde tanıtımı, reklamı yapılmadı. Tüm bunlar ise medya sayesinde olacak şeyler. Ne yazık ki çok geç kalındı" (Genel, 32, Mimar).

Medyanın özellikle de sosyal medyanın birey hayatında merkezi bir konumda yer alması, birçok markanın medyayı etkin bir şekilde kullanmasını sağlamıştır. Medyanın tüketicilerle iletişim kurma noktasında kaçınılmaz bir özelliğe sahip olduğunu savunan Saatçioğlu (2017), kent olgusunun yaratımında da medyanın önemli bir unsur olduğunun altını çizmiş ve medyanın tüketicilerin tercihleri üzerinde etki sahibi olmasından dolayı kentlerin de medyada yer aldığını ifade etmiştir. Kentin medyada yer almasının, tanıtımının yapılmasının bir şehir ile diğer şehirlerarasında ayrım yaratan bir süreç olduğunu savunan Saatçioğlu (20179, bu sürecin kenti ziyarete gelenler için önemli olduğunu ve kenti tercih etme sebepleri üzerinde belirleyici olduğunu dile getirmiştir. Mekânların ve toplumların her geçen gün daha da ulaşılabilir olduğunu aktaran Keçeli ve Sarıusta (2013), hızlı erişim imkânları nedeniyle bireylerin fiziksel olarak bulunmadıkları yerler ve kentler hakkında rahatlıkla bilgi sahibi olacaklarını, dolayısıyla medyanın kent tanıtımı üzerindeki etkisini açıklamıştır.

Kentsel bir imgenin kentte yaşayan bir birey tarafından algılanışı ile kente dışarıdan bakanların algısı birbirinden farklılık göstermektedir. Kentin medya tarafından temsili ve sunumu, o kent hakkında fikir sahibi olacak insanlar için önem teşkil ettiğinin altını çizen Keçeli ve Sarıusta, (2013: 332), "günümüzün iletişim teknolojisi göz önüne alındığında, bir kentin öne çıkan imajları gerek yerel gerekse küresel kamuoyunda ilgilileri nezdinde çok şey ifade etmektedir. Dolayısı ile yapılandırılmış kentsel algı üzerinde kitle iletişim araçlarının etkisi tahminlerin ötesinde" olduğunu dile getirmiştir.

Kent ve medya arasındaki karşılıklı ilişkiden yola çıkarsak Şanlıurfa'nın ve sahip olduğu imgelerin medyada daha fazla yer alması gerektiğini söylemek gerekir. Özellikle 2019 yılının Cumhurbaşkanı tarafından "Göbeklitepe Yılı" olarak ilan edilmesi, kentin hem yerel hem de ulusal medyada daha fazla yer almasını sağlamıştır. Bu durum ise beraberinde kentin ve imgelerin tanıtımını hızlandırmış ve imgeler de kente getiri sağlayan öğelere dönüşmüştür. Kentin medya için senaryosuz film çekilebilecek düzeyde kentsel malzemeye sahip olduğunu dile getiren görüşmecilerden biri, Şanlıurfa için şu ifadeleri kullanmıştır:

> "İnsanlara bu mekânlara neden gelmeleri gerektiğini, nereleri göreceklerini, gezebileceklerini önceden söylememiz ve onları meraklandırmamız gerekiyor. Bunun dışında kentsel bir imaj geliştirilmeli bence, çok geç kalındı zaten" (Genel, 32, Mimar).

Kent imgelerinin tanıtımından ülke çapında yapılan projelerin, çekilen filmlerin ve dizilerin katkısı azımsanmayacak kadar büyüktür. Örneğin 27 Aralık 2019 tarihinde gösterime giren, 81 ilde ve birçok ülkede aynı anda izlenmeye başlanan "Rafadan

Tayfa Göbeklitepe" animasyon filmi, kentin önde gelen imgelerinden olan Göbeklitepe'nin tanıtımına katkıda bulunmuştur. Milyonlarca kişi tarafından izlenmesi ve son zamanların en çok izlenen animasyon filmi olması, söz konusu kentsel imgenin tüm ülkece bilinmesini sağlamıştır. Bunun dışında çekilen birkaç popüler dizi (Atiye dizisi gibi) de kent imgelerinin daha çok tanınmasına katkı sağlamıştır. Öte yandan kentin ön planda yer alan tarihi ve turistik imgelerinin tanıtıldığı Şanlıurfa Milli Eğitim Müdürlüğü tarafından çekilen "Urfa İçin Çal-Söyle" adlı klip, Şanlıurfa kent imgelerinin daha fazla bireye ulaşmasını sağlamıştır. Bunun dışında TRT'in sevilen belgesel programlarından olan "Ailenin Yeni Üyesi" belgeselinin bir bölümünü Şanlıurfa'ya ayırması kent kültürünün, aile yaşantısının ve gelenek göreneklerinin aktarılması noktasında önemli rol oynamıştır.

Bir kentin ve kentsel imgelerinin tanıtımında medyanın yanısırakentte yaşayanların katkısının varlığı aşikârdır. Kentte doğan, büyüyen ve tüm ülkece tanınan bireylerin kent değerlerinin pazarlanmasındaki rolü yüksektir. Bu noktada katılımcılardan çoğunun bu durumdan mustarip olduğunu söylemek gerekir. Kentin önde gelen imgelerinden olan Ulu Cami'nin kentte yaşayan bazı bireyler tarafından yerinin dahi bilinmemesi kentsel imgelerin yeterince tanıtımının yapılmadığını doğrulamaktadır. Önde gelen imgelerin bile yakınındaki tüketim veya eğlence mekânı üzerinde tarif edilmesinden yakınan katılımcılardan biri şunları dile getirmiştir:

> "Örneğin birçok kişi Ulu Caminin yerini bilmez. Ama "Tutku Giyim" derseniz herkes bilir. Karşı karşıya olmamıza rağmen herkes orayı bilir ama burayı bilmez. Ya da hemen yanı başımızdaki "Gülizar Konuk Evi" derseniz herkes size kolayca tarif eder, ama burayı pek bilmezler. Sürekli kullandıkları yerleri, yiyip-içtikleri

veya alışveriş yaptıkları yeri hemen bilirler ama burayı bilmezler" (Ulucami, İmam, 30).

Özellikle 1980 sonrasında izlenen politikaların, kentleri ve kentte yaşayanları değişim/dönüşüm sürecine dâhil ettiğine dikkat çeken Kiper (2004: 14), katılımcının söylemlerini destekler açıklamalarda bulunmuş ve bu noktada "günümüzün tüketim kültürü anlayışından kentsel mekânlar da payını almakta, barınma, dinlenme eğlenme ve çalışma mekânları da giderek tüketim ile özdeşleştirilmektedir" ifadelerini kullanmıştır.

Katılımcıların çoğu kent imgelerinin tanıtılması noktasında kentin yetiştirmiş olduğu aydınlara, siyasetçilere ve sanatçılara çok fazla iş düştüğü görüşünde hemfikirdir. Bu bakımdan Şanlıurfa'nın tanıtımında rol alan kişilerin başında ise 'İbrahim Tatlıses' ve 'Müslüm Gürses'in[3] olduğunu söylemek yerinde olacaktır. İbrahim Tatlıses'in gerek yapmış olduğu programlarda gerekse de normal yaşantısında kente özgü imgelere sıkça yer vermesi, kendisinin de kent için kültürel bir imge olmasını sağlamıştır. Ülke çapında tanınan birçok imgenin Tatlıses tarafından tüm ülkeye sunulduğu tartışmasız bir gerçektir. 1999-2000 yılarında düzenlemiş olduğu "İbo Show" televizyon programı ile kentin tanıtımını yapmış ve kent imgelerinin tüm ülke çapında ön plana çıkmasını sağlamıştır. Özellikle kentin kültürel değerlerinden olan Kazancı Bedih'i programa davet etmesi Şanlıurfa için milat olarak nitelendirilmektedir. Bu tarihten sonra özellikle "sıra gecesi" imgesi tüm ülkede yer edinmiş ve beraberinde kentin markalaşma süreci hızlanmıştır. Bu durum ise kentin turizm potansiyelinin artmasını sağlamıştır. Küresel tüketim kültüründe

3 İbrahim Tatlıses ve Müslüm Gürses'in kent ve kentli için önemli olduğu, kent içinde bu iki isim adına yapılan müzelerden anlaşılmaktadır. İbrahim Tatlıses ve Müslüm Gürses Müzesi kentin müzik kenti şeklinde bir kimlik edinmesinde önemli bir yere sahiptir.

kentlerin anahtar bir role sahip olduğunu belirten Şen (2015: 149), bu noktada "kitle medyasının yükselmesi, ulus ötesi hareketliliğin ve turizmin artması ile birlikte popüler kültürle ve tüketimle ilişkili sembollerin kentler üzerindeki etkisi daha fazla hissedilmeye" başladığını dile getirmiştir. Şanlıurfa'nın ve Şanlıurfalıların Tatlıses'e çok şey borçlu olduğunu dile getiren katılımcılardan biri şu ifadeleri kullanmıştır:

> "İbrahim Tatlıses, televizyonda sıra gecesi diye bir program yaptı ve ona da sıra gecesi dedi, ortada iki kişi çiğ köfte yoğurdu birkaçı da halay çekti. O tarihten sonra sıra gecesi ticari bir hal almaya başladı. İnsanları o program sayesinde kente ziyarete gelmeye başladı" (Sıra Gecesi, Müzisyen, 59).

Popüler kültür ve popüler kişiler, kentsel bazı değerlerin yayılmasına imkân vermektedir. Özellikle Urfalı ünlüler ile Urfa kenti daha da bilindik hale gelmektedir. Tüm ülkeye mâl olmuş değerlerin, kentin tanıtımını yapması kentin markalaşmasını sağlamaktadır. Katılımcıların çoğu İbrahim Tatlıses'in bu noktada kente çok fazla katkıda bulunduğunu dile getirmiştir. Öte yandan Kültür ve Turizm Bakanı Mehmet Nuri Ersoy'un eşi Pervin Ersoy'un ülke turizmine katkı sağlamak amacıyla 2019 yılında başlattığı "Her Şehri Ünlüsüyle Geziyoruz" projesi kapsamında Şanlıurfalı ünlüler ile yapılan gezi, kentin ünlüleri aracılığıyla daha çok tanıtılması sağlanmıştır.

Ünlülerin kent tanıtımdaki rolünün yöneticilerin ve yerli halk tarafından sergilenemediğini, bundan dolayı Şanlıurfa'nın diğer kentler gibi kendi değerlerini pazarlamada yetersiz kaldığına vurgu yapan katılımcılar, çevre illerin Şanlıurfa imgelerini daha çok kullandığını bundan dolayı daha çok ziyaretçi çektiğini dile getirmektedir.

> "Şehir kendini pazarlamasını bilmiyor. Elimizde o kadar tarihi yer var, Göbeklitepe'miz var ama uçaklar nedense Gaziantep'e

iniyor. Orası Urfa'da ama Antep reklamını yapıyor sanki" (Gümrükhanı, Esnaf, 37).

Birçok katılımcı tanıtımın, imgenin orijinal hali ile yapılması görüşünü savunmaktadır. Bunun yanında tarihi mekânlara yeterli önemin verilmediğini, restore edilmediğini ve korunan yapının özünü ortaya çıkarma adına hiçbir çalışmanın yapılmadığını savunan katılımcılar, bunlara dikkat edilmemesi takdirde saf bir tanıtımın işe yaramayacağını dile getirmişlerdir. Birçok katılımcı kentin ve kent imgelerinin iktidarların zihniyetinin etkisinden kurtarılıp, tarihi mekânların öz kimliğine göre restore edilmesi gerektiğini ve buna göre yaşatılması gerektiğini savunmuştur. Kentin inanç turizmi, toplumdaki farklılıkların ifade özgürlüğü ve renkliliği esas alınarak medyada da bu şekilde yer alması gerektiğinin altını çizen kentli, betonun, asfaltın, yolun ve köprünün reklamlarına bütçe ayırmak yerine kent kimliğini gösterecek, tarihi mistik dokusunu koruyacak ve değerleri ön plana çıkaracak şekilde tanıtımın yapılması gerektiğini ifade etmiştir. Öte yandan kentin tanıtımlarına, broşürlerine bakıldığında ilk önce yemeklerinin gösterilmesi, kenti bir yemek kenti olarak göstermektedir. Oysaki kentin tüketimden, yemekten ibaret olmadığına dikkat çeken katılımcılar, ilk tanıtılması gereken şeyin kentin sahip olduğu tarihi dokusu olduğunu vurgulamıştır.

Medyanın, bireyi ve toplumu şekillendirmesi ve yönlendirmesi konusu, üzerinde durulması gereken alanların başında gelmektedir. Latham ve arkadaşlarının (2009) üzerinde durduğu gibi "televizyon, gazete ve internet gibi kitle iletişim araçları aracılığıyla servis edilen metin ve imajlar bireylerin kent ve mekân algısını etkilemekte ve yönlendirmektedir". Kentler, medya aracılığıyla olumlu bir imaj edinirken aynı zamanda olumsuz bir imaja da bürünebilmektedir.Medyanın kenti ve kentliyi her zaman doğru yansıtmadığını ve izleyenlerin zihninde olumsuz bir kent ve kentli imajının oluşmasına neden olduğunu söylemek gerekir. Bu doğrultuda Keçeli ve Sarıusta (2013: 329) doğu iller özelinde bu durumu "halk gazete, televizyon ve internet aracılığı ile genellikle ülkenin doğu ve güneydoğusunda yaşanan, etnik kökenli, ölümlü ve yaralamalı olaylardan sıklıkla haberdar olmakta, bu da insanlarda bölge ile alakalı olumsuz imajın oluşmasına sebep olmaktadır. Diğer bir deyişle, bölgede bulunulmadan ve bireysel tecrübeler yaşanmaksızın, bölge ve halkı ile ilgili düşünceler olumsuz olarak yapılandırılmaktadır" sözleri ile aktarmıştır. Medyanın bölge kentlerini çoğunlukla olumsuz bir kimlik ile tanıtması Şanlıurfa için de geçerli bir durumdur. Özellikle yoğun göç ile birlikte kentin güvenli bir kent olmadığı ve terör kenti algısı ön plana çıkmaktadır. Kentin medyada bu şekilde lanse edilmesinin kente ve burada yaşayanlara zarar verdiğini, bu durumun ön yargılara sebebiyet vereceğinin altını çizen katılımcılardan biri şunları aktarmıştır:

> "Batıya gittiğimizde Şanlıurfa'dan geldiğimizi söylediğimizde bizden çekiniyorlar. Sanki terörü biz besliyormuşuz gibi bir algı var. 300 km uzakta bir çatışma olsa burada yaşanıyormuş gibi gösteriliyor. Doğudaki tüm illeri bir sayıyorlar. Ben bunu medyanın yanlış göstermesine bağlıyorum" (Balıklıgöl, esnaf, 48).

Kentlerin bulundukları bölgenin olumsuz bir imaja sahip olması, medya aracılığıyla farklı şekilde yansıtılmasına sebep olabilmektedir. Doğu ve Güneydoğu Anadolu Bölgesinin bazı alanlarında yaşanan çatışmalar çoğu zaman medya tarafından tüm bölgede yer alan tüm kentlerde meydana geldiği şeklinde gösterilebilmektedir. Bu durum ise beraberinde Şanlıurfa'nın terör kenti olarak yorumlanmasına sebep olmaktadır. Bu şekilde yapılan bir yansıtma ise kent imgelerinin tanınmasına ve ziyaret edilmesine engel olmaktadır.

2. Kentlinin Kent İmgesine Bakışı

2.1. Kentlinin Gözünden Şanlıurfa Kent İmgeleri

Kent imgeleri, toplumun sahip olduğu tarihsel, kültürel birikimin taşıyıcısı konumundadır. Bu imgeler, adeta tarihsel ve kültürel birikimin yansıtıldığı birer ayna işlevi görmektedir. Yani imge, bizim aynamızdır. O kentte yaşayan bireylerin kimliğini yansıtmakta ve bu kimlik daha çok mekân üzerinden dışa vurulmaktadır. Kentli imgeye her baktığında gördüğü şey kendisinin dışında bir şey değildir. Çünkü bu imgeler "politik örgütlenmeden kültürel mirasa, ekonomik süreçlerden dinsel örgütlenmelere bütün toplumsallığın temsil edildikleri alanlar" (Karakaş, 2019: 19) olarak yorumlanmaktadır. Bireyin ve toplumun davranışlarının şekillenmesinde etkili olan etkenlerin başında gelen kent imgeleri, birey toplum yaşantısı içinde önemli bir konumdadır. Bundan dolayı bu mekânlar Karakaş'ın (2019:11) deyişiyle "sahip oldukları maddi ve manevi birikimleriyle bireye ve topluma doğrudan veya dolaylı olarak sürekli müdahale eder. Çünkü kent mekânının çok boyutlu tasarımı kültür, kimlik, toplumsallıklar, bireysel hikâyeler ve bakış açıları üretme imkânı sunmaktadır".

Kent imgesini; bireylerin bir araya geldiği, kendini bulduğu, üzerinden bir kimlik inşa ettiği ve en önemlisi yeniden hatırladığı ortak mekânlar olarak tanımlayan Nora, imgelerin birden çok işleve sahip olduğunu savunmaktadır. İmgelerin birbirinden farklı boyutlarının olduğunu dile getiren Nora (2006), imgenin; geçmişi barındırdığı ve yeniden ele alması bağlamında tarih ve yazınsal, günümüzde geçerliliğini yitirmiş ya da yok olma ile yüz yüze kalmış geleneklerin mekânı olmaları noktasında etnografik, bireyin toplumsallaşmasına katkı sağlaması ve bireye içinde yaşadığı topluluğun bir parçası olarak hissettirmesinden dolayı psikolojik, nelerin söz konusu bu mekânlarda birer hatırlama nesnesi olarak yer alacağı noktasında ise siyasi bir boyuta sahip olduğunu dile getirmiştir. Geçmişin yaşandığı ya da yaşatıldığı veya hatırlandığı mekânlar olmalarından dolayı imgeler birer "bellek merkezi" özelliği taşımaktadırlar. Başka bir deyişle kentin "hard diski" işlevi görmektedirler. İmgelerin bu özeliğinden dolayı toplumu bir arada tuttuğunu vurgulayan Güner (2015: 279) ise bu noktada "kent hayatının, çok yönlü, hareketli ve karmaşık yapısı içerisinde, kentlilerin kent içerisinde, çevresiyle, diğer insanlarla, uyumlu, anlamlı ve sağlıklı ilişki kurabilmesi, kentlerin daha tasarım aşamasında bu uyumu gözeten bir anlayışın geliştirilmesini zorunlu kılmaktadır. Kentsel alanda kentle ilişkimizi büyük oranda kentsel düzenlemelerin vazgeçilmez unsuru olan kentsel donatı elemanları vasıtasıyla kurarız" ifadelerini kullanmıştır. Ünlü (2017: 91), kentsel imgeler ile ilgili "toplumsal yaşamla ilişkisel olarak şekillenen kentsel mekânın, kentlilerin belleğinde, fiziksel bir mekân olmanın ötesinde, yaşamın bir parçası olarak anlam taşıdığı ve hatırlandığını" açıklamıştır. Bu bağlamda düşünüldüğünde Şanlıurfa kent merkezinde yer alan imgelerin, hafıza mekânları olduğunu ve bireyin tutumunun, davranışının şekillenmesinde etkili olduğunu, bireye birer kimlik biçtiğini ve toplumu bir arada tutan bir yapıya sahip olduğunu söylemek mümkündür.

İmge, kentte yaşayanlar için önemli bir konumda yer almakta ve bireyleri bir araya getirmek gibi bir özelliğe sahiptir. İmge nerdeyse insanlar oradadır. Çünkü imge insanı kendine çeker. Bu yüzden imgenin çevresi zamanla çok kalabalık bir hal almaktadır. Kent planlaması yapıldığında imgelerin dikkate alınmasının sebebi budur. Çoğu katılımcı Balıklıgöl'ün bulunduğu bölgenin şehrin en kalabalık/yoğun yerlerinden biri olduğu görüşünü savunmaktadır. Bu yüzden birçok kentli, kent içinde yapılacak tüm planlamaların, yapıların ve kavşakların bu yoğunluk düşünülerek yapılması gerektiği görüşündedir.

Kent imgeleri kent tarihini ve kentin inanç yapısını bünyesinde barındıran mekânlar olarak karşımıza çıkmaktadır. Bundan dolayı inanç merkezleri kent ve kentli için önemlidir. Bumin'in (2016: 19) deyişiyle dinsel semboller, "kentlerin kuruluşunda her şeyden önce gelmektedir". Bu tespit birçok kent için geçerli olsa da Göbeklitepe açısından ele alırsak Göbeklitepe'nin bu tespit ile uyuşmadığı görülecektir. Tarihin sıfır noktası olarak bilinen bu bölgenin etrafında bir kentin kurulmamış olması, var olan kent kuramlarına ters düşmektedir. Kent merkezi her ne kadar başka bir dinsel alan (Balıklıgöl) etrafında şekillenmiş olsa da daha eski olan Göbeklitepe bölgesi etrafında kurulmaması düşündürücüdür. Göbeklitepe bölgesinin yakın zamanda fark edilmiş olması bu sürecin gerçekleşmesindeki engel olarak görülebilir ama bu durum, yaşanan toplumsal gelişmeler ve tarihi serüven arasında bir kopukluğun olduğu görüşünü desteklemektedir.

Kentin sahip olduğu imgeler, ekonomik açıdan ve tarihi özelliklerinden dolayı kent ve kentli için çok değerlidir. Bu açıdan bakıldığında Şanlıurfa'nın çevresindeki illere göre çok şanslı olduğu aşikârdır. Ne yazık ki bu durumun yerel halka yansıtılıp hem kentin hem de kentlinin sosyo-ekonomik kazanımlar elde edilmesi için değerlendirilmesi şu an için yetersizdir. Yakın zamanda gün yüzüne çıkan bu bölge başta sadece dini ve tarihi bir anlam taşımış olsa da Doğuş grubu tarafından restore edilmesi ve çevre düzenlenmesinin yapılması bu kentsel imgeye ekonomik bir anlam kazandırmıştır. 2019 yılının "Göbeklitepe Yılı" ilan edilmesi ve buna bağlı olarak iki milyona yakın yerli ve yabancı turistin burayı ziyaret etmesi bu durumu daha da belirgin hale getirmiştir. İmgenin ülkenin ekonomik gücünü elinde bulunduran bir şirket tarafından düzenlenmesi ve ülkenin en üst makamında yer alan biri tarafında önemle bahsedilmesi söz konusu kentsel imgenin hem ekonomik hem de siyasi bir özellik kazanmasına sebep olmuştur. Bir çayın 10 lira olması, girişlerin ise 35-40 lira gibi bir rakamla yapılması bu imgenin/mekânın ekonomik bir beklenti ile sunulduğunun göstergesidir. Bu durum katılımcıların üzerinde durduğu gibi kent imgelerinin sadece belli bir şirketi zenginleştirmek için kullanıldığı görüşünü desteklemektedir. Kısa erimli ekonomik gereklilik için kentsel imgelerin özel kuruluşlara teslim edilmesini ya da satışının gündeme gelmesinin tarihsel-kültürel imgeleri/değerlerin yok oluş sürecini hızlandıracağına dikkat çeken Kiper (2004: 15) ise bu duruma açıklık getirecek olan şu ifadeleri kullanmıştır: "daha fazla iç ve dış yatırımı kentlerine çekebilme telaşına kapılan belediye yönetimleri de toplumsal kimliğinden uzaklaştırılmakta, yerel kamu hizmetlerinin işletme mantığı ile gördürülmesi yaklaşımı izlenmektedir. Kente yönelik kararlarda ya da yatırımlarda kent, kentli yararı ya da kamu yararından çok ekonomik gereklilik ya da karlılık belirleyici olabilmektedir". Durum böyle olunca kentsel imgelerin toplumsal gerekliliklerinin geri planda bırakılıp ekonomik getirileri ön plana çıkarıldığı görülmektedir. Bu durum ise kentsel imgenin kentli tarafından benimsenmesine engel olmaktadır. Urfa'da yer almasına rağmen girişlerin pahalı ve gidebilecek doğru dürüst bir aracın olmamasından dolayı kentli tarafından çok fazla ziyaret edilmediğini aktaran katılımcılardan biri şunları söylemiştir:

> "Göbeklitepe Urfa'da olmasına rağmen gidemiyoruz. Hem çok uzak araç bulamıyoruz hem de çok pahalı. İlgimizi çekiyor ama gidemiyoruz. Örneğin beş kişilik bir misafiriniz gelse altından kalkamazsınız. Neden bu kadar pahalı onu da anlamış değilim, sanki devlet tohumuna para vermiş" (Balıklıgöl, Esnaf, 37).

Türkiye'de son dönemde yaşanan toplumsal gelişmelerde kent imgelerinin ön plana çıkması veya geri planda kalması üzerinde etkili olduğunu söylemek gerekir. Örnek olarak Şanlıurfa denilince ilk akla gelen imge Balıklıgöl iken, Göbeklitepe'nin ortaya çıkmasıyla birlikte bu sıfatın yavaş yavaş değiştiğini söylemek mümkündür. Özellikle yurtdışından gelen turistler için Göbeklitepe'nin önemli olması, imgenin tüm dünyada ön plana çıkmasını hızlandırmıştır. Kent tarihi ve kentin sahip olduğu imgelerin kentte yaşayanlara karşı farklı duygular uyandırdığını ve bundan dolayı bireyin davranışlarını etkilediğinin altını çizen görüşmecilerden biri bu noktada şunları kullanmıştır:

> "Bir kentin tarihini bilmek, ona nasıl davranmanız gerektiğini öğretir size, bunlar insanda o kente karşı başka duygular uyandırıyor. Kente karşı saygıyı artırıyor" (Genel, Mimar, 32).

Her kent sahip olduğu imgelere bir görünürlük kazandırmak zorundadır. Ancak bu şekilde imgeye karşı bir sahiplenme ve ilgi oluşmaktadır. Kent imgelerinin kentli tarafından takip edildiğini, bundan doyalı kentin görünür yerlerinde bunlara ait afiş, fotoğraf ve semboller görmek istediğini aktaran peyzaj mimarı katılımcı şu ifadeleri kullanmıştır:

> "Bir proje, bir park veya bir desen çalışması yaptığımızda sahip olduğumuz imgeleri dikkate almaya çalışıyoruz. Örneğin, Balıklıgöl ve çevresinde "Mevlâna Deseni" çalışmayız. Çünkü hem ruhuna aykırı hem de estetik durmaz. Halkımız kavşakta, göbekte, orta refüjde, durakta kısacası her yerde kendilerine ait olan mekânlarının tanıtımını yapmamızı ister. Beklenti içine giriyorlar. Bir de buna dikkat etmeye çalışıyoruz" (Genel, 32, Mimar).

Her kent, içinde barındırmış olduğu göstergelerden dolayı farklı kimliksel özellikler taşımaktadır. İslam kenti de gerek mimarisi gerek de kentlinin yaşam şeklinden dolayı birçok kentten ayrılmaktadır. Aslanoğlu, Lapidus'un etkisinde İslam kentlerini beş mekânsal yapı üzerinden tarif etmiştir. Aslanoğlu'na (1998: 52) göre İslam kenti beş temel kentsel imge üzerinde açıklanmaktadır. Bunlar; "kale, saray ve üst kademe yöneticilerinin oluşturduğu, yönetim işlevinin sürdürüldüğü yönetici merkez, Cuma camisi, hanlar, bedestenler ve açık pazar yerlerinin oluşturduğu kent merkezi, mahalleler ve dış mahallelerdir". Yapılan bu tanımlama/betimleme Şanlıurfa'nın da tipik bir İslam kenti özelliği taşıdığını göstermektedir. Bu durum Şanlıurfa'da konak, cami, han, çarşı gibi kentsel imgelerin ön plana çıkmasını beraberinde getirmiştir.

Bireyin kimliğinin oluşmasında imgenin önemli bir rolü vardır. Aynı zamanda her kentsel imge de onu kullanan bireylerin sahip olduğu kimlik doğrultusunda şekillenebilmektedir. Çoğu katılımcıya göre de Şanlıurfa'da yer alan imgelerin onları kullananların kimlikleri üzerinden okunabildikleri üzerinde durmaktadır. Topçu Meydanı, Gümrükhanı ve tarihi çarşıların bu şekilde bir profile sahip olması; katılımcıları tarafından bireyin mekânı değiştirdiği şeklinde yorumlanmıştır. Sıra gecesi ve tarihi evler gibi imgelerin ise kentlinin kişiliğinin oluşmasında belirleyici olmasından dolayı da imgenin bireyi değiştirdiği şeklinde açıklanmıştır.

2.1.1. Mahiyetten Kopuş Moderniteye Geçiş

Göz, görünenin ötesinde var olan anlamları da görme özelliğine sahiptir. Tıpkı Calvino'nun (2014: 65) dediği gibi "göz, şeyleri görmez, başka şeylerin anlamını yüklenmiş, şeylere ait şekiller görür". Kentlerin farklı noktalarında sıkça karşılaştığımız imgeler de gözün görmediği şeyleri kendi içinde barındırmaktadır. Görünen her kentsel imge aslında hitap ettiği kesime bir şeyler ifade etmektedir. Lefebvre'nin (2015: 60) de üzerinde durduğu gibi agoralar; "kadınları, köleleri, yabancıları dışlayan, yurttaşlarla sınırlı bir demokrasinin yeri ve sembolü" şeklinde okunurken anıtlar da bireyin zihninde kahramanlığa denk gelebilmektedir. Ya da kent içindeki tarihi bir konak, bazı kentlilere anıları, yaşanmışlıkları hatırlatırken bazı kentlilere restore edilip butik otele dönüştürecek ticari bir mekân olarak görünebilmektedir.

Geçmişten günümüze hem İslam toplumları için hem de Şanlıurfa için cami imgesi, merkezi bir konumda yer almaktadır. Yaşanan kentleşmeye bağlı olarak kent içinde camiden bir kopuşun olduğunu söylemek yerinde olacaktır. Çoğu kent için "mabetsiz kent" nitelemelerinin yapılması kent, kentleşme ve cami arasındaki bağı özetlemektedir. Eski Urfa olarak adlandırılan bölgede çok sayıda tarihi caminin olması, yeni yerleşim yerlerinde ise cami sayısının az olması camiden kopuşun olduğu görüşünü desteklemektedir. Oysaki eski dönemlere bakıldığında İslam toplumlarının cami merkezli kentler inşa ettikleri görülürken zaman içinde bu durumun değiştiği gözlemlenmektedir.

Camiler, ibadet merkezi olmalarının yanında huzur bulma, dinlenme ve öğrenme mekânlarıdır. Bu yönüyle camiler önemli sosyalleşme alanı olarak nitelendirilmektedir. Şanlıurfa'daki Ulu Camiye baktığımızda, ibadet eden veya etmeyen herkesin bahçesinde oturup huzur bulduğu, o ortamın manevi havasını teneffüs ettiği bir mekân/imge olarak karşımıza çıkmaktadır. Bu nedenle söz konusu bu kentsel imge hem kent için hem de kentli için önemlidir.

Türkiye'de çoğu kent için camiler, kent kimliğini yansıtan ya da kente bir kimlik kazandıran imgelerin başında gelmektedir. Örneğin; Sultan Ahmet Camisi İstanbul'u, Selimiye Cami Edirne'yi veya Dört Minareli Cami Diyarbakır'ı temsil etmektedir. Bu doğrultuda bakıldığında Şanlıurfa Ulu Camisi de Şanlıurfa'yı temsil etmekte ve kente bir kimlik kazandırmaktadır. Camilerin bu özelliğe sahip olması hem kentli hem de dönemin siyasi iktidarı için önemli olmasını sağlamaktadır.

Resim-1: Şanlıurfa Ulu Caminin Eski Görünümü

Kaynak: Cevher İlhan Arşivi

Camiler, şüphesiz ki sadece ibadet edilen yer olmalarının ötesinde sosyalleşmenin de mekânı olarak görülmektedir. Özellikle bu mekânlar, cemaat hissinin oluşmasında ve din temelli bir kimliğin inşasında etkilidir. Geçmiş dönemlerde olduğu gibi günümüzde de camiler, iktidarın birer sembolü işlevi görmektedir. Özellikle 20. yüzyılda savaş sonrası dönemde bu durumun daha belirgin olduğunu savunan Batuman'a (2019a: 31) göre camiler, "post kolonyal İslam dünyasında ulusal bir sembol olarak öne çıkmış; ulusu temsil eden ve ulus tanımında dinin yerini somutlaştıran önemli bir araç haline gelmiştir". Bunun yanında cami, oluşan/oluşturulmak istenen yeni ulusal kimliğin uluslararası bir fonksiyon kazanmasında kullanılan mimari araçların başında gelmektedir. Muhafazakâr toplumlarda bu durum daha belirgindir. Tüm bunlardan yola çıkarak son dönemlerde inşa edilen camilerin, politik, ideolojik bir hal aldığını ve ulusal kimliğin birer sembolü olma yolunda hızla ilerlediğini söylemek mümkündür.

Resim-2: Şanlıurfa Ulu Caminin Yeni Görünümü

Kaynak: Yasin Küçük Arşivi

Görüldüğü gibi kentin en yüksek noktalarından biri olan Ulu Cami minaresine 'saat kulesi' işlevi kazandırılması, modern bir gösterge halini alması, inşa edilmek istenen toplum yapısı hakkında ipucu vermektedir. İmgeye yapılan bu müdahale ise imgenin anlam değiştirdiğini göstermektedir.

Türkiye'de cami mimarisi, laik düşüncenin yoğun baskısı nedeniyle uzun süreden beri siyasal bir anlam taşımaktadır. Bazı dönemlerde cami imgesi çoğu zaman siyasi bir araç olarak da işlev görmüştür. Bu yüzden özellikle mevcut iktidarın kent siyasetine önem vererek camileri daha işlevsel hale getirdiği bundan dolayı daha görünür noktalarda çok sayıda cami inşa ettiği görülmektedir. Bu doğrultuda birçok kentte modern ve yüksek kapasiteli camilerin sayısı hızla artmıştır. Camiler, İslami bir kimliğin inşa edilmesinde ve özne oluşturulmasında dikkat çeken unsurlardan biridir. Aynı zamanda muhafazakâr bir ideolojinin temel bir göstergesidir. Neredeyse birçok büyükşehirde karşılaşılan "modern cami" inşası, Şanlıurfa'da da karşımıza çıkmaktadır.

Resim-3: On Bir Nisan Camii

Kaynak: Şanlıurfa Büyükşehir Belediyesi Arşivi.

Kent merkezinde son dönemde inşa edilen yeni ve gösterişli camiler, her ne kadar göze hitap etse de çoğu katılımcı tarafından "ruhsuz yapılar" olarak nitelendirilmiştir. Yakın zamanda ibadete açılan On Bir Nisan Camisinin bir alışveriş merkezinde inşa edilmesi ve modern yapısı ile dikkat çekmesi, imgenin bu şekilde yorumlanmasına zemin hazırlamıştır. Aynı zamanda küresel sermayenin mekânlarından olan alışveriş merkezi ile yan yana olması, caminin maneviyatına zarar verdiği görüşleri paylaşılmıştır. Caminin bahçesi ile alışveriş merkezinin bir üst geçit ile bağlanması, yapılan tüm yorumları destekler niteliktedir.

Tarihi camilerin inşa edildiği döneme ait yapı ve tekniklerle inşa edilmesi onları özel kılarken bu camilerin eskiyi taklit etmenin ötesine geçemedikleri görülmektedir. Her dönemin kendine ait bir mimari anlayışının olduğunu, bunun gözetilmediği takdirde yapılan hiçbir yapının rağbet görmeyeceğinin ve bu camileri mimari özentinin bir ürününden başka bir şey ifade etmediğinin altını çizen katılımcılardan biri şu ifadeleri kullanmıştır:

> "Tüm kentlerde yapılan camiler aynı tarzda ve aynı malzeme ile yapılıyor. Her bölgenin kendine ait bir malzemesi var,oysaki bunların kullanılması gerekir diye düşünüyorum. Örneğin; Şanlıurfa'nın beyaz kireç taşı, Diyarbakır'ın ise siyah bazalt taşı var. Bunların kullanılması gerekiyor. Anca bunlar yapılırsa o yapıya bir aidiyet bir maneviyat kazandırılır. Diğer türlü kentli için herhangi bir camide farklı olmaz" (Genel, Mimar, 32).

Her ne kadar dini bir imge işlevi görse de camiyi de kamusal bir mekân olarak görmek mümkündür. Kent tasarımlarının çoğunlukla camiye göre yapılması, Balıklıgöl örneğinden yola çıkarsak lüks otellerin ve gösterişli tüketim mekânlarının Şanlıurfa imgelerinin olduğu bölgenin/caminin yakınlarında yoğunlaşması, camilerinde kamusal bir imge özelliği taşıdığını göstermektedir. Balıklıgöl ve çevresinde yer alan camilere bakıldığında Neo-Osmanlı cami mimarisiyle inşa edildiği görülmektedir. Bu durum söz konusu bölgede yer alan camilerin Batuman'ın da dediği gibi "kime ait olmak, hangi kimliği taşımak" istediğimizi açıklamaktadır.

Öte yandan camiler, dini bir imge ve dindar bireyler tarafından hemen görülüp, ibadet edilip dua edilen bir yapı şeklinde karşılık bulurken diğerleri için aynı anlamlar taşımayabilmektedir. Yeni yapılan camilerin/yapıların daha çok göze hitap ettiğini, parayı ve gücü simgelediğini bu yüzden ferahlatan bir yönlerinin olmadığını dile getiren kentliler, son dönemde inşa edilen camilerin daha çok paranın gücü ile inşa edildiğini bu yüzden kentlilerin kendilerine ait bir mekân olarak hissetmediklerini savunmaktadır.

Her yapının her mekânın bir madde tarafı bir de mana tarafı mevcuttur. İnsana tüm hissiyatı veren de şüphesiz yapının mana tarafıdır. Daha ihtişamlı, daha güzel ve lüks camilerin inşa edilmesine rağmen manevi cazibe merkezi olamamaları, bünyesinde mananın yetersiz olmasından kaynaklanmaktadır. Çoğu katılımcı, bu durumu manadan kopuş olarak yorumlamaktadır. İmam olmasına rağmen son dönemde yapılan camilerde kıldırdığı namaz ile tarihi bir camide kıldırdığı namazın hissiyat olarak farklı olmasından ve yeni camilerin mahiyetten çok modern olması ile ön plana çıktığından yakınan katılımcılardan biri bu noktada şunları söylemiştir:

> "Çünkü eski camiler inşa edilirken abdestsiz bir tuğla bile indirilmiyordu. İnşasında helal-haram hassasiyetine son derece itina gösteriliyordu. Bu hassasiyetler ortadan kalkınca, kimse de taşa, betona, harcın iyiliğine, yalıtımına gelmiyor, onu camiye çekemiyorsun. Böyle olunca göz maddede kalıyor, geliyor adam ha çok güzel olmuş diyor ve ondan sonra da bir daha gelmiyor. Çünkü insanı yetiştiren bir yanı yok. Ama Ulu Cami öyle değil, çevrede bir

sürü cami olmasına rağmen burada ki ruhaniyet diğer camilerde bulunmuyor" (Ulucami, İmam, 30).

Camiler neredeyse her dönem iktidarın şekillendirmek istediği ya da inşa etmek istediği toplum yapısını oluşturmak için birer araç olarak görülmektedir. Bazı dönemlerde camiler, devleti yönetenler tarafında "ihtiyaç fazlası" gerekçesiyle kapatılırken veya farklı amaçlar (ahır, depo, samanlık) doğrultusunda kullanılırken bazı dönemlerde ise iktidarın birer sembolü olmuşlardır. Bu durum ise birçok katılımcı tarafından camilerin ruhuna aykırı olduğu düşüncesiyle hoş karşılanmamıştır. Camilerin, siyasetin elinde birer maşa ya da siyasilerin daha fazla oy toplamak için kullandıkları bir araç olmaması gerektiğinin altını çizen katılımcılardan biri şu ifadeleri kullanmıştır:

> "Cami dediğin mütevazı olmalı; lüks halılar, aşırı süslemeler ile kul ve yaratan arasına girilmemeli. Devleti yönetenler, sırf cami yapmak için de yapmamalı. Bir ruhla bir nama ile camiler inşa etmeliler. Ama son zamanlarda buna çok fazla dikkat edildiğini düşünmüyorum" (Ulu Cami, memur, 45)

Türkiye'de gerek eski dönemde gerekse son dönem içinde inşa edilen kentler için cami, önemsenen imgelerin başında yer almaktadır. Özellikle "Ulu Cami"ler birçok kentin en dikkat çeken, en çok bilinen kentsel dini imge konumundadır. Birçok kentte olduğu gibi Şanlıurfa'da yer alan Ulu Cami de diğer camiler gibi her dönem korunmuştur. Kentin merkezi bir konumda yer alması da kent için önemini göstermektedir.

Katılımcılar, yeni inşa edilen camilere kıyasla Ulu Caminin bireyin gözünden çok ruhuna hitap ettiğini, bu yüzden bu camilere gelenlerin ferahladığını, huzur bulduğunu dile getirmiştir. Bu nedenle katılımcıların çoğu, bu mekânın ölüsünün de dirisinin de kent için önemli olduğu söylemiştir. Tarihi mekânların şüphesiz bireyin ruhuna hitap ettiğini söylemek yerinde olacaktır. Bu yüzden bu tür mekânları kullanan bireyin kimliğinin şekillenmesinde bu mekânların rolü büyüktür. Yaşlı bireylerin Ulu Camiye gelmeleri ile bireyin kişiliği arasında bir ilişki olduğunu, bunu ise caminin inşasındaki samimiyete bağlayan katılımcılardan biri şunları söylemiştir:

> "Yaşlıların halen Ulu Camiyi özellikle tercih etmesinin iki sebebi var bence. Birincisi; cansız gibi görünen maddeye/yapıya halin sirayet etmesi, yani eski yapılar hepimiz için aynı şeyi ifade eder. Gittiğimizde bir rahatlama, bir ferahlama hissederiz. Diğer sebebi ise tüm şehirlerde olduğu gibi Cuma namazının şehrin en büyük camisi olan yani Cami-ül Kebir'de kılınıyor olmasıdır" (Ulu Cami, emekli, 65).

Görüldüğü gibi bazı kent imgeleri kentliye estetik ve zevk vermenin yanında huzur veren bir yanının da olduğu açıktır. Çoğu katılımcının imgenin bu yönüne dikkat çekmesi Lynch'ın (2016) "imgenin insanın ruh ve beden sağlığı için önemli olduğunun" tespitini desteklemektedir. Bu durum tarihi camilerde ya da dini imgelerde daha hissedilir olmaktadır.

Ulu Caminin kent için önemli bir konumda olmasının bir diğer nedeni ise kentin bu mekâna göre planlanmasıdır. Geleneksel kent planlamalarının camiye göre planlanmasının bir örneğini de Şanlıurfa'da görmek mümkündür. Caminin alt kısmında (güney) eski Urfa denilen alan yer alırken üst kısmında (kuzey) yeni yerleşim alanı yer almaktadır. Caminin çok geniş bir alana sahip olması, kent için önemli bir imge olduğunu göstermektedir. Kentin yerli halkının ve özellikle yaşlı bireylerin Cuma Namazlarını bu camide kılmaya özen göstermeleri, caminin kentli için de önemsendiği görüşünü desteklemektedir.

Son dönemde inşa edilen camilere bakıldığında siyasetin yanında ticaretin de dini mekânlara dâhil edilmeye çalışıldığı görülmektedir. İstanbul ve Ankara gibi büyükşehirlerde çok sayıda örneği olan "üstü cami, altı market" sistemine benzer bir durum Şanlıurfa'da karşımıza çıkmaktadır. Kentin en modern/gösterişli cami ve külliyesinin, yeni inşa edilen bir AVM'nin yanı başında olması, benzer bir durumun olduğunu göstermektedir. Alışveriş merkezinin üst katından cami avlusuna direk üst geçidin yapılması küresel sermaye mekânı ve İslami mekânlar arasında bir bağlantının olduğu görüşünü gözlemleme fırsatı sunmaktadır.

Camiler kentin ve kentlinin kimliğini yansıtan öğelerin başında yer almaktadır. Özellikle 'Ulu Camiler' kent tarihini açıklaması noktasında önem taşımaktadır. Çoğu tarihi kentte Ulu Camilerin var olması benzerlik gösterse de mimarisi ve inşa edildiği konum noktasında önemli bir yere sahiptir. Mimari yapılarına bakıldığında çoğu Ulu Caminin (Bursa Ulu Cami, Diyarbakır Ulu Cami, Siverek Ulu Cami ve diğerleri) yatay bir mimari anlayışla inşa edildiği görülmektedir. Bu mimari stil, inşa edildiği dönemdeki mütevazı yönetim anlayışını göstermesi açısından dikkat çekicidir. Osmanlı Dönemi ve yakın dönemde yapılan camilerin mimari anlamda Ulu Camilerden ayrılması toplum yapısının ve iktidarların camiye ve imgeye bakışının farklılaştığını göstermektedir.

2.1.2. Siyasetin Kamusal Alanı: Topçu Meydanı

Siyaset ile kent kavramı birbirini besleyen aynı zamanda da etkileyen iki kavram olarak öne çıkmaktadır. Her siyasi düşünce veya ideoloji, felsefesini benimsetmek ya da devam ettirmek için kente ve kentsel alana ihtiyaç duymaktadır. Bu ihtiyaç ise çoğu zaman kente müdahale veya kentte yeni alanların/imgelerin oluşması ile sonuçlanmaktadır. Kentte yapılan bu müdahale ise kamu binaları, meydanlar, anıtlar gibi imgeler aracılığıyla görünürlük kazanmaktadır.

Kente bir kimlik kazandıran, kentin siyasi ve ideolojik dönüşümünü en iyi yansıtan ve çok yönlü kullanım özelliği taşıyan imgelerin başında ise meydanlar yer almaktadır. Çünkü meydan, insanların kullandığı ilk kamusal mekânlardan biri olma özelliğine sahip olup tarihsel süreçte üstlendikleri farklı işlevlerle kentsel yaşamın önemli bir parçası konumundadır. Öte yandan meydanlar, kentsel dokuda odak noktalarını tanımlamalarının yanında toplanma işlevini de içermektedir. Bu yüzden Taşçı'nın (2012: 75) deyişiyle meydanlar, "şehirde yaşayan nüfusun ve şehri geçici bir süre için ziyaret eden kişilerin birbirleriyle ve paylaştıkları şehir ile ilişki kurmasını sağlamaktadır". Kent meydanlarının kentliler tarafından en iyi etkileşim alanı olarak kullanıldığını dile getiren Erdoğan ve Aytaç (2015) ise meydanların başarılı bir kamusal mekân olduğunu ve kentsel kimliğin en iyi kavrandığı yer özelliği taşıdığını dile getirmiştir.

Çoğu kentte olduğu gibi Şanlıurfa'da da karşımıza çıkan meydan, aslında politik olanın meşrulaştığı bir alan özelliği taşımaktadır. Her politik düşünce politik bir topluluk oluşturmak amacıyla her daim imgesel değeri yüksek olan bir meydana ihtiyaç duymaktadır. Çünkü siyaset ancak meydan aracılığıyla kentte görünürlük kazanmaktadır. Siyasi aktörlerin sıkça kullandığı meydan imgesi, hem siyasi aktörler hem de siyasi düşünceler için her zaman önemlidir. Bu yüzden her siyasi dönemde değişime uğraması, daha fazla alan eklenerek genişletilmesi ve sürekli isminin değişmesi şaşırılacak bir durum değildir. Yani ülkenin siyasi dönüşümünü meydan üzerinden okumak ve görmek mümkündür. Meydanların kamu çıkarından ziyade siyasetçilerin çıkarına hizmet eden mekânların başında olduğunu savunan katılımcılardan biri bu konuda şunları söylemiştir:

> "Bana göre meydana sadece kent imgesi ya da bir alan olarak bakmak yetersizdir. Çünkü burası siyasi bir değiş-tokuş alanıdır.

Siyasiler gelip ne istiyorsa millete buradan iletir. Millet de istenilene meydanda karşılık verir" (Genel, Mimar, 38).

Eski tarihlerden beri sürekli sol düşünce ile özdeşleştirilen mekânların başında yer alan meydanlar günümüzde tüm siyasi düşünceler tarafından sıkça kullanılmaktadır. Meydan imgesinin durağanlığa karşılık geldiğinden dolayı Avrupa kentlerinde olduğu gibi İslam kentlerinde inşa edilmediğini savunan Taşçı'nın (2012) bu noktada yanıldığını söylemek mümkündür. Türkiye'de İslami kent olma özelliği taşıyan kentlerin başında gelen Şanlıurfa'da birden fazla meydanın bulunması söz konusu ifade ile çelişmektedir. Çünkü günümüz kentlerinin neredeyse tamamında meydan, önemli bir konuma sahip olup siyasi iktidar tarafından önemsenen bir konumdadır. Bu doğrultuda özellikle seçim mitinglerine alan açmak amacıyla birçok il ve ilçede meydanlara geniş bir kentsel alan ayrılmış durumdadır. Özellikle son dönemde yaşanan toplumsal ve siyasal gelişmeler meydanların kent, kentli ve kenti yönetenler için ne kadar önemli olduğunu göstermiştir. Seçim öncesi siyasilerin miting yapma alanı olan meydanların yeri geldiğinde farklı amaçlar doğrultusunda da kullanıldığı görülmektedir. Yakın zamanda yaşanan 15 Temmuz darbe girişimi sonrasında uzun bir süre meydanlar, halkın, devleti ve halk iradesini koruyacakları bir mekân işlevi görmüştür. Bunun yanında meydanların gösteri, eylem, sergi, tiyatro gösterileri ve konser gibi kültürel etkinliklerin de mekânı olduğunu söylemek mümkündür. Aynı zamanda gündelik yaşam pratiklerinin uygulandığı alanlar olarak da karşımıza çıkmaktadır. Meydanların, siyasi, kültürel ve sosyal fonksiyonlara sahip olması, birçok kentte olduğu gibi Şanlıurfa'daki meydanlar için de geçerlidir. Meydanın siyasiler için önemli olduğuna dikkat çeken katılımcılardan biri şunları dile getirmiştir:

"Siyasilerin milleti ikna etmek için milletle konuşmaya ihtiyacı vardır. Çünkü milleti ikna etmek için millete görünmek ve millet ile karşılıklı konuşmak yeterlidir. Bizim meydanlar da tam da buna hizmet etmektedir. Siyasiler gelir meydanda milletle buluşur ve ikna eder gider. Başka türlü bize zor gibi. Her yere meydan yapmalarının sebebi de budur aslında" (Genel, Mimar, 38).

Resim-4: Şanlıurfa Topçu (Rabia) Meydanı

Kaynak: Şanlıurfa Büyükşehir Belediyesi Arşivi.

Fotoğrafta da anlaşılacağı üzere meydan kentin en dikkat çeken mekânlarından biridir. Topçu Meydanda kullanılan mekânsal semboller, tercih edilen mimari ve kullanılan göstergelere Şanlıurfa kent ve kentli kimliği hakkında bilgi vermektedir.

Meydanların kentlerin gelişim ve belli bir forma ulaşma sürecinde en önemli kentsel biçimlerden olduğunu savunan Güner (2015: 16) ise bir kentin önemli imgelerinden olan meydanlarla ilgili "günümüz koşullarında, kentsel dokular içinde, geçmişten günümüze gelerek, yeni ya da eski fonksiyonlarıyla yenilenerek kullanılan meydanlar olduğu gibi, çağdaş toplum gereksinimlerine uygun olarak, yeni vizyon ve senaryolarla tasarlanan meydanlar da vardır. Bu meydanlar da farklı biçimsel, simgesel ve işlevsel özelliklerle kentsel dokular içinde yerlerini alırlar" ifadeleri kullanmıştır. Meydanların daha çok mekanik bir yaşamı temsil ettiğini bunun yanında kentin kültürel dokusunu yansıtan öğelerin başında geldiğini aktaran Çulcuoğlu (1995: 19), meydanların "bulundukları mekânın büyüklüğü, ya da gösterişliliği, formel ya da enformel olması, sunduğu kullanım imkânlarına göre oluşturulduğu dönemdeki kültürü en iyi şekilde" yansıttığını açıklamıştır.

Meydan imgesi siyasi fonksiyonun yanında kentlilerin toplanma ve sosyalleşme alanı olarak da betimlenmektedir. Bu yüzden meydan imgesi, kentin çekirdeğini oluşturmakta, kente ve kentliye kimlik kazandıran mekânların başında yer almaktadır. Meydanların kentin faaliyet merkezleri olduğunu bu yüzden de kent için birer sembol özelliği taşıdığını vurgulayan Lynch, meydanları kentin "nüve"si olarak tanımlamaktadır. Katılımcıların çoğu bir yer, bir mekân hissi vermeyen, kentsel bir boşluktan öte anlamlar taşımayan alanlara meydan demenin yanlış olduğu konusunda hemfikirdir. Katılımcılar, meydan denilen alanın hem kent için hem de kentli için bir anlam taşıması, bir manayı barındırması gerektiği savunmaktadır. Bu doğrultuda Taşçı (2012: 73) da meydanların "insanların sahipleneceği ve kentsel sosyal dönüşüme ve kimlik oluşturulmasına katkı sağlamak için orada yaşayan bireylere bir şeyler sunabilecek" bir mekân olması gerektiği üzerinde durmuştur.

Meydanın isminde yapılan değişiklik, söz konusu bu imgenin şiddetli bir ideolojik savaşın tanığı olduğunu göstermektedir. Aşırı siyasi bir imge haline gelen meydan, ideolojinin kendini yeniden üretebileceği bir mekân özelliği taşımaktadır. Bu yüzden meydanın tüm iktidarlar için önemli olduğunu savunan katılımcılar, özellikle meydan isimin değiştirilmesinin siyaset ile doğrudan alakalı olduğunu dile getirmiştir. Türkiye'deki büyük küçük tüm kentlerde yer alan ve sayılarının ve kapladıkları alanın her geçen gün arttığına dikkat çeken Sarıoğlu (2017:131) için de meydanlar, "Cumhuriyet mimarisinde kurucu bir mekân özelliği taşımaktadır. Korku ile itaatin, zor ile hegemonyanın temsil alanı" özelliği taşımaktadır. Siyasileşmesi, sürekli değişime uğraması, ideolojik şekillerle donatılması ve isimlerine müdahale edilmesi de bu yüzdendir. Çünkü isimler, semboller, düzenlemeler hem zoru hem de hegemonyayı temsil etmek için kullanılmaktadır. Meydanın ismine, tarihine ve yapısına dikkat edilmeden yöneticiler tarafından istenildiği şekilde değiştirildiğine dikkat çeken katılımcılar, her mekânın sahip olduğu isminin yaşanmış bir olay üzerinden kazandığını, bunun ise siyasi bir amaç doğrultusunda değiştirilmemesi gerektiği üzerinde durmuştur. Aynı şekilde meydanın, kendisini meydana getiren hayat şeklini ya da siyasal talebi yansıttığı üzerinde duran Taşçı (2012:71) da "her kentsel form onu ortaya çıkartan sosyolojik, kültürel ve diğer faktörlerin biçimlendirmesiyle oluşmakta olduğu gibi meydan da bulunduğu yere göre bu etkiler altında oluşur" ifadelerini kullanmıştır. Bu durumdan yola çıkarak Şanlıurfa kent meydanı olarak adlandırılan Topçu Meydanı'nı da siyasetin ve kültürel faktörlerin etkisi altında kaldığını söylemek yanlış olmayacaktır. Özellikle meydan isminin değiştirilmesi siyasetin meydan üzerindeki etkisini özetlemekte ve Topçu Meydanının siyasetin bir kamusal alanı olduğunu göstermektedir. Aynı zamanda meydanın hem siyasetin müdahale alanı hem de taşıyıcısı konumunda olduğu söylemek yerinde olacaktır.

Şanlıurfa kent merkezinde yer alan ve kentin algılanmasında, bir kimlik kazanmasında rol oynayan ve kentin nirengi noktaları arasında yer alan, adliye ve nüfus müdürlüğü hizmet binalarının yıkılması sonucu genişletilen "Topçu Meydanı" ismi, 2014 yılında Şanlıurfa Büyükşehir Belediyesi tarafından alınan karar ile "Rabia Meydanı" olarak değiştirilmiştir. Kentli nezdinde kabul görmeyen, tepkilere rağmen ismi değiştirilen meydanın eski isminin verilmesi yönünde Sivil Toplum Kuruluşları tarafından çalışmalar yapılmıştır. Şanlıurfa Büyükşehir Belediye Meclisine dilekçe yazan sivil toplum kuruluşları, bu anlamda girişimlerde bulunmuştur. 29 Ekim 2019 tarihinde sunulan dilekçede, "Büyükşehir Belediye Meclisinin 13.05.2014 tarih ve 33 nolu kararı ile ismi değiştirilen Topçu Meydanının, Urfa'nın kurtuluş mücadelesini çağrıştıran kent hafızasının ve kültürümüzün çok önemli bir parçası olduğu ilimizde yaşayan tüm insanlarımızın kabul ettiği bir gerçektir. Rabia adına ve temsil ettiği değerlere karşı olmamakla beraber 'Rabia' adının yeni yapılacak ve isim karışıklığına neden olmayacak başka bir meydana/alana verilmesini daha doğru bulmaktayız" ifadelerine yer verilmiştir. Yapılışı, yenileme çalışmaları ve isim değişikliği ile sürekli eleştiri konusu olan meydan ile ilgili Büyükşehir Belediye Başkanı Zeynel Abidin Beyazgül, "Topçu Meydanı'nın isminin iadesiyle ilgili konunun önümüzdeki günlerde yapılacak olan ilk Şanlıurfa Büyükşehir Belediyesi Meclis Toplantısında gündeme getirileceğini ifade etmiştir. Meydanın ismi yeniden Topçu Meydanı olarak teklif edilecek olup 'Rabia' ismi, yapılacak olan yeni bir meydana verilecektir" şeklinde konuşmuştur.

Yaşanan bu gelişmeler kent imgeleri üzerinde siyasi erkin ve kentsel iktidarın müdahalesinin olduğunu özetlemektedir. Topçu Meydanı isminin tarihsel bir anlam taşımasına, kent ve kentli hafızasından bir yaşanmışlığa karşılık gelmesine rağmen siyasi bir reaksiyon ile isminin değiştirilmesi kentli tarafından onaylanmamıştır.

Siyasi gelişmelerin sonucu olarak karşımıza çıkan kitlesel göçün de kentlerin ve kentsel imgelerin şekillenmesinde etkili olduğu görülmektedir. Şanlıurfa için önemli olan meydan imgesinin değişimi üzerinde de etkili olan bir diğer etkenin göç olgusu olduğu ortadadır. Siyasilerin almış oldukları kararlar doğrultusunda kente göç eden göçmenlerin özellikle meydan imgesi üzerindeki etkisi katılımcılar tarafından şüphe ile karşılanmaktadır. Çünkü söz konusu bu meydan katılımcıların deyişiyle eskisi kadar güvenli değildir. Bu durum ise hem bu imgenin hem de Şanlıurfa'nın kimliğine zarar vermektedir.

Suriyeli göçmenlerin yoğun yaşadığı Bahçelievler semtinin merkezi konumunda yer alan meydan, katılımcıların deyişiyle göçmenlerin toplanma, eğlenme, boş vakit geçirme, tanışma ve örgütlenme mekânı olarak işlev görmektedir. Özellikle sosyal medya üzerinden tanışan göçmenlerin flört alanı olarak göze çarpmaktadır. Bundan dolayı yerli halk nezdinde meydanın ismi "Suriyeli Meydanı" olarak yer edinmiştir. İnternet bağlantısı üzerinden çok fazla Suriyeli Meydanı olarak konum bildiriminin yapılması ve etiketlemenin bu isim ile yapılması, Google Maps (Google Haritalar) üzerinden Suriyeli Meydanı olarak arama yapıldığında sonuç olarak Topçu Meydanı'nın çıkmasına sebep olmuştur. Bunun dışında özellikle Halep bölgesinden gelen göçmenlerin Topçu Meydanı'nı Halep'te bulunan "Sadullah El Cabiri Meydanı" ile benzerlik göstermesi, bu meydanın göçmenler arasında ise "Halep Meydanı" olarak adlandırılmasına sebep olmuştur. Tüm bunlar meydan gibi önemli bir kent imgesinin yaşanan sosyal olaylardan ne kadar etkilendiğini ve aynı zamanda hem resmi hem de gayri resmi adlandırılması noktasında ne derece değişime maruz kaldığını göstermektedir.

2.1.3. Vitrindeki İmge: Çarşı ve Pazarlar

Birçok İslam kentinde olduğu gibi Şanlıurfa'da da önemli bir diğer kentsel imge pazarlar/çarşılardır. Koyuncu'nun (2019: 97) İslam kentleri için yapmış olduğu "İslam kentinin üçayağından birisi olan pazarın yapısı hemen hemen tüm İslam kentlerinde aynıdır. Aynı malların üreticileri, imalatçıları ve satıcıları birbirine yakın yere yerleşmiştir" tespiti, Şanlıurfa için de geçerlidir. Şanlıurfa'da da tarihi çarşı içerisinde gündelik yaşamda kullanılan giysilerin satışının yapıldığı yer ile halı, kilim, yorgan gibi ev ürünlerinin üretilip satıldığı yerlerin birbirinden ayrıldığı görülmektedir. Bunun yanında çarşının camiye yakın kısmında daha çok sahaflar, ciltçiler ve kitapçılar yer alırken deri ve ayakkabı üreticileri ise daha uzak bir noktada konumlanmıştır. Kendi içinde kapalı çarşı görüntüsü sunan bu mekânlar, kendine has sosyal, kültürel ve ekonomik özellikler taşımaktır. Sahip olduğu bu özelliklerinden dolayı son dönem inşa edilen çarşı/pazar veya alışveriş merkezlerinden ayrılmaktadır. Usta-çırak ilişkisi ile üretimin yapıldığı bu mekânlar, uzun bir süre Şanlıurfa'nın ticaretinin kalbinin attığı ve kentin vitrini olarak nitelendirilen mekânlar olarak nitelendirilmiştir.

Katılımcıların da üzerinde durduğu gibi yaşanan toplumsal gelişmeler, yaşam şeklinin ve tüketim alışkanlıklarının değişmesi, çarşıların da zaman içinde önemini kaybetmesine sebep olmuştur. Eskiden ticari anlamda kentin vitrin işlevini gören bu imge, şu an için bu fonksiyonunu kaybetmiş ve sadece gezilecek yer olma özelliği kazanmıştır. Bunun yanında ustaların yetiştirecek çırak bulamaması ve küresel ekonomiye karşı direnç gösterememesi bu mekânların kent ve kentli için taşıdığı anlamdan uzaklaşmasına sebep olmuştur. Katılımcıların çoğu yeni neslin eskisi gibi söz konusu bu çarşılarda satılan, dikelen ürünlere rağbet göstermediğinden yakınmaktadır. El dokuması halı yapan katılımcılardan biri şunları ifade etmiştir:

> "Dokuduğumuz halı ve kilimler bazen haftalarca alıcı bulamıyor. Çoğumuz günde bir halı ya satar ya satmayız. Eskiden çarşıda adım atacak yer bulamazdınız. Şimdi öyle değil. Bizim yaptığımız ürünler eskisi gibi evin içinde kendisine yer bulamıyor. Çoğu insan sadece hediyelik eşya veya otantik bir eşya niyetiyle gelip alıyor"(Tarih Çarşı, Esnaf, 64).

Resim-5 ve 6: Tarihi Şanlıurfa Çarşıları

Kaynak: Cevher İlhan Arşivi

Hem küresel hem de yerel anlamda değişen ekonomik konjonktür birçok alanı etkilediği gibi tarihi çarşıları da değişime sürüklemiştir. Çoğu çarşı esnafı ise bu değişime direnemediği için dükkânı kapatmak veya başkasına devretmek zorunda kalmıştır. Çarşılarda üretilip satılan ürünlere modernleşme ile beraber eskisi gibi rağbet olmaması çarşı-pazar imgesinin değişimini hızlandırmıştır. Koyuncu (2019: 105) da bu bağlamda "pazarın küreselleşmesi, teknoloji sayesinde mekâna bağımlı olmaktan çıkması, mekân düzenlenmesinde geleneksel olarak iş kollarının bir arada bulunması ihtiyacını kaldırmış ve daha geniş alanlara yayılmasına olanak sağlamıştır" ifadelerini kullanmıştır. Tüm bu gelişmeler, çarşı kültürünün mekânsal, kültürel, ekonomik işlevini kaybetmesine neden olmuştur. Kent imgelerinin kent ve kentli kimliğini ifade etme noktasında kültürel potansiyele sahip olduğunu, mekânlarda yaşanan değişimin kentin okunabilirliğini yitirmesine sebep olduğunu, kent algısı ve kentlinin kente aidiyet duygusuna zarar verdiğinin altını çizen Yaldız ve arkadaşları (2014: 233) da buna bağlı olarak kente anlam ve değer veren kültürel, tarihi, anıtsal yapıların, sivil mimari örneklerin kentin kimliğini koruma noktasında zorlandığı üzerinde durmuştur.

Şanlıurfa'nın belki de en çok ziyaret edilen mekânlarının başında yer alan çarşıların tarihine bakıldığında, eskiden kentin seçkin kişilerinin dükkânları işlettiği görülmektedir. Özellikle yağ, deri, şire ve terzi işleri ile ilgilenen kişilerin sıradan insanlar olmadığını, bu yüzden çarşının kent için özel bir alan olduğunu bu yüzden özel bir anlam taşıdığını vurgulayan katılımcılardan biri şunları söylemiştir:

> "Eskiden çarşıda beyefendiler oturur, beyefendiler çalışırdı. Çarşı içinde kahve, kafe yoktu. Urfa'nın yerli aileleri ve kalburüstü esnafları vardı. Şimdi kalmadı, insan kalmadı mekânın değeri kalmadı" (Gümrükhanı, Esnaf, 83).

Mekânın veya mekânı kullananların öğretmek, yetiştirmek gibi bir yönü vardır. Çarşılar da sahip oldukları özelliklerden dolayı birer 'meslek lisesi' işlevi görmektedir. Ustanın çırağı hem mesleki anlamda hem de görgü kuralı anlamında yetiştirmesi çarşıların birer mektep niteliğinde olduğunu göstermektedir. Şanlıurfa'nın tarihi çarşılarında uzun süre bu geleneğin devam etmesi, mekânın bireyi yetiştirme ve bireye kimlik kazandırmadaki önemini özetlemektedir. Çarşı içerisinde görüşme yapılan katılımcılardan çoğu buradaki kültürün nasıl oluştuğunu açıklarken nasıl bir insan ve esnaf olunması gerektiğini, edebi ve âdâbı hatta giyinmeyi bile bu mekân ve mekândakiler sayesinde öğrendiğini dile getirmiştir.

Kentte yaşanan değişim şüphesiz çarşıların da birçok özelliğini kaybetmesine sebep olmuştur. Birçok iş koluna ilginin olmaması, yetişen neslin daha çok eğitime yönelmesi çarşının eski yaşantısından kopmasını hızlandırmıştır. Esnafın değişen profili de bu mekânların değişiminde etkili olmuştur. Eski esnafların gerçek birer Urfalı gibi yaşadığını, kendi aralarında sıkı bir ilişkiye sahip olduklarını, kimin bir sıkıntısı varsa herkesin hemen yardıma koştuğunu dile getiren katılımcılar, şimdilerde durumun değiştiğini çarşı esnafının para hırsına büründüğünü paranın da her şeyin yerini aldığından yakınmaktadır. Çarşıdaki kültürün değişiminin bir diğer sebebi ise esnaf olarak tabir edilen bireylerin vefat etmesi ya da diğer illere göç etmesidir.

Tarihi çarşılar bir kentte yaşanan sosyal, kültürel ve ekonomik değişimi gözlemlemeye fırsatı veren mekânların başında yer almaktadır. Şanlıurfa için hem kültürel hem tarihi hem de ekonomik olarak önemli bir konumda bulunan çarşılar, küresel gelişmelere direnememiş ve eski canlılığını yitirmiştir. Bu değişimden imgenin kendisi olduğu kadar imgeyi kullanan kentli esnaf da değişime uğramış, buna bağlı olarak kentli kimliğini oluşturma ve şekillendirme özelliğini kaybetmiştir. Eski tarihlerde ticaretin kalbinin attığı yer olan ve kent ve kentli için birçok konuda özel bir yere sahip olan bu imge günümüzde sadece tarihi, mimari ve turistik anlamda önemini korumaktadır.

2.1.4. Evde "Hayat" Var

Tarihi kentlerde karşımıza çıkan yapılardan bir diğeri de kullanılan tarihi konutlardır. Günümüzde bile aktif olarak kullanılıyor olmaları, kendine has bir mimariyi yansıtmaları ve geçmişin sosyal yaşantısının izlerini üzerlerinde taşımaları, birçok kent için olduğu gibi Şanlıurfa için de bu imgenin önemli olmasını sağlamıştır. Bunun dışında kent içinde yer alan bu mekânların hem kentin hem de kentlinin kimliğini doğrudan gösteren imgeler olarak karşımıza çıkmaları, kent için tarihi konutların önemini daha da artırmaktadır. Gerek kullanılan malzeme gerek mimarisi gerekse de kullanım amacı, konutu kullananların yaşam şeklini, aile ilişkilerini ve komşuluk ilişkilerini yansıtmaktadır. Konutların aslında içinde yaşayanların bir aynası olduğunu savunan Rouen'e (2017) göre evler, evi kullanan bireylerin kimliğini yansıtmaktadır. Bu kimlik ise maddi kültür öğeleri (kapı ve duvar süslemeleri gibi) ile dışa vurmaktadır.

Şanlıurfa'da yer alan tarihi konutlar üzerinden bir kent okuması yapıldığında kullanım amacından ve mimarisinden Şanlıurfa'nın bir İslam kenti görüntüsüne sahip olduğu görülecektir. Çünkü tarihi Şanlıurfa konutlarının mimari yapısı, bulundukları konumun mahalle görüntüsü vermesi, buranın bir İslam kenti olduğunu ispatlamaktadır. Bakıldığında evlerin yan yana olması, sokağa bakan kısımlarının hanenin mahremiyeti dikkate alınarak yüksek duvarlardan oluşması, hiçbir kapının birbirinin karşısında inşa edilmemesi, girişlerin 5-10 metre kadar bir koridordan oluşması ve hane halkının özel alanının korunması, İslami kent yapılarının özelliklerini barındırdığını göstermektedir. Ayrıca İslam kentlerinin tevhid inancına göre ve bütünleşmeyi ifade edecek tarzda tasarlanması, Şanlıurfa kentinin de bu şekilde tasarlanmasını sağlamıştır. Katılımcıların çoğuna göre bu konutların birbirine yakın olması ve biraradalığı göstermesi, bir bütünleşmeyi ifade etmektedir. Katılımcılardan biri bu konuda şu ifadeleri kullanmıştır:

> "Hayatlı evde oturduğunuzda sağınızda, solunuzda, karşınızda bulunan ailelerinden haberdar olursunuz. Bunu gözlemlemek olarak anlamamak gerekir. Onların sesi ile onların yaşamlarını hissetmek olarak bakmak gerekir. En ufak bir sorunlarında hemen yanı başlarında olmak olarak bakmak gerekir." (Genel, Sendikacı, 60).

İslam kentlerinin mekân yapısının temel unsurlarından biri şüphesiz mahremiyet algısıdır. Katılımcıların üzerinde durduğu gibi Şanlıurfa tarihi konutlarının mahremiyetin temel sağlayıcısı ise evlerin sokağa bakan kısmında yer alan duvarlardır. Tarihi Urfa evlerine bakıldığında evlerin dışa bakan kısımlarının yüksek duvarlarla kapatılması bunu desteklemektedir. Koyuncu'nun (2019: 99) İslami yaşam tarzının etkisiyle inşa edildiğini savunduğu evlere bakıldığında "evler sokağa sırt çevirmiş, iç avlusuna dönük, ışığını avlusundan alan yapılardır. Yapının bütün öğeleri mahremiyeti sağlayacak şekilde düzenlenmiştir. Sokak kapıları açık olduğunda bile ev halkının dışarıdan görülmesini engelleyecek şekilde yapılmıştır". Tarihi Şanlıurfa evlerine bakıldığında Koyuncu'nun yapmış olduğu betimlemeye uygun inşa edildikleri görülmüştür.

Konut, şüphesiz insan yaşamının geçtiği mekânların başında gelmektedir. Bu mekânlar ise yaşam şekline, iklime, yöresel malzemeye göre şekillenmekte bu sayede ayakta durmaktadır. Bu mekânlar insan yaşamının kendi özüne tanzim edilmektedir.

Şanlıurfa'da yer alan tarihi konutlara sadece yaşanılacak yer olarak bakmak yetersiz olacaktır. Bu mekânların bir sosyolojisi, bir geleneği, bir göreneği, bir yaşam tarzı vardır. Özellikle mimari yapılarına bakıldığında tüm bunları görmek mümkündür. Bu konutlar hamur gibidir, içinde inanç da vardır din de vardır. Aile kültürü, mahalle kültürü, paylaşma kültürü vardır. Çoğu katılımcı bu konutlardaki yaşamın insan psikolojine iyi geldiği üzerinde durmuştur. Yaşanılan mekânın birey yaşamı üzerinde doğrudan bir etkiye sahip olduğunu belirten katılımcılardan biri bu konuda şu ifadeleri kullanmıştır.

> "Bu tarihi konutlar insanları birlikte yaşamaya götürür, yalnızlaştırmaz. Apartmanlar ise insanı birbirinden uzaklaştırır ve yalnızlaştırır. Yalnız birey ise sürekli depresyona, sıkıntıya girer. Kendini kaybeder" (Genel, Mimar, 70).

Tarihi Urfa evlerine bakıldığında gelişigüzel, mimari felsefeden yoksun yapılmadığı görülecektir. Sokağa bakan duvarda sadece gelen kişinin kim olduğunu öğrenmek amaçlı 'teke' denilen küçük pencerenin yapıldığı görülürken büyük pencerelere ise sokaktan geçen birinin evin içini görmesini engellemek için ya da "ayıp olduğu" gerekçesiyle yer verilmediği görülmektedir. Dış eyvana bağlanan kısım, gelen misafiri ev sahibini uygunsuz bulmaması için uzun bırakılmasının yanında eski dönemde kullanılan atların da konaklayabileceği bir alan olarak tasarlandığı görülmektedir. Bunun yanında ev, içi eyvan ve dış eyvan olarak iki kısımda toplanmıştır. Dış eyvan, evin hizmetlilerine ayrılırken iç eyvan ise ev sahibi tarafından kullanılmaktadır. Dış eyvanın hizmetçilere ayrılması, gelen misafirin ilk olarak onlar tarafından karşılanması amacıyla yapılmıştır. Bu tarihi evlerin insanın özüne göre inşa edildiği, insanın beşer olmasından kaynaklanan özelliklere göre yapıldığı, bu yüzden insanı rahatlatan özellikler taşıdığını bunun da insanın kişiliğine etki ettiğini savunan görüşmeciler bu mekânlara sadece yaşanılacak yer olarak bakmanın yetersiz olduğunu savunmuştur. Katılımcılardan biri bu noktada şunları aktarmıştır:

> "Şanlıurfa'da eski evlere "hayatlı ev" denirdi. Orada hayat vardı. Bu bitti. Bir insanın gökyüzünden yeryüzünden kopmadan; havasından, suyundan, güneşinden kopmayan yaşaması ile bir kutunun arasında yaşaması, yetişmesi, kişilik kazanması arasında fark vardır. Şuan ki yapılarımızda kapıyı kapattığınız gibi hayatla bağınızı koparırsınız, hatta pencereyi açma özgürlüğünden bile mahrum kalıyorsunuz" (Genel, Sendikacı, 60).

Resim-7: Şanlıurfa Tarihi Hayatlı Evi

Kaynak: Yasin Küçük Arşivi.

Konut inşa etme kültürü neredeyse insanlık tarihi kadar eskidir. İlk zamanlar sadece barınma amaçlı yapılan bu yapılar zaman içinde farklı anlamlar kazanmıştır. Her dönemin kendine has bir yaşam şeklinin olması inşa edilecek konutun mimari yapısının farklı olmasına sebep olmuştur. Şanlıurfa'da yer alan tarihi konutların mimari yapılarına bakıldığında hem kentin hem de bu yapıları kullanan bireyin kimliğini anlamak mümkündür. Bu yüzden bu kentsel imge hem kentli hem de kent için önemini korumaktadır. Özellikle toprağa ve gökyüzüne doğrudan bağlı olması bu yapıların 'hayatlı ev' olarak adlandırılmasına sebep olmuştur. Bu özelliğinden dolayı yetiştirici, rahatlatıcı bir yöne sahip olan bu imge, katılımcıların çoğu tarafından bireyin gelişimi için önemli olduğu üzerinde durulmuştur. Çoğu zaman yeni yapılar ile karşılaştırılıp bu görüş desteklenmiştir.

2.1.5. Eğiten ve Eğlendiren İmge: Sıra Gecesi

Kentsel bir yapının veya kültürel bir ögenin kent imgesi olabilmesi, birden fazla etkene bağlıdır. Şüphesiz bunların başında tarih gelmektedir. Tarih, kentsel bir mekânın imge olmasını sağlayan önemli bir konuma sahiptir. Çünkü herkesin kabul ettiği ortak geçmişin izlerini taşıması, söz konusu yapının ve kültürel ögenin imgeleşme sürecini hızlandırmaktadır. Yani tarih ile kentsel bir öğenin imgeleşmesi arasında doğrudan bir bağlantı mevcuttur. Bir öğenin imge olmasındaki diğer etken ise ekonomidir. Ekonominin imgenin tanıtımında ve reklamının yapılmasında etkili olması bu noktada önemli olmasını sağlamıştır. Kentsel bir imgenin oluşmasında etkili olan bir diğer faktör ise şüphesiz kentin sahip olduğu kültürel varlıklardır. Şanlıurfa'nın imge özelliği taşıyan kültürel değerlerden/öğelerden biri de şüphesiz sıra geceleridir.

Sıra gecesi, bilindiği üzere belli meslek gruplarından bireylerin bir araya gelip toplandığı, kısmen eğlendiği ve vakit geçirdiği bir gece olarak betimlenmektedir. Asıl isminin ise "sıra gezmesi" olduğunu söylemek daha doğru olacaktır. Gruplarda yer alanların sırayla misafir ağırlaması, bu şekilde isimlendirilmesinin nedeni olmuştur. Aşı, işi ve yaşı birbirine denk olan kişiler arasında haftada bir yapılan bir araya gelme gecesi olarak tarif edilmektedir. Hem eğiten hem de eğlendiren bir kültürel imge olarak karşımıza çıkan sıra gecesi, popüler kültürün etkisi ile eğitici özelliğini kaybedip tamamen eğlence ve ticari kaygı ile düzenlenmeye başlamıştır. Bundan dolayı sıra gecesi imgesinin tarihten beri sahip olduğu sosyolojiyi, felsefeyi ve düşünceyi kaybettiğini söylemek yerinde olacaktır.

Sıra geceleri yardımlaşma ve istişare üzerine kurulu bir sistem olarak karşımıza çıkmaktadır. Genellikle aynı mahallede yaşayan ailelerin sorunlarının tartışılıp çözüme ulaştırıldığı bir sosyal yaşam platformu işlevi gören bu imge, bireye aynı sokakta yaşadığı arkadaşının da sorumluluğunu almasını sağlamaktadır. Bu yüzden bireyin olgunlaşmasında ve kişilik kazanmasında önemli bir yeri vardır. Sıranın düzenlendiği evde ailenin de baştan sona bir eğitimin içinden geçtiğini bu yüzden bir "akademi" olarak görmenin mümkün olduğunu geçen zaman içinde ise anlamını kaybettiğini aktaran katılımcılardan biri şu ifadeleri kullanmıştır:

> "Genelde bir yardımlaşma yeri idi. Birinin bir ihtiyacı varsa hissettirilmeden yardım edilir, ya da evlenecek biri varsa bu ihtiyacı karşılanırdı. Geldiğimiz noktada ise anlamını kaybetmiş, özünden kopmuştur. İçeriğini kaybedince özümüzü de kaybettirdi. Yine başa dönecek olursak modern kent tüm özümüzü aldı. Tıpkı camiler gibi sıra geceleri de değişti. Cami modernleşti ruh gitti, sıra geceleri modernleşti özü gitti" (Ulucami, İmam, 30).

Sıra gecesinin geçmişte tamamen kültürel bir faaliyet olduğunu ve kent kültürünü yansıttığını söylemek mümkündür. İbrahim Tatlıses'in kent kültürünü tanıtması ile birlikte ülkenin geri kalan kesimleri tarafında bu gecelere ciddi bir talep oluşmuştur. Mevcut sistem içinde gelen ziyaretçilerin ağırlanamaması, bu etkinliğin ticari bir sektöre dönüşmesini beraberinde getirmiştir. Sürecin bu şekilde ilerlemesi, tarihi konakların da işlev noktasında değişimini hızlandırmıştır. Tarihi konaklar, sıra gecelerinin düzenlendiği 'konuk evlerine' dönüşmüştür. Bu durum kültürel imgenin değişimini ve kentin imge üzerinden pazarlanmasını gözler önüne sermektedir.

İmgenin kültürel olmasının yanında ekonomik bir yanının olduğunu söylemek mümkündür. Katılımcıların deyişiyle yüzlerce kişinin kazanç kaynağı halini almıştır. Sıra gecelerinin kentli için birer fabrika işlevi gördüğünü söyleyen katılımcılardan biri konu ile alakalı şu ifadeleri kullanmıştır:

> "Müzik ekipleri de bir fabrikaya döndü, hepsi başka bir iş yapmadan bu gecelerden konaklardan geçimini sağlamakta. Eskiden herkesin kendi işi vardı, söyleyen eğlencesine söylerdi şimdi o da değişti, bir sürü arkadaşımız ekmeğini bu eğlenceden çıkarmakta" (Urfa Evleri Müzisyen, 58).

Her kentin kendine has bir kültürel dokusu vardır. Bu kültürel doku da kentin kimliğini yansıtan ögelerin başında yer almaktadır. Söz, kültürel unsurlar çoğu zaman soyut özellikler taşırken bazen görünürlük kazanabilmektedir. Sıra geceleri de Şanlıurfa'nın sosyal yaşantısını en iyi yansıtan kültürel unsurların başında yer almaktadır. Aynı zamanda kentin kurtuluşunda halkın örgütlenmesini sağlayan bu imge kent ve kentli için yıllardan beri önemini korumaktadır. Küresel gelişmelere bağlı olarak şekil değiştirmiş olsa da Şanlıurfa'nın tanıtımında önemli bir yeri vardır.

2.2. İmgeleşme Süreci Üzerinden Şanlıurfa İmgelerine Bakmak

Kent içinde karşılaşılan her mimari yapı ve tarihi yapıya ya da kültürel ögeye kent imgesi gözüyle bakmak yetersiz olacaktır. Çünkü kentsel bir ögenin imgeleşmesi için belli bir süreçten geçmesi ve kentli için önemli olması yani kentliye kendini kabul ettirmesi gerekmektedir. Birey ile imge arasındaki gözlemci ve gözlenen ilişkisi imgeleşme üzerinde belirleyici etkenlerin başında gelmektedir. Bu yüzden bir yapının ya da bir ögenin imgeleşmesi, okunması ve görünürlük kazanması için gözün dışında diğer duyulara da hitap etmesi gerekmektedir. Bir yapının iyi düzenlenmiş olması tek başına imgeleşmesi için yeterli olmamaktadır. Bunun yanında, sembolik anlamları da bünyesinde barındırmalıdır. Bir yapının netliğinin ve kimliğinin canlılığının imgeleşme sürecinde etkili olduğuna belirten Lynch (2016: 132), söz konusu yapının kent imgesi olabilmesi için "toplumun karmaşık düzenini, isteklerini, tarihsel geleneklerini, doğal ortamını ve kent yaşamındaki karmaşık işlev ve hareketlerini" yansıtması gerektiği üzerinde durmuştur.

Kentsel bir mekân, Karakaş'a (2019: 17) göre "yaşanılan 'yer' ve oluşun gerçekleştiği fiziksel çevredir. Aslında yer ve çevre olmanın ötesinde psikolojik, toplumsal, kültürel, siyasal ve ekonomik anlamları içerir". Yani mekân, insani olan bütün eylemlerin gerçekleştiği birer sahne/ortam olarak betimlenmektedir. Kent imgesi de aynı şekilde yaşanılan yerden farklı anlamlar taşımaktadır. Çünkü sürekli bir üretim ve yeniden üretim içerisindedir. Bu özelliğiyle kent imgesi, toplumsal bir mücadele alanı olarak karşımıza çıkmaktadır.

Kente ait olan kent ile özdeşlemiş olan ve kentin bir değeri olarak görülmeye başlanan bir mekânın, bir simgenin imgeleşme süreci uzun ve yorucudur. Bir imgenin kent imgesi olabilmesi için taşıması gereken ilk ve önemli özellik, kentin siyasi sınırları içerisinde yer almasıdır. Çünkü hiçbir imge ne kadar kapsayıcı bir özelliğe sahip olsa da başka bir kent ile anılmamaktır. Bir diğer özellik ise kentli tarafından bilinmesi ve benimsenmesidir. Kenti kullananlar tarafından imgenin öncelikle görülmesi gerektiği üzerinde duran Lynch'e (2016: 7) göre söz konusu bir kentsel imgenin imgeleşme sürecine dâhil olabilmesi için uzun süreli aşinalıkların oluşması gerekmektedir. Bu aşinalık sonrasında ise imgenin hafızada kimlik ve yapı kazanmış olması elzemdir. Kent çeperlerinde yer alan veya kentten uzak bir bölgede yer alan bir imgenin ekstra yatırımlar olmadığı takdirde imgeleşmesi zaman alacaktır. Çünkü sahip olduğu bileşenleri ön plana çıkaran, kentin merkezinde yer alan ve fiziksel özelliklere sahip olan her imgenin ise güçlü bir yapı ve kimlik kazanması muhtemeldir. Daha sonraki süreç ise imgenin yeniden üretilmesi, kentli zihninde ve hafızasında yaşatılması şeklinde işlemektedir.

Bir imgenin, kent imgesi olabilmesi/imgeleşmesi için gerekli etkenlerden biri de zamandır. Çünkü zaman imgenin görünürlüğünü arttırmakta ve kent hafızasında yer edinmesini sağlamaktadır. Yalnız zaman kavramı, her ne kadar kentsel öğelerin imgeleşmesi üzerinde etkili olsa da tek başına bu süreci gerçekleştirmesi mümkün değildir. İmgenin kalıcı olmasını sağlayan zaman, aynı zamanda imgenin yok olmasına da sebep olabilmektedir. Zaman içerisinde bünyesinde taşımış olduğu özellikleri kaybetmesi kent hafızasından silinmesi anlamı da taşımaktadır.

Kentsel ögelerin zaman içinde imgeleşmesi, beraberinde kent kimliğinin şekillenmesini de getirmektedir. Söz konusu imgenin toplum tarafından kabul görmesi, kendine has bir özelliği bünyesinde barındırması kent için bir değer halini almasını hızlandırmaktadır. Kent imgesi halini almasındaki bir diğer koşul ise şüphesiz toplum hafızasında yer edinmesidir. Bu durum kentsel imgenin imgeleşme sürecini tabii kılacak ve kent kimliği içinde yerini almasına vesile olacaktır. Hem toplumun hem de kentin hafızasında yer edinemeyen bir imgenin imgeleşmesi söz konusu olmadığı gibi zaman içinde yok olacaktır.

Tarihi mekânlar, imgeleşme sürecini hızlı bir şekilde atlatan imgelerin başında yer almaktadır. Çünkü kent için bir tarihi anlam taşımaktadır. Kentin de tarihi mekânlar etrafında şekillenmesi de daha hızlı imgeleşmesini sağlamaktadır. Bunun yanında gerek medya gerekse de yapılan projeler, tarihi mekânların daha çok ön plana çıkmasını sağlamakta ve imgeleşme sürecini hızlandırmaktadır. Birçok katılımcı Şanlıurfa kent merkezinde yer alan tarihi yapılara yerel yöneticilerin ve medyanın gerekli önemi vermediğinden yakınmaktadır. Katılımcıların çoğu özellikle tüm dünyaya mal olmuş değerleri kendi içinde barındıran Göbeklitepe ve Balıkgöl'ün yeterince tanıtımının yapılmadığından söz etmiştir. Bu noktada katılımcılar şu ifadeleri kullanmıştır:

> "Tarihi mekânların yerleri bence daha ön plana çıkarılmalı. Örneğin Balıklıgöl'ün etrafı ile ilgili ben kendim çok rahatsızım. Oranın daha çok ilgi ve alakaya ihtiyacının olduğunu düşünüyorum. Bu konuda projeler yapılmalı. Orası Şanlıurfa'nın göz bebeği ve bu yüzden daha çok ilgiyi hak ediyor. O bölgenin tamamına bir şeyler yapılmalıdır" (Genel, Yerel Yönetici, 34).

> "Tarihi yerleri simgeleyecek hiçbir şey yok. Onlara alan açamıyoruz. Onların daha görünür olmasını sağlayamıyoruz. Onlara yer açtığımızda kenti de ona göre şekillendirebilir, planlayabiliriz. Gümrükhanı'nı ele alalım mesela yeni hali çok berbat ve önem verilmiyor. Böyle bir yerde kıraathanenin, kebapçının ne işi var mesela. Bunlara dikkat edilmiyor. Kim ne tutturmuşsa ona göre şekilleniyor" (Balıklıgöl, İşletmeçi, 34).

Kentsel bir değerin/sembolün imgeleşmesinin hızlanması için en başta yetkililerin/yöneticilerin bu kentsel değeri önemsemesi gerekir. Her siyasi, ideolojik müdahale, imgeyi kentten ve kentli hafızasından uzaklaştırabilmektedir. Bu durum imgeyi yok olmaya ve önemsiz bir hal almaya sürükleyebilmektedir. Bu durumu "kırık pencere" teorisiyle özetleyen katılımcılardan biri olayı:

"Bir yerde boş bir evin penceresinin camına biri bir taş atıp kırar. O cam kırık diye gelen-giden taş atmaya devam eder. Bir süre sonra ev boş diye sağlam cam kalmaz. Oysaki ilk taş atıldığında kırılan cam değiştirilmiş olsaydı, bir daha kimse taş atmazdı. Eğer siz o mekâna o nesneye yapılan ilk müdahaleye karşı çıkmazsanız devamı gelir. Bir yerden sonra toparlanması güçleşir. Siz bozulan, kırılan şeye hemen müdahale etmezseniz devamı çok kötü gelir. Bizim de aynı şekilde tarihi değerlerimize, mekânlarımıza, mekânlarımızın adlarına sahip çıkmamız gerekir, yoksa bizim olmaktan çıkarlar"(Genel, İdareci, 64)şeklinde açıklamıştır.

Kentsel bir yapının hızlı bir şeklide imgeleşmesi için konumunun planlı bir şekilde belirlenmesi gerekmektedir. Kentin işlek noktalarından uzakta ya da kentin dışında inşa edilen bir yapının kent imgesi olabilmesi zorlaşacaktır. Kent ve kentli için önem arz eden imgeleri kavşaklarda veya kentin yüksek bir noktasında inşa edilmesinin sebebi budur. Özellikle bu noktada kenti yönetenlere ve kenti planlayanlara çok fazla işe düşmektedir. Bu bağlamda özellikle tarihi mekânların daha ulaşılabilir ve görünür olması gerektiğine dikkat çeken katılımcılardan biri şu yorumda bulunmuştur:

"Biz tarihi mekânlarımızın daha dikkat çekmesi için planlamayı ona göre yapmalıyız. Planlama yapıyoruz, ama tarihi mekânlara gidecek yol bulamıyoruz. Göbeklitepe'ye gidecek doğru dürüst yol yok mesela. Bunun dışında Balıklıgöl'ün etrafı gecekondularla dolmuş, bunlar kentin, tarihi yerin şeklini bozuyor. Buna dikkat edilmeli" (Gümrükhanı, Esnaf, 37).

Göründüğü gibi iktidar için önemsenmeyen bir mekânın kentli için önemsenmesi mümkün değildir. Söz konusu kentsel ögeyi tanıtacak/pazarlayacak olan kentin yöneticileridir. Kenti yönetenler tarafından önemsenen her imge,kentli tarafından önemsenecek ve kent hafızasında kalıcı olacaktır. Buna bağlı olarak imgeleşme süreci de hızlanacaktır. Bunun dışında ögenin çevre düzenlenmesi, planlanması da sürece katkı sağlayacaktır. Şanlıurfa kent imgelerine bakıldığında özellikle Göbeklitepe ve Balıklıgöl'ün bulunduğu alanda yeteri kadar çevre düzenlenmesinin yapılmaması, yeterli alt yapının olmaması, yöneticilerin kentli tarafından eleştirilmesine sebep olmuştur.

2.3. Toplumsal Hafıza ve Kent Hafızası

Hafıza kavramı, yaşanılan bir olayın geçmiş ile ilişkisinin zihinde saklanması olarak karşımıza çıkmaktadır. Saklama eylemi, her ne kadar bireysel eylem olarak açılansa da toplumsal bir yönünün de olduğunu söylemek mümkündür. Kentlerin de bu doğrultuda yaşanmışlıkları imgeler aracılığıyla saklanması bir hafızaya sahip olduğunu göstermektedir. Dolayısıyla kentte yaşayan her bireyin de kente dair bir hafızaya sahip olduğunu söylemek yerinde olacaktır.

Kentlerin, bireylerin ve toplumların kendilerini var etmesi ve varlığını sürdürmesi noktasında hafıza kavramı önem taşımaktadır. Bu yüzden tüm kentler sahip oldukları toplumsal hafızayı belli imgeler ve göstergeler aracılığıyla kentliye gösterme çabası içerisindedir. Örneğin bir kente veya bir kentsel imgeye bakıldığında kentin nasıl bir tarihsel serüvene sahip olduğunu, kentte yaşayanların kimliklerinin neye karşılık geldiğini yani tüm toplumsal yaşanmışlıkları görmek mümkündür. Kent belleğinin ve toplumsal hafızanın oluşumunda kentlileri bir araya getiren kamusal mekânların oldukça önemli olduğunu meydan ve park imgesi üzerinden aktaran Aslan ve Kiper (2016: 885), bu doğrultuda "toplumun buluşma, dayanışma, bir arada dinlenme, eğlenme ya da toplumsal muhalefeti seslendirme mekânları olarak anı değerleri biriktiren bu mekânların en önemli örnekleri kuşkusuz parklar ve meydanlardır" ifadelerini kullanmıştır. Kentin sahip olduğu mimari imgelerin kentin hafızasını yansıttığını savunan ve kentlerin içinde yaşayanların aynası olduğunu dile getiren Emre'ye (2017: 16) göre ise kent imgeleri "sadece estetik, sanatsal açıdan değil insani ve toplumsal fonksiyonları bakımından kentlerin ruhunu taşımaktadır". Çünkü bunlar tarihin, yaşanmışlıkların hiç yanılmayan aynaları işlevi görmektedir. Bir binadan, bir heykelden, bir anıdan veya bir türküden yola çıkarak kent tarihine ve kentin toplumsal kimliğe ulaşılabileceğini savunan Dizman'a (2017: 179) göre "zaman içinde oluşmuş toplumsal anaforlar, altüst oluşlar kentlerin tarihinde derin izler bırakır; başka bir deyişle, bölgenin toplumsal dönüşümleri ve sonuçları kentlerin prizmasından çok net bir şekilde" okunabilmektedir.

Kent hafızası, nesilden nesile aktarılan ve önceki neslin sonraki nesle biriktirerek aktardığı bir olgu olarak karşımıza çıkmaktadır. Kentin, mekânın geçmiş ile olan bağı, kent hafızasını oluşturmaktadır. Bu yüzden her kentin, her mekânın bir hafızasının olduğunu söylemek yerinde olacaktır. Tüm yaşanmışlıkların belli bir mekânda gerçekleşmiş olması, hatırlama eylemi esnasında ilk olarak o mekânın hatırlanmasını sağlamıştır. Yaşanan olayın olumsuz olması ve kötü olanı hatırlatması, mekânların ortadan kaldırılmalarına sebep olurken iyi ve güzeli hatırlatması mekânın daha çok korunmasını sağlamıştır. Şanlıurfa'da kent hafızası denilen şeyin giderek önemini kaybettiğinden yakınan, bundan dolayı sonraki nesle kentsel anlamda pek bir şey bırakılamayacağından yakınan görüşmecilerden biri şu şekilde konuşmuştur:

> "Yeni şeyler üretemiyoruz, olan şeylerin de kıymetini bilmiyoruz. Gelecek kuşağa bugüne ait bir şey bırakacağımızı zannetmiyorum. Eskilerden de çok bir şey kaldığını söylemek çok zor. Örneğin Şanlıurfa halkının Fransızlarla çatışıp Urfa'yı düşman işgalinden kurtardıkları yer şimdi bir restoranın bahçesi olarak kullanılıyor.

Oysa orda bir yaşanmışlık var ve bir simge ile kalıcı hale getirilebilir. Ne yazık ki yapılan bir şey yok" (Ulu Cami, Şehir Planlamacı, 32).

Şanlıurfa'nın tarihten beri birçok medeniyete ev sahipliği yaptığını dolayısıyla kentin hafızasında çok sayıda imgenin olduğunu söylemek mümkündür. Kentin çok sayıda devlete, özellikle de İslam devletlerine ev sahipliği yapması, kentsel imgelerin daha çok dini imge şeklinde inşa edilmesini sağlamıştır. Şüphesiz her kentin mekânsal bir yüzü vardır. Şanlıurfa'nın da mekânsal yüzü tarihi mekânlarıdır. Bu yüzü temsil eden mekânların başında ise Balıklıgöl ve Göbeklitepe gelmektedir. Balıklıgöl daha çok İslam tarihini simgelerken Göbeklitepe ise dünya tarihine ve tüm insanlığa hitap etmektedir. Bu bağlamda bu iki imge ön plana çıkmaktadır.

Her kentsel mekânın ve imgenin tıpkı doğulan bir ev gibi anıların deposu olduğunu savunan Urry'e (2018: 46) göre kentsel mekân, "insanlara ait anıların ve geçmişin ambarıdır; ayrıca kültürel simgelerin deposu olarak işlev görmektedir. Bu anılar ise mimarları tarafından amaçlandığında çok farklı bir anlam kazanabilen yapılarda cisimleştirilirler".Bu mekânlara bakıldığında ise her dönemin kendine ait yaşam tarzını, tüketim alışkanlıklarını, kültürünü ve ideolojisini görmek mümkündür. Kente dair anıların, beynin kimi kısımlarına fiziksel olarak yerleştirilen ve sadece harekete geçirilmeyi bekleyen şeyler olarak görülmemesi gerektiğini açıklayan Urry (2018: 50) kent hafızasında yer alan alanların çoğunlukla kimliğin belirleyici/tamamlayıcı gösterenleri olduğunu savunmuştur. Kentin ve kentsel yaşamın tarihsel serüveni göz önüne getirildiğinde yaşanan toplumsal bunalımların ve çelişkilerin kent mekânlarını ve kentsel imgeleri değiştirdiği ya da dönüştürdüğü görülmektedir. Bu değişim ise kentsel mekânların yeni ve farklı bir tarzda şekillenmesine, yeniden üretilmesine neden olmuştur. Özellikle yaşanan küreselleşme ile Karakaş'ın

(2019: 35) da üzerinde durduğu gibi "insan, eşya, para, meta, enformasyon ve imgelerin dolaşımı eskiye göre bir hayli hızlanarak; yer, mekân ve yerellikler, kendilerinden uzak, dışsal etkilere göre yeniden şekil almakta, küresel bir zaman-mekân ilişkisi içinde yeniden organize olmaktadır".

Kentsel hafızanın oluşumunda, inşa edilişinde tarihsel serüvenlerin olduğu kadar kent kimliğinin oluşumunu sağlayan mekânsal, tarihsel, kültürel ve toplumsal etkileşimlerin payı da muhakkaktır. Kentte yaşanan ve kentlinin deneyimlediği tüm yaşanmışlıkları nesneleştiren, somut bir hal almasını sağlayan, kısacası ete kemiğe büründüren kent imgeleridir.

Yaşanan toplumsal kırılmalar, ortada ne bir kent ne de bir kent kimliği bırakmaktadır. Kentler de bu kırılmaların merkezinde yer almaktadır. Bu yüzden kentlerin övünülecek bir yaşam alanı özelliği taşımadığının altını çizen Bumin (2016: 5), kimliksiz alanlar olarak açıkladığı kentleri, "önümüzde duran manzara, kültürü görmezlikten gelen, tanımayan, hiçbir kimlik taşımayan ve aramayan, şehirlerin ortak iyiliklerine yönelmeden yalnızca özel çıkarların güdümünde 'barbarca' talan edilen, artık 'şehir' olarak bile adlandırılmayacak bir duruma düşen yerleşim yeri" olarak tabir etmiştir. Kentsel mekânlar hem toplumsal hem de bireysel belleğin oluşmasında, kurgulanmasında 'yer' rolünü üstlenmektedir. Kent hafızası kurgulanırken mekânın yalnızca fiziksel özelikleri ile değil toplumsal özellikleri ile de tanımlandığının altını çizen Özaloğlu (2017), toplumsal mekânın olmaması halinde, kentlinin de kendi kimliğini tanımlamadan ve kimliğini oluşturacak temelden yoksun kalacağına dikkat çekmiştir. Algılamak ve hatırlamak, imgeden bağımsız gerçekleşecek olgular değildir. Bu yüzden en ufak bir yaşanmışlığı hatırlamak için imgeye ihtiyaç duyarız. Bu yaşanmışlık belli bir mekânda gerçekleştiğinden dolayı, imgenin de hatırlanmasını beraberinde getirmektedir. Böylelikle imgelerin kişinin kavramlaştırma sürecine hizmet ettiğini söylemek mümkündür.

Hatırlanan her imge, geçmişin bir çağrışımı değil birer temsilidir. Bu yüzden imge hem bireyin hem de kentin hafızasında yaşanmış olanı temsil etmektedir. Bu durumun ise hem bireye hem de kente bir kimlik kazandırdığını savunan katılımcılardan biri şu ifadeleri dile getirmiştir:

> "Mimari yapılar da kentin hafızasıdır, kimliğidir. Tarihi yapıları yıktığınız vakit, bu kentte Selçukçuluların mı, Romalıların mı yaşadığını öğrenemezsiniz. Bu yapıları görürseniz hangi milletin yaşadığını anlarsınız. Bunları yok ederseniz kimliksiz, hafızasız bir kent ortaya çıkar. Ne yazık ki gidişat onu göstermekte ve ben çok tehlikeli görüyorum" (Genel, Emekli Sanat Tarihçisi, 70).

Kentsel imge, birey ve toplum ile doğrudan ilişkili olduğu kadar kent hafızası ile de karşılıklı bir ilişki içindedir. İmgenin anlam kazanmasında kentsel hafızanın, kentsel hafızanın sürekliliği noktasında ise kentsel imgenin rolü büyüktür. Bu karşılıklı ilişkiyi Yılmaz ve İnceköse (2017: 61), "algılanan her imge belleğimizde depolanır ve hatırlama yoluyla zihnimizde öne çıkar. Pratikler ve sosyal ilişkilerle üretilen ve temelde mekânsal izler taşıyan imgeler zamanla kent belleğinin bir parçası haline gelir ve kenti algılama ve hatırlama biçimimizi etkiler" sözleri ile açıklamıştır. Bundan dolayı her kentsel mekânı, hafızanın karşılığı olarak görmek mümkündür. Bu durumu Özaloğlu, (2017: 18), "hatırlarken, belirli imgeler, belleğimizin iyi tanımlanmış mekânlarına yerleştirerek geçmişi bugünden geriye doğru yeniden kurgularız. Dolayısıyla bellek mekânları aklımızın alışkanlıkla taşıdığı imgelerle belirli anıların kesişip birbirini şekillendirdiği kesişme noktalarıdır" sözleri ile açıklamıştır. Belleğin kendini mekânda, çeşitli göstergeler üzerinden yaşattığını savunan Yeler ve Minsolmaz (2017: 211) ise "her insanın yaşadığı yerle uzun süren ilişkisi bilincindeki kent imgesini, anılarını ve anlatımlarını biçimlendirir". Bu bağlamda olayı değerlendirdiğimizde imgenin sahip olduğu isim, imgenin kentli hafızasında yer edinmesini ve kalıcı olmasını sağlamaktadır. İmgenin sahip olduğu ismin ortadan kaldırılması, kentlinin belleğinde bir çatışmaya ya da yok oluşa sebebiyet vermektedir.

İnsanoğlu sürekli bir yakma, yıkma ve yeniyi imar etme faaliyeti içerisinde kendini bulmaktadır. Bu yıkım ve imar, çoğu zaman ise tarihi mekânlar üzerinden yapılmaktadır. Her dönemde çeşitli gerekçelerle bu eylemin yapıldığını söylemek mümkündür. Bunu yaparken çoğu birey ise tarihi imgeyi yıkarak aslında geçmişin ruhunu da yere gömdüğünün farkında değildir. Kentlere gerek yöneticilerin gerekse de sermayenin sürekli bir müdahalesinin olduğunu söylemek yerinde olacaktır. Kent imgelerine yapılan olumsuz her türlü müdahaleye rağmen imgeler, her daim kendini korumayı ve ruhunu muhafaza etmeyi başarmaktadır. Çünkü yapılan her siyasi, toplumsal müdahale sadece tozdan ibarettir. Şanlıurfa'da çoğu zaman kentli yöneticiler tarafından değerli mekânların yıktırılmaya çalışıldığını ya da ortaya çıkmasının engellendiğini Göbeklitepe üzerinden açıklayan katılımcılar, bu mekânın birileri tarafından ortaya çıkmasının sürekli engellendiğini savunmuştur. Bu açıklamalardan yola çıkarak, insanların tarihi mekânlar üzerindeki tasavvurlarını dikkatli yapmaları gerektiğini dile getiren katılımcılardan biri şu ifadeleri kullanmıştır:

> "Kentler küllerinden doğar. Birileri ne kadar üstünü kapatmaya çalışsa da üstüne yeni yapılar inşa etse de kalıcı olması mümkün değildir. Belli bir zaman sonra o mekânın asıl ruhu o kapalı alandan bir şekilde çıkarak bütün emeğinizi yok edecektir. Adeta sizden öç alacaktır" (Göbeklitepe, İdareci, 62).

2.4. İktidar ve Kent İmgesinin Değişimi: Darbe'der Kent Şanlıurfa

Türkiye, şüphesiz toplumsal hareketliliği ile tanınan bir ülke görünümüne sahiptir. Sürekli göç alan bir coğrafi konuma sahip olması, her on yılda bir darbe ya da darbe girişimin yaşanması ve farklı siyasi ideolojileri kendi bünyesinde barındırması sürekli bir toplumsal değişimi ve dönüşümü kaçınılmaz kılmaktadır. Söz konusu bu değişim ve dönüşüm ise en çok kentlerde ve kentsel mekânlarda kendini göstermektedir. Yani kentlerin değişimin mekânı/merkezi kentsel mekânların ise bu değişimin nesnesi olduğunu söylemek yerinde olacaktır. Tüm bu yaşanmışlıklardan kent imgelerinin etkilenmemesi mümkün gözükmemektedir. Bu değişimin sadece Şanlıurfa'da ve Şanlıurfa'da yer alan imgelerle sınırlı olmadığı, neredeyse ülkedeki tüm kentlerin bu durumdan nasibini aldığının altını çizen katılımcılardan biri şu bilgileri aktarmıştır:

> "Türkiye, yakın tarihi itibariyle çok hareketli bir ülke. Birden fazla da ideoloji, düşünce mevcut. Tüm bunlar en başta kente tesir etmekte. Sadece Şanlıurfa için değil, baktığımızda birçok ilimizde durum aynı. Bu yaşananlar kente baskı yapar ve kent bir zamandan sonra kaldırmamaya başlar ve tahribat, değişim başlar. Bunu da en çok mekânda görmeye başlarız" (Genel, Mimar, 70).

Türkiye'de meydana gelen toplumsal kırılmaların şiddeti ya da yeni siyasi oluşumların etkisi birbirinden farklılık gösterebilmektedir. Özellikle tarihte yaşanmış siyasi olayların kentte yansımaları yeni gelişmeler ile birlikte yok olurken bazıları ise uzun yıllar devam edebilmektedir. Örneğin Cumhuriyetin ilanı ile birlikte oluşturulan kentsel düzen çoğu kentte yerini korurken 12 Eylül 1980 darbesi sonrasındaki kentsel müdahaleler ise yerini yeni oluşumlara bırakmaktadır. Özellikle yakın zamanda yaşanan 15 Temmuz darbe girişimi kent üzerinde yeni etkilerin oluşmasına sebep olmuştur. Bu sarsılmadan ve değişimden ise çoğunlukla tarihi mekânlar/imgeler nasibini almıştır. Art arda verilen iki fotoğrafta da yaşanan değişimi açıklaması noktasında önem taşımaktadır.

Resim-8 ve 9:Şanlıurfa Kalesinden Şanlıurfa'ya genel bir bakış:

Kaynak: Cevher İlhan Arşivi.

Şanlıurfa kalesinde çekilmiş iki fotoğrafta da görüleceği üzere, ilk fotoğrafta çok sayıda tarihi/mekân yer alırken ikinci fotoğrafta bu tarihi mekânların yol yapılmasından dolayı azaldığı anlaşılacaktır. Bunun yanında 12 Eylül ve sonrasında yaşanan bu yıkımın yakın zamana kadar devam ettiğini söylemek mümkündür. İkinci fotoğrafın sağ alt kısmında görülen El Ruha Otelin inşasında da tarihi imgelerin sermaye gücü tarafından yıktırıldığı açıkça görülmektedir.

12 Eylül olayı sonrasında kentsel imgeler hızlı bir yıkma ya da dönemin ruhuna göre restore adı altında değiştirilirken 15 Temmuz ile birlikte yaşanmışlıkların toplumsal hafızadaki yeri dikkate alınarak yeni isimler ile değiştirilmiştir. Özellikle 12 Eylül sonrasında tarihi mekânlar ya yıkılmış ya da farklı amaçlar doğrultusunda değiştirilmiş olup kentsel hafıza yok edilmeye çalışılmıştır. Bu değişimin İslami kent görünümü veren kentlerde ve kent imgelerinde daha belirgin olduğunu, bu kentlerin siyasi gelişmelerden daha çok etkilendiğini söylemek yerinde olacaktır. Bu durumu katılımcılardan biri bu durumu şu sözlerle açıklamıştır:

> "12 Eylül Darbesi, başta toplumun olmak üzere kentlerin de sıfır ayarını bozdular, ayarı bozuk olan terazide tartılan her şey yanlıştır. Onu ayarlamak lazım. Resetlemek gerekir. Şanlıurfa'nın da yeniden düzenlenmesi ve Şanlıurfa'ya format atılması gerekir" (Balıklıgöl, Esnaf, 54).

> "Türkiye'de ne yazık ki on yılda bir ihtilal oluyor. Her ihtilalden sonda da bazı yerler yıkılıyor, yaptırılıyor ya da ismi değiştiriliyor. Örneğin şuanda Demokrasi Caddesi olarak bilinen yerin ilk ismi Cami Kebir idi. 80 ihtilalinden sonra oraya Kenan Evren ismini verdiler. 15 Temmuzdan sonra da Demokrasi ismini verdiler" (Balıklıgöl, Emekli, 67).

Siyasetin, ideolojinin, sahip oldukları inançtan ve düşünceden uzaklaşması mümkün görünmemektedir. Çünkü söz konusu ideolojinin ayakta kalmasını sağlayacak güç onu oluşturan düşüncede saklıdır. Bu yüzden her dönemde hâkim olan anlayış, tüm farklılıkları yok etmekte, kent ve kent imgelerini kendileştirmektedir. Yıkımın mümkün olmadığı yapılar, restore adı altında tamamen yok edilmekte ya da isimleri değiştirilmektedir. Çetken (2017: 91) bu durumu "bugün her yıkımla kent parça parça 'eski'yen yüzlerini yitirmekte, onları "daha karlı" olan 'yeni'siyle değiştirmektedir" sözleriyle özetlemiştir.

Aşağıda yer verilen fotoğrafta da görüleceği üzere kenti yönetenler, farklı sahip oldukları düşünce doğrultusunda kent imgelerini ve diğer kentsel öğeleri yok edebilmektedir. Farklı zamanlarda aynı noktada çekilmiş olan bu fotoğraf yaşanan yıkımı özetlemektedir. Özellikle kente modern bir görüntü kazandırmak ve kendi ideolojisi çerçevesinde mekân inşa etmek isteyen dönemin iktidarı, tarihi dokuyu yok etmiş ve 12 Eylül caddesi ismi ile yeni bir yol inşa etmiştir. İmgenin, iktidarın bir aracı olduğu görüşü fotoğraf ile özetlenmiştir.

Şüphesiz kenti yöneten her düşünce, kentte ve toplumsal yapıda bir iz bırakma gayreti içerisindedir. Kente ve kentliye yapılan her müdahale de bu anlayış doğrultusunda yapılmaktadır. Özellikle 12 Eylül sonrasında uygulanan politikalar kentlerin uzun bir süre kimyasının bozulmasına sebep olmuştur. Kentlinin yaşam şekline uymayan istekler, kentin mimarisine aykırı düzenlemeler çoğu kentte olduğu gibi Şanlıurfa da kentsel imgelerinin değişimini beraberinde getirmiştir. Darbe sonrasında yönetici olarak atanan komutanların kenti tam bir ordu mantığı ile yönetmeye çalıştığını bu yüzden kent içinde sosyal anlamda sürekli bir çatışmanın yaşandığını aktaran katılımcılardan biri şunları vurgulamıştır:

> "12 Eylül darbesinden sonda yüzbaşı olan birini belediye başkanı görevine getirdiler. O da evlerin duvarından kapıdaki çöp kutusuna kadar her şeye müdahale ediyordu. Neymiş duvarlar beyaza, çöp kutuları da beyaza boyanacak. Bunu yapmayanlar da cezalandırılıyordu. Yani kısacası her gelen kendinden biz iz bırakmaya çalıştı" (Balıklıgöl, Emekli, 67).

Resim-10 ve 11: 12 Eylül Caddesi (Öncesi-Sonrası)

HAZIRLAYAN: MEHMET KOYUNCU

Kaynak: Cihat Kürkçüoğlu Arşivi.

Yıkmak, kullanım amacını değiştirmek her ne kadar kent imgesinin özüne zarar veriyorsa "restore etmek" de o derece imgenin ruhuna zarar vermektedir. Restore etmek, aslına, özüne göre yapıyı düzenlemek için yapılan çaba olarak görülse de son dönemde, restore etmenin yerine o yapıyı yıkıp yerine kendi bilgi dağarcığında, kendilerine göre en ideal yapı haline getirilme şeklini aldığını söylemek yanlış olmayacaktır. Yeni bir toplum oluşturma veya var olan topluma modern bir görüntü kazandırma noktasında imgenin/mekânın yeri büyüktür. Nasıl ki bir insan imgeyi oluşturup kimlik kazandırıyorsa aynı şekilde imge de insanı şekillendirmekte ve insana birer kimlik inşa etmektedir. Mekânın ve imgenin zamana uyarlanması şüphesiz bir kimlik kaybını ve kimlik bunalımını beraberinde getirecektir. Bir mekânı mimari yapısı değiştirilmeden, ilave bir şey eklenmeden korunduğu takdirde ne amaçla kullanılırsa kullanılsın özünü ruhunu kaybetmeyeceğini savunan katılımcılardan biri bu doğrultuda ifadelerinde şu bilgilere yer vermiştir:

> "Eğer bir mekânı ruhuna göre restore edersek, orayı pavyona çevirseniz dahi o mekân ruhunu, özünü korumaya devam edecektir. Her ne kadar mekânı geçmişinden koparsak, mekânı şekillendirsek hatta o dönemin kültürüne, ruhuna aykırı işler yapılsa da o tarihi mekân geçmişin ruhunu üzerinde taşımaya, yaşatmaya devam eder. Örneğin tarihi Selahattin Eyyubi Cami, eski bir ibadethane bir kilise olmasına rağmen zaman içerisinde elektrik idaresi, itfaiye binası ve depo olarak kullanılmasına rağmen mimarisinden bir şey kaybetmedi ve yakın zamanda yine bir ibadethane, cami olarak kullanılmaya devam etti. Kent hassasiyeti taşıyan birileri her dönemde vardır ve bu mekânların özünü geri getirmeye çalışacaklardır" (Genel, İdareci, 64).

Türkiye'de yakın zamanda yaşanan siyasi konjonktürün mekâna yansımasını Şanlıurfa'nın hanlar bölgesi olarak adlandırılan alan üzerinden görmek ve açıklamak yerinde olacaktır.

Çünkü kent, siyasi olaylardan dolayı en fazla tahribatı bu alanda yaşamıştır. Çoğu katılımcı, şu anda Gümrükhanı olarak adlandırılan bölgede çok sayıda hanın 12 Eylül süreci ile birlikte yıkıldığına şahitlik ettiğini dile getirmiştir. Bakıldığında çoğunun ismi kayıtlarda bile yer almamaktadır. Mancınık Hanı ve Aslanlı Han gibi 18 adet hanın ve sayısı net olarak bilinmeyen onlarca tarihi evin dönemin siyasi iktidarı tarafından yol yapma, trafiği düzeltme, ulaşımı rahatlatma, kente nefes aldırma ve en önemlisi kente modern bir görüntü katma bahanesiyle yıktırıldığı görülmektedir. Bu durum siyasi sürecin, siyasi iktidarın kentsel imgeye ve mekâna müdahalesini en iyi anlatan örneklerdendir. Yapılan yeni yolların ve alanların dönemin siyasi konjonktürüne göre adlandırılması da yaşanan kent üzerindeki siyasi baskının varlığını desteklemektedir. Söz konusu dönemde açılan cadde, 12 Eylül Caddesi ismi ile faaliyet göstermektedir. Görülen o ki 1980 darbesinden asıl yarayı mekânlar, yapılar ve imgeler görmüştür. Darbeci zihniyet her ne kadar büyük kentlerde imgeler ve kurumları ile otoritesini kurmuş ve devamlılık gayesi ile isimler üzerinden kentliye hissettirmiş olsa da bazı kentlerde bu konuda tam olarak başarılı olamamıştır. Toplumsal anlamda çok fazla tahribata uğramayan Şanlıurfa, mekânsal anlamda birçok Anadolu kenti gibi tam bir yıkım yaşamıştır.

Şanlıurfa'nın o darbe ile birlikte mekânsal ve imgesel anlamda katledildiği ortadadır. Asıl darbenin kentin hafızasına yapıldığını, kent hafızasının bu şekilde yok edilmeye çalışıldığı aşikârdır. Şanlıurfa'nın surlarla çevrili bir kent olduğu göz önünde bulundurulduğunda altı adet kapısının olduğu resmi kayıtlarda mevcuttur. Bakıldığında günümüzde bu kapılardan söz etmek ya da bu kapıları görmek mümkün değildir. Katılımcıların aktardığına göre kente girişi temsil eden bu kapıların çoğu özellikle belli dönemlerde yıkılmış ve yıktırılmıştır. Kentin atar damarlarının yok edildiğini aktaran ve Şanlıurfa Büyükşehir Belediyesinde idareci olarak çalışan katılımcılardan biri tüm bu yaşananları şu şekilde özetlemektedir:

> "Kenti tam kalbinden, tam ortasından ayırdılar. Memleketi perişan ettik. Darbenin bize, memlekete verdiği en büyük zarar budur. Şehre yol açalım derken, bütün eski evler yok edildi. 12 Eylül Caddesi idi. Biz ise yakın zamanda 2016 yılında caddenin ismini "Demokrasi Caddesi" olarak değiştirdik. 80 darbesinin bu memlekete en büyük darbesi odur. Sonraki belediye başkanları da bu hatayı devam ettirmek zorunda kaldı. Eski Şanlıurfa'yı ilk kaybettiğimiz dönem o dönemdir. Korurken, taraflı ve seçici olmamak gerekir. Senin benim diye bir şey olamaz" (Genel, idareci, 65).

Kentsel imgenin değişimini görmenin bir başka yolu daha önce de üzerinde durulduğu gibi ismine bakmaktır. Mevcut iktidarın sahip olduğu siyasi düşünce doğrultusunda Şanlıurfa kent merkezinde çok sayıda imgenin isminin değiştirildiğini görmek mümkündür. Her imgenin sahip olduğu ismin o imgenin ve içinde bulunduğu kentin kimliğini yansıttığını, isminin değiştirilmesi ile kent hafızasındaki yerini kaybettiğini savunan Kürkçüoğlu (2014:1), "dünyadaki günlük olaylara dayanarak şehirlerin meydanlarına, sokaklarına isim verilmez. Çünkü dünyada ve ülkemizde her gün tarihe not düşecek bir sürü olay gerçekleşiyor. Dahası, başa geçen herkes kendi siyasi ve dünya görüşü doğrultusunda şehirlerin tarihten gelen semt ve sokak adlarıyla oynamaya kalktığında bunun da önü alınmaz. Bu durumda şehirler kimliğinden uzaklaşır, kozmopolit bir kimliğe kavuşur" ifadelerini kullanmıştır. Tarihi bir yerin/imgenin veya kent için önemli olan bir mekânın isminin değiştirilmesi, yaşanılan kente, döneme ve gelecek nesle 'ihanet' olduğunu belirtmek gerekir. Çünkü her isim kentsel ve toplumsal hafıza da bir yaşanmışlığa karşılık gelmektedir. Şüphesiz bu durum tam olarak geçmişe dinamit atma ile aynı anlamı taşımaktadır. 12 Eylül darbesi ile topluma ait imgesel değerlerin yıkılması söz konusu iken 15 Temmuz darbe girişi sonrasında kentsel imgelerin isimlerinin değiştirilmesi ile eski siyasi anlayışa karşılık verilmiştir. Yıkmak ile ismini değiştirmek ise kentsel hafızada aynı etkiyi göstermese de benzer etkilerinin olduğunu söylemek mümkündür. Bir mekânın ismini değiştirmek ile yıkmak arasında bir fark görmediğini savunan katılımcılardan biri şu ifadelerin altını çizmiştir:

> "Ülke olarak 15 Temmuzda çok kötü şeyler yaşadık. Bu kötü olayı tarihi bir meydanın ismini değiştirerek yaşatmak doğru değil bence, bunu o günü hatırlatacak bir yeni bir meydan ile ya da yeni bir anıt ile kalıcı hale getirebiliriz. Var olan bir yapının ruhuna zarar vermek doğru değildir" (Genel, Mimar, 35).

Kent imgelerinin adlarının değişimi, kentte yaşayanların aidiyet duygusuna zarar vermekte ve kentsel kimliklerin değişimini beraberinde getirmektedir. Tüm yaşanmışlıkların silinmesi olarak yorumlanan bu müdahale, kentin genleri ile oynanma şeklinde aktarılmıştır. Nasıl ki bir insanın kimliğindeki isminin bir harfini değiştirmek hem bireysel hem de toplumsal bir faciaya sebep oluyorsa kent imgelerin isimlerinin değiştirilmesi de aynı toplumsal etkiyi göstermektedir. Bunun dışında mekânların, caddelerin, meydanların isimlerinin değiştirilmesi olayını birçok katılımcı katili belli olup cezalandırılmayan bir "kentsel cinayet" olarak yorumlamıştır. En basitinden bir sokağın isminin değişmesi ile sokağın anlamının da yok olacağını/olduğunu bunun ise sokağı boşluktan ve herhangi bir yerden ayırmayacağından yakınan katılımcılardan biri şunları dile getirmiştir:

> "Güllüoğlu sokak kimdir, Gül Sokakta yaşayan kimdir, bunlara bakılması gerekir. Kimdir bu Güllüoğlu, kimdir bu Gül? Bunlar Şanlıurfa'nın kurtuluş mücadelesinde kanını akıtmış, şehit olmuş, çatışmış insanların isimleri. Bu sokakların isimlerini değiştirdiğimiz

vakit bu değerli şahsiyetleri de yok etmiş oluyoruz. O sokakta yaşayan insanların, çocukların aidiyet duygularını da yok etmiş oluyorsunuz. Bir torun sokak ismine baktığında gururlanıyor. Çünkü sokak onun dedesinin ismini taşıyor. O çocuktan o sokağa zarar gelmez" (Topçu Meydanı, Memur, 58).

Kent kimliğinin korunmasında kentli belleğinde yer alan ögelerin sürdürülebilir kılınması, korunması önemlidir. Çünkü kimliğin oluşumu ve devamı, zaman ile doğrudan bağlantılıdır. Kente yapılan her müdahalenin kent kimliğini yok ettiği gibi kente aidiyete de zarar verdiğini savunan (Kiper, 2004: 16), bu doğrultuda "sık sık yenilenen kent mekânları, kentsel dönüşüm ile değiştirilen kentsel ve toplumsal yaşama ya da çalışma alanları, isimleri değiştirilen sokak, cadde ya da mekân isimleri gibi uygulamalar kentlileri yaşadıkları çevrelere yabancılaştırmakta ve belleklerinde boşluklar oluşturmakta" açıklamasında bulunmuştur. Her kentsel müdahalenin kentlinin giderek kentlerini sahiplenmemeyi beraberinde getirdiğini söylemek mümkündür. Özellikle bir mekânın ismi değiştirildiğinde kentlinin kente karşı sahiplenme duygusu kaybolacaktır. Çünkü her müdahale, imgenin kendi değerini yitirmesine ve özünden koparılmasına sebep olmaktadır. İmgenin değerini yok eden siyasi bir anlayışın, zihniyetin ve görüşün kimse tarafından "değerli" görülmesi de mümkün değildir. Bundan sonra yapılan her yenilik, uygulanan her proje kentli tarafından önemli görülmeyecektir. Kentsel müdahale aslında her düşüncenin kendine müdahalesi ile aynı anlamı taşımaktadır.

Bakıldığında imge isminin değiştirilmesi, aslında "Harf İnkılâbı" ile benzerlikler taşımaktadır. Nasıl ki o günün sabahında âlim olanlar cahil olarak uyandıysa, imgelerin isimlerinin değişimi de kentliyi imgeye karşı cahil bırakacaktır. İmge ile ilgili ne kadar kitap, ansiklopedi varsa hepsinde söz konusu imge, kentlinin hafızasında boşluktan başka bir anlam taşımayacaktır. Çünkü bu müdahale imgenin anlamını yitirmesine sebep olmuştur. Kentin en bilindik meydanlarından olan Topçu Meydanı'nın ismini değiştirilmesinin kentin ve kentlinin imgeye karşı cahil bırakıldığını, bu durumun ise kentte yaşayanları mutsuzluğa sürüklediğine dikkat çeken söyledikleri ile mekân-insan ilişkisini özetleyen katılımcılardan biri bu noktada şu ifadeleri kullanmıştır:

> "Yeni nesil, Topçu Meydanının neresi olduğunu arayacak ama bulamayacak. Okulların, meydanların, camilerin isimlerinin değiştirilmesi o mekânın kimliği ile oynamaktır. Nüfus kimliğinde ismini değiştirmek ya da bir tarafını kazımaktır. Bu suçtur. Cinayettir. Yeni bir meydan açıp, ismine "Rabia Meydanı" diyebilirsiniz. Buna kimse müdahale etmez" (Topçu Meydanı, Esnaf, 54).

İmgeye verilen her isim tarihte bir şeye karşılık gelmektedir. Değiştirildiği takdirde ise kent tarihi ile birlikte tüm yaşanmışlıkları yok olacak ve kent hafızası silinecektir. Bu noktada Kürkçüoğlu (2014:1), "şehirlerde sokak, meydan ve semtlere verilen isimler o şehrin tarihi olaylarından gelen, tarihi simalarından gelen, bilim insanlarından ve sanatçılarından gelen isimleri taşırlar. Ve bu isimler o şehrin hafızasını oluştururlar. Bu isimleri değiştirmek, şehir tarihi ve kültürüyle ilgisi olmayan isimleri şehirlere vermek o şehrin hafızasıyla oynamak, daha doğrusu hafızasını silmektir" ifadelerini kullanmıştır. Kentin önde gelenlerinin ve yöneticilerinin kent imgelerinin ismini değiştirmek yerine eski isimleri korumak adına çalışmalar yapması gerektiğini savunan görüşmecilerden biri şunları dile getirmiştir:

> "Otuz yaşına kadar Ahmet olan bir insanın ismini kalkıp Mustafa olarak değiştirseniz kimse ona Mustafa demez, Ahmet demeye devam edecektir. Her gördüğünde de Ahmet demeye devam edeceksin. Silinmesi için en az yüz yıl gerekir… "12 Eylül Meydanı" diye bir yer mesela orasını kimse bilmez çünkü oranın ismi "Su

Meydanı". Her mahallenin her sokağın her meydan isminin bir anlamı var, bu konuluş amacı var. Bunu göz ardı edemeyiz... Büyüklerimizin buna sahip çıkması gerekir" (Urfa Evleri, Müzisyen, 58).

Kent imgeleri kentin tarihi dokusunu yansıtmakta, isimleri ise kentliye bir şeyler anlatmaktadır. Çünkü mekânın bir ruhu vardır ve bu ruh isme yansımaktadır. Bir mekânın bir imgenin ismini koruduğumuz takdirde o mekânın ruhunu, geçmişini asırlarca zamana taşırsınız. İsmi kaldırdığınızda ya da değiştirdiğinizde mekânların iletişimde, duyu organları ve dolayısıyla insan üzerindeki etkileşimi yavan kalacaktır. Bu durumun ise bireyin kişiliğine yansıması olacağının altını çizen ve yanlış olduğunu savunan katılımcılar şunları söylemiştir:

> "Örneğin Kurra Hafız Mehmet Sokağı'nın ismi benim babamın hocasının ismini taşıyor, ben bunu öğrendikten sonra orayı daha çok sahiplendim, saygı duymaya başladım. Bu tarz şeyler geçmiş ile olan bağımızdır. Koptuğu zaman ne olur yeni bağlar buluruz ve yeni bağlar da çocuklarımızı kötü yola götürecektir. Mekânların isimlerini değiştirerek onlara yazık ediyoruz... Bir sokak isminin, bir cadde isminin kimseye zararı olamaz, hatta yararı vardır" (Tarihi Urfa Evleri, Emekli, 62).

Tarihi yapıları, özünden koparıp restore adı altında yok eden, isimlerini değiştiren hatta onları korumayan herkes kentsel suç işlemektedir. Kentin mevcut mimari yapısına aykırı mimari yapılar inşa edenler de aynı şekilde bu suça ortaktır. Katılımcıların çoğu da gerek Şanlıurfa'da gerekse ülkenin diğer kentlerinde kent imgelerini restore adı altında yıkan ya da ismini değiştiren yöneticilerin, sermaye sahiplerinin veya halktan kişilerin kentsel suç işlediği, dolayısıyla kentin, kentlinin hatta tüm toplumun bunları yargılaması gerektiği noktasında hemfikirdir. Bundan da yola çıkarak hangi siyasi, ideolojik düşünceye hizmet edildiğine bakılmaksızın her kentsel müdahaleye, çoğu kentli tarafından kentin hafızasını yok ettiği gerekçesiyle karşı çıkıldığını söylemek mümkündür.

Mekâna, imgeye verilen isim imaj noktasında her ne kadar olumsuz olsa da ketlinin zihninde nasıl yer edinmiş ise o şekilde kalmaya devam etmektedir. Siyasi iktidarların çeşitli bahanelerle mekânların ismini değiştirmek istediğinde sürekli halk engeline takılacağı açıktır. Bu yüzden olası bir isim değişikliğinde bu müdahalenin sadece resmi anlamda karşılık bulacağı, halk tarafından ise kabul görmeyeceği tecrübe ile sabittir. Çünkü kentsel bir mekânın ismi istenildiği kadar değiştirilsin mühim olan kentlinin/halkın bakış açısıdır. Şanlıurfa kent merkezinde yer alan ve Ulu Camiye yakın bir konumda bulunan Hüseyin Paşa Camisi her ne kadar adı Hüseyin Paşa olarak geçse de Urfa mücadelesinin sembol mekânları arasında olma özelliği taşıdığı için kentli tarafından "Kara Meydanı Camisi" olarak adlandırılmıştır. Kurtuluş mücadelesinde çok sayıda şehidin olması, mekânın bu şekilde adlandırılmasına sebep olmuştur. Dönemin iktidarı, mekânın hafızadaki olumsuz imajını değiştirme adına böyle bir müdahale yapmış olsa da bu durum kentli tarafından karşılık görmemiştir. Çoğu din görevlisi arkadaşların bile bu mekâna eski ismi ile hitap etmesi, kent hafızasının gücünü göstermektedir. Her değiştirilen ismin ilerleyen zamanlarda kentin başına bela olacağını bunun yanında kentin ve bireyin hafızasının yok edildiğini, bu anlayıştan bir an önce vazgeçilmesi gerektiğini aktaran katılımcılardan biri bu noktada şu ifadeler üzerinde durmuştur:

> "Eskiden hanın karşı mahallesinde bizim adımızı taşıyan bir sokağımız vardı, "Karakapıcı Sokağı" diye. Oranın ismini de değiştirmişler. Oraya gittiğimde tüm ailemi, babamı atalarımı hatırlardım, orayı da evim gibi görürdüm. Şimdi benim için bir anlam ifade etmiyor. Çocuklarım gördü o sokağı, o ismi ama torunlarım

hatırlamayacak. Ermeni kaynaklarında da bile o sokak o isim ile geçiyor. Ama yok ettiler, isim misim kalmamış" (Gümrükhanı, Esnaf, 83).

Yapılan görüşmelerden de anlaşılacağı üzere katılımcıların çoğu kent imgesine yapılan müdahaleden memnun olmadığını dile getirmiştir. Bu da Lynch (2016) da bu noktada üzerinde durduğu 'halk imgesi' kavramının Şanlıurfa özelinde karşılık bulduğunu göstermektedir. Yani imgenin asıl sahibinin halk olduğu, toplumun hafızasında önemli bir yere sahip olduğu görüşü geçerlilik kazanmıştır.

Kentsel imgeler, var olmaları ile toplumsal hafızada yer edinirler. Sahip oldukları isimlerden dolayı da kolektif hafıza aracılığıyla hatırlanmaktadırlar. Bu nedenle imgelerin isimlerinin değiştirilmesi, söz konusu imgelerin toplumsal hafızada yer almasını geciktirmektedir. Yeni kuşak bireylerin kentsel imgeyi, son verilen isimle tanıması, zihinde o şekilde yer edinmesine sebep olmuştur. Örneğin çoğu kentte karşımıza çıkan 12 Eylül ve sonrasında verilen isimler, yeni kuşak tarafından aktif olarak kullanılmaya devam etmektedir. Bu nedenle konulan yeni ismin değiştirilmesinin, son kuşak bireylerce tepki ile karşılanacağı açıktır. Şanlıurfa'da darbenin getirmiş olduğu süreç sonrasında tarihi mekânların yıktırılması sonucunda açılan 12 Eylül Caddesi'nin yakın zamanda Demokrasi Caddesi olarak değiştirilmesi birçok genç katılımcı tarafından tepki ile karşılanmıştır. Şehir planlamacısı olan katılımcılardan biri yapılan bu değişiklik için şu yorumda bulunmuştur:

> "Siz kimi çevirirseniz çevirin kimse 12 Eylül Caddesi'ne "Demokrasi Caddesi" demez. Halk kültüründe onu nasıl kodlamışsa o mekâna o isimle ile hitap etmeye devam edecektir" (Genel, Şehir Planlamacı, 32).

Bir mekânın bir imgenin isimlendirilmesi, ilkel toplumlarda bile karşılaşılan bir durumdur. İlkel insanların bile yaşadığı bölgeyi önemsediği, bu yüzden isimlendirdiğini aktaran Lynch (2016: 138), "gözlemciler, yerleşilmemiş topraklarda bile yer isimlerine çokça rastlandığını" açıklamıştır. Bir imgeyi adlandırmak beraberinde anlamlandırmayı da getirmektedir. Lynch' a (2016) göre bu durum ise imgeye canlılık ve kentlinin deneyimlerine derinlik katmaktadır. İsmi değiştirilen her imge başta anlamını kaybedecek sonrasında ise kentlinin hafızasından silinip gidecektir. Şanlıurfa'da yapılan mekân isimlerini değiştirme uygulamasının, kent kimliğini, Şanlıurfa hafızasını ve tarihini yok etmeye yönelik boş bir girişim olduğunun altını çizen katılımcılar bu durumu şu sözlerle özetlemiştir:

> "Yüzyıllık Topçu Meydanı'nın ismi kalkıp değiştirildi. Benim dedem o meydanda Fransızlara karşı savaştı benim için bir anlamı var. Kalkıp ismi Rabia Meydanı olarak değiştirildi. Rabia'nın benim kültürümde yeri nedir anlamış değilim" (Gümrükhanı, esnaf, 42).

> "Mesela Fırfırlı Cami'nin ismi İyad Bin Ganem olarak değiştirildi. Çok büyük bir İslam komutanı olabilir ama neden kentin hafızası ile oynanıyor anlamış değilim. Şahsen karşıyım ve bunun örneği çok maalesef" (Ulu Cami, esnaf, 47).

> "12 Eylül sonrasında Arap Meydanı'nın ismi Türk Meydanı olarak değiştirildi ama hiçbir zaman karşılık görmedi. İnsanlar oraya Arap Meydanı demeye devam ediyor. 12 Eylül etkisini kaybedince eski ismi geri verildi. Rabia ismi de geçerli olmayacak" (Genel, İdareci, 57).

Tarihi mekânların, imgelerin isminin değiştirilmesi ile aslında kentin tarihi ve kimliği yok edilmektedir. Mekânların isimlerinin değiştirilmesi ya da numara verilmesi aslında tüm yaşanmışlıkları yok edip kentin ve kentlinin hafızasını sıfırlamaktır. İsmini tarihten ya da yaşanmış bir hikâyeden alan bir sürü imgenin olduğunun, bu isimlerinin değiştirilmesi ile birlikte Şanlıurfa'nın hafızasının yok olacağının altını çizen emekli sanat tarihçisi bu durumu aşağıdaki gibi aktarmıştır:

> "Tüm bunlar yapılarak aslında tarih, kimlik yok ediliyor. Moda çıktı eski sokaklara numara verilmeye başlandı. Sokağa numara verilmez, sokağa isim verilir. Her sokağın tarihten gelen bir ismi vardır. Örneğin "Rastgeldi Sokağı" deniliyor, bu sokak bir ailenin ismini taşıyor ve Rastgeldi Ahmet ailesiyle o sokakta oturuyordu. İsmi verilen zat, 11 Nisan Kurtuluş Mücadelesinde şehit olmuştur. Sen o sokağın ismini değiştirip numara verirsen o sokaktaki kentin ve kentlinin hafızasını silersin, 11 Nisan'ı silersin, zılgıt çalmayı silersin" (Genel, Emekli Sanat Tarihçisi, 70).

Zweig'in (2019: 161) dediği gibi "sokaklar herkese aittir". Bu açıdan bakıldığında Şanlıurfa kent merkezinde yapılan düzenleme ve değişiklik sokakların kentliye ait değil de iktidar erkine ait olduğunu göstermektedir. Bazı kentsel imgelerin isimlerinin değiştirilmesi olayından haberdar olmadıklarını, eski dönemden kalma bir uygulama olduğunu dile getiren Şanlıurfa Büyükşehir Belediye Başkanı Zeynel Abidin Beyazgül, yüz yüze yapılan görüşmede şu ifadeleri kullanmıştır: "İsimlendirme konusunda yeni olduğumuz için pek haberdar değiliz. Ama durumu daha yakından takip etmek için bir durum raporu hazırlatacağız. Bu sokakların, caddelerin eski isimleri ile anılmasının oranın ruhuna uygun olduğu düşüncesindeyim. Çoğu sokağın ismi değişmesine rağmen eski ismi ile anmaya devam ediyoruz. Eski isimlerin tarihimizde, hafızamızda önemli bir yeri vardır. Bu yüzden eski isimlerinin geri verilmesi için çalışmamız olacaktır".

İmgeyi yıkmak ya da ismini değiştirmek ne kadar kentsel suç olarak tarif ediliyorsa kent dokusuna aykırı ya da kent imgesinin özüne yakışmayan yapıları inşa etmek de aynı şekilde kentsel suç olarak tanımlanmaktadır. Birçok kentte karşımıza çıkan bu yapılara Şanlıurfa kent merkezinde de rastlamak mümkündür. Örneğin kentin girişinde sizi karşılayan devasa "Nevali Otel"i bunun en güzel örneğidir. Bu yapıya bakıldığında kentin ruhuyla, tarihi yapısıyla, mimarisiyle, kültürel dokusuyla hiçbir alakasının olmadığı çok net görülecektir. Kentin girişinde kente gelenleri karşılayan bu yapı, kente dair bir değer barındırmıyor olmamakla birlikte kent imgesi olma yolunda hızla ilerlemektedir. Kent imgelerinin dokusuna aykırı yapılan bir diğer yapı ise tarihi Haşimiye Meydanı'nda inşa edilen Özdiker Kuyumcular Çarşısıdır.

Resim- 12: Özdiker Kuyumcular Çarşısı

Kaynak: Sabah Gazetesi (06.08.2020).

Fotoğrafta da görüldüğü gibi bu çarşının, 1980 sonrasında özellikle Belediye Başkanı İbrahim Halil Çelik zamanında, daha önce Şanlıurfa'nın tarihi dokusunu taşıyan ve oradaki tarihi hanlar, çarşılar ile bütünlük içinde olan bir sürü tarihi mekânın yıkılıp yerine inşa edildiği belirtilmektedir. Bu yapının kentin ruhuna aykırı yapılması, tarihi birçok imgenin yıktırılıp inşa edilmesi ve günümüzde kent için önem arz eden imgeleri gölgede bırakması kentsel suçun en açık delillerindendir. Oranın inşa edilmesi ile kentin anlam bakımından yok olduğunu, o çarşının hem mimari anlamda hem de taşıdığı ruh anlamında diğer yerlerden kopuk durduğunu söylemek yerinde olacaktır. Genelde iktidarın özelde de yerel yöneticilerin şüphesiz zamanı iyi okumaları, anlamaları, ileriki zamanı düşünerek hareket etmeleri ve bu doğrultuda kentsel projeler hazırlamaları gerekmektedir. Kentin ticari anlamda büyüdüğü, hissedildiği vakit yeni alanların açılması ve bu yapılırken yeni mekânların inşa edilmesi sağlanmalıdır. Söz konusu çarşı, olumlu bir amaç doğrultusunda yapılmış olsa da tarihi bölgenin tarihi kimliğine aykırı olduğu için ucubeden farksız olduğunu belirtmekte fayda vardır. Bazı dönemlerde idareciler tarafından her ne kadar yıktırılmaya çalışılsa da ekonomik sıkıntılar ve gelen tepkiler yüzünden yerinde kalmaya devam etmiştir. Böylelikle zaman içinde kent hafızasında yer edinmiştir.

İmgenin yaşamış olduğu değişimi son hali ile yorumlamak eksik ve hatalı olacaktır. Bunu doğuran sebebi ve oluşum sürecini okumak, imgenin hangi maksatla değiştirildiğini, bu değişimin neye ve kime hizmet ettiğini anlamak açısından yararlı olacaktır. "İster tek bir bireyde olsun ister halkta olsun, insanın doğası gereği, güçlü duygular sonsuza kadar sürmez" (Zweıg, 2019: 277) bundan dolayı kent üzerine uygulanan "düşünsel çılgınlık", adlandırma sonsuza kadar devam etmeyecektir. Değişen koşullar, eski ideolojilerin yerini alan yeni ideolojiler, kenti tekrardan değişime uğratmaktadır.

Küreselleşme şüphesiz beraberinde bir yerelleşmeyi de doğurmaktadır. Küreselleşmenin öteki yüzü olarak adlandırılan yerelleşme sürecinin etkisi, kentleri tanıtma, daha fazla ziyaretçi çekme ve yerel yönetimlerin prestijleri arttırma mantığıyla kentleri bir "sektör" haline getirdiğine değinen Keskin (2017: 155), yaşanan bu gelişmelerin kente ve kentliye zarar verdiğinin altını çizip, "değişip büyüyen kentler giderek kendi geçmişlerinden uzaklaşmakta, tarih, gelenek, örf ve adetler giderek yok olmakta veya unutulmaktadır. Tüm bunlar, içinde yaşanan kenti bir kimlik sorunu ve arayışıyla karşı karşıya bırakmaktadır" açıklamasında bulunmuştur. "Geçmişte kentin şekillenmesinde bir araç olarak kullanılan "yıkarak yapma" eylemi, bugünün neoliberal kent ortamının inşasında en çok rol alan eylem olarak karşımıza çıkmakta, bir kentin yıldızının parlaması için en ideal inşa yöntemi olarak sunulmaktadır" (Çetken, 2017: 91). Her yıkımın sadece yapıda/mekânda olmadığını, ruhun da beraberinde yıkıldığını vurgulayan katılımcılardan biri şu ifadeleri kullanmıştır:

> "Her dönem kendi mimarisini üretiyor. Bu dönemin mimarisi de kibrit kutusu gibi yapılardır sanırım... Çoğu mimari yapı eskiye benzetilmeye çalışılıyor, neden çünkü halen özümüze bir hasret duyuyoruz. Öze illa bir gönderme yapıyoruz ama diyorlar ya "ne yardan vazgeçiyoruz ne de yâre varabiliyoruz" ... Özümüze ne yapı olarak dönebiliyoruz ne ruh olarak. Önce ayağımızı topraktan kopardılar şimdi de bizi özümüzden koparıyorlar. Tabiî ki restorasyon gerekli ama restorasyondan anladığımız "değiştirmek" olmamalı" (Ulucami, İmam, 30).

Kent imgesinin kullanım amacının ve isminin değişime uğraması, orayı kullanan insanların profilinin de değişmesini beraberinde getirmektedir. Çünkü her imge kendi muhatabına göre şekillenmektedir. Türkiye'de son zamanlarda yaşanan siyasi gelişmeler de tarihi mekânların kullanım şeklinin değişmesine neden olmaktadır. Birçok ilde olduğu gibi Şanlıurfa'da da çok sayıda tarihi yapı yaşanan bu gelişmelerden nasibini almıştır. Tüm bunların mekânın ruhuna hakaret olduğunu, tarihine zarar verdiğini dile getiren ve bu gelişmelerden dolayı bu mekânlara müdahale edenleri eleştiren katılımcılardan biri yakınmalarını şu şekilde özetlemiştir:

> "Tarihi yapılar bir kişinin ya da bir grubun şahsi malı değildir. Oralar hepimizin. Ne yazık ki buna çok dikkat edilmiyor. 12

Eylülde Şanlıurfa'nın bir sürü tarihi evini yıktılar. Çocukken oynadığımız sokağı tamamen yıktılar. Şimdi de çoğu tarihi yerin, sokağın caddeni ismi değiştirilmiş. Ne anlıyorlar bundan, anlamış değilim" (Gümrükhanı, Esnaf, 83).

Görüldüğü gibi kent imgeleri siyasi müdahalenin en çok hissedildiği mekânlar olarak karşımıza çıkmaktadır. Ülkeyi yöneten iktidar imgeyi ya yıkmakta ya da ismini değiştirmektedir. Her halükârda etkilenen, yıkılan, yakılan ve kalbi sökülen kentin kendisi olmaktadır. Çünkü başta da söylediğimiz gibi kentler, siyasi düşüncelerin ve ideolojilerin mücadele alanı ve merkezidir. Her mücadele sonucunda oluşan, yeniden yapılan, ismi değiştirilen bir imge, yeni bir kentlilik bilincinin oluşmasını sağlayacak ve istenilen toplum, bu şekilde inşa edilecektir. Çünkü tüm bunlar ise ancak kent hafızasını yok etmek ve imgenin özünü değiştirmekle mümkündür. 1980 yılını, tüm dünyada olduğu gibi Türkiye'de de ekonomik ve siyasi anlamda değişimlerin başlandığı yıl olarak görmek mümkündür. Söz konusu tarih sonrasında yaşanan küreselleşme olgusu ve iletişim teknolojilerinde yaşanan gelişmeler, sınırların işlevlerini kaybetmesine sebep olmuştur. Tüm bu gelişmeler, kentleri ve kentsel imgeleri siyasi iktidar tarafından metalaştırılıp ticari ya da siyasi bir nesne olarak sunma yarışına sürüklemiştir. Yaşanan siyasi ve iktisadi gelişmelere bağlı olarak ortaya çıkan kentsel yenileme çalışmalarının da güçlü bir kent imgesi yaratma arzusu ile yapıldığını söylemek yerinde olacaktır. Söz konusu çalışmalar her ne kadar güçlü bir imge oluşturma gayesi ile hazırlanmış olsa da tüm kentlerde olduğu gibi Şanlıurfa'da da güçlü kentsel hafıza bunu engellemektedir. Resmi söylemin halk nezdinde karşılık bulamaması, bu çalışmaların ya da siyasi müdahalelerin zaman içinde yok olmasına veya geçerliliğini yitirmesine sebep olmaktadır.

2.5. Kentin Gezen imgeleri: Amblem ve Otobüsler Üzerinden İmgeyi Okumak

Kentlerin sahip olduğu imgeler her ne kadar fiziksel olarak bir kente bir alana ait olsa da artan teknolojik gelişmeler ve ulaşımdaki hızlı değişim, imgeyi bir kente ya da bir ülkeye ait olmaktan çıkarmaktadır. Bireyin sürekli bir yer değiştirme, yeni yerler keşfetme isteği ve kent yöneticilerinin imgeyi tanıtım, pazarlama nesnesi haline getirmesi, imgelerin sürekli "dolaşımını" beraberinde getirmektedir. Kentlinin gezen imgeler karşısında sadece izleyen olmayıp gösterinin bir parçası da olabileceğinin altını çizen Lynch (2016: 2), kentin gezen imgeler ile ilgili"bir kentin hareketli öğeleri ve özellikle de kentte yaşayan insanlar ve faaliyetleri, sabit fiziksel kısımlar kadar önemlidir" vurgusunu yapmıştır. Dolaşan imgenin ise kentin tanıtımı noktasında katkısı tartışılmazdır. Bu noktada katılımcılardan biri şu ifadeleri kullanmıştır.

> "Bazen kentte yaşamasına rağmen kente uzak olan insanlar var. Kendi yaşadığı kenti tanımayan var. Şehiriçi otobüslere bu tarz giydirmeler yaparak kent sembollerini öncelikle burada yaşayanlara tanıtmamız gerekir. Şanlıurfa'ya daha önce gelmeyenlere ise şehir dışına giden otobüsler süslenerek bir tanıtımı yapılmalıdır" (Genel, İdareci, 45).

Merak uyandırma duygusu, neredeyse tüm kent yöneticilerinin üzerinde durduğu konuların başında gelmektedir. Çünkü kent ancak o şekilde ekonomik bir getiri sağlayabilmektedir. Bundan dolayı kentler imgelerinin reklam ürünü olarak billboardlarda tanıtımının yapılması, şehir içi ve şehirlerarası otobüs, tramvay ve trenlerin kent imgelerine ait fotoğraflarla süslenmesi ekonomik bir amaç gözetilerek yapılmaktadır. Bu faaliyetlerin daha kontrollü ve daha çok sayıda yapılması tanıtımı yapılan imgenin daha çok dikkat çekmesini sağlamakta ve daha fazla ziyaretçinin imgeyi görmeye gelmesinin yolunu açmaktadır.

Kentsel mekânın güçlü bir kent imgesine dönüştürme sürecinin yaygın olan toplumsal araçlarla mümkün olduğunu savunan Yılmaz ve İnceköse'ye (2017) göre imgenin farklı görsel temsiller üzerinden üretilmesi ve tüm bu temsillerde idealleştirilmesi, toplumsal olarak kabul görmesini sağlamaktadır ve imgenin imgeleşme süreci hızlanmaktadır. Bunun için en önemli araçların başında ise kullanılan amblemler, süslemeler, kartpostallar ve reklam afişleri gelmektedir. Kente ait imgelerin dışında kenti anımsatacak sembollerin de kullanılması gerektiğinin altını çizen katılımcılar konuşmalarında şu ifadelere yer vermiştir:

> "Şehirlerarası otobüslerde giydirmeler o şehrin tanıtımı maksatlı yapılıyor. Bu durumu beğeniyorum. Bunun dışında giydirmenin yanında o otobüse bindiğimde o kente ait müziklerin çalınmasını, videolarının izletilmesini isterim. Hatta kokusu bile kente ait olsun isterim. Halfeti kolonyası gibi. İkramların da o kentte üretilen ürünlerde olması daha güzel olur" (Genel, 32, Mimar).

Tanıtımın ülke içinden önce kentin içinde yapılması gerekmektedir. Kent imgesinin öncelikle o kentte yaşayanlar tarafından görülüp benimsenmesi için projelerin sayısı arttırılmalıdır. Bu şekilde olunca imgenin korunması, imgeye aidiyetin oluşması daha kolay olacaktır. Böylelikle tanıtımı kendiliğinden olacaktır. Yapılan otobüs giydirmelerini tamamen yanlış bulduğunu açıklayan katılımcılardan biri şu tavsiyelerde bulunmuştur:

> "Şehir içi otobüslerinin giydirilmesi baştan sona yanlıştır. Öncelikle senin o çocuğun elini tutup o değeri göstermen gerekir. Fotoğrafını göstermek tek başına yeterli olmaz. Oraya götürüp yaşatman gerekir, nefes aldırman gerekir. Dışarıya gidenler iyi, ticari olarak bir katkısı olacaktır" (Topçu Meydanı, Memur, 58).

Görünürlük ve görünürlüğün hareketliliği, kent imgelerinin tanınırlığı artırmaktadır. Çoğu katılımcıda bir boyutu ile reklam ve iletişim araçlarının etkin kullanımı, Şanlıurfa'nın tanınırlığını ve özellikle ekonomik yönünü geliştireceği fikri hâkimdir. Şanlıurfa'da çevre kentlere nazaran daha az sayıda rastlanılan imgeyi gezdirme çalışmalarının son dönemde arttığını söylemek mümkündür. Özellikle Göbeklitepe'nin tüm dünyaya hitap eden bir imge olmaya başlaması, son dönemde özellikle yurtdışına gönderilen otobüslerin bu imge ile süslenmesini sağlamıştır. Böylelikle kente ait olan tarihi bir yapının/mekânın imgeleşmesine katkı sağlanmıştır.

3. Kent(li) Kimliği ve Şanlıurfa

3.1. Kent Kimliği Üzerinden Şanlıurfa Kent Kimliğine Bakış

Her kent sahip olduğu tarihi, coğrafi, kültürel, mimari ve sanatsal değerler üzerinden kimlik kazanmaktadır. Sahip olduğu bu değerler ise kenti diğer kentlerden ayırmaktadır. Her kentin kendine has özellikler barındırdığını, bu özelliklerin ise bir kenti diğer kentlerden farklılaştırdığını vurgulayan Lynch (1981), tüm bu farklılaştırıcı özelliklerin ise kentin kimliğini inşa ettiği, kentlerin bu değerler üzerinde tanımlandığı üzerinde durmaktadır. Öte yandan kenti kullananların kente yönelik beslemiş oldukları algı, tutum ve düşüncelerin de bir kentin kimlik kazanmasında etkili unsurlar olarak görmek mümkündür. Özellikle kentsel algının kentsel kimliğin önemli bir parçası olduğunu belirten Taşçı (2012: 81), bu durumu "kentsel algıyı bir kavram olarak kentin kendisinden farklı olarak ele alıp değerlendirmek oldukça zor bir durum olmakla birlikte algı, bir kentte yaşayanların o kent hakkındaki bilgi, duygu ve yaşanmışlıklarından oluşan kanaatlerini içermektedir" sözleriyle açıklamıştır.

Toplumsal çevre dediğimiz olgu insan ve toplum öğelerinin bir araya gelmesi ile meydana gelmektedir. Kent kimliği de tıpkı toplumsal çevre gibi tek başına bireysel algılar ile değil toplumsal algılar ile şekillenmektedir. Kent kimliği kavramının insanın içinde yaşadığı, havasını soluduğu kenti algılaması, yorumlaması ve tanımlaması ile oluşmaya başladığını ifade eden Akpınar (2017: 233), bu noktada "kent gibi bütünsel bir yapı söz konusu olduğunda, kent kimliğinin oluşabilmesi için bireylerin tek başlarına oluşturdukları algılardan ziyade toplumsal olarak oluşturulan bir algıya ihtiyaç vardır. Tarihsel kimlik, kentlerin toplumsal olarak oluşturulan algısına büyük ölçüde yansır" açıklamasında bulunmuştur.

Bir kentin kimliğini oluşturmasında zaman olgusunun önemli bir yeri vardır. Özellikle son dönemde Türkiye'de yaşanan gelişmeler, kent olma özelliği yüklenen alanların kendilerine has bir kimlikten yoksun olmalarına sebep olmuştur. Kendilerine has bir tarihsel kimlik edinmeyen yerleşim yerlerinin kent kimliğinden yoksun olmaları, kimlik ile tarihi yaşanmışlık ve zaman arasındaki olmazsa olmaz ilişkiyi özetlemektedir. Örneğin Batman gibi son dönemde il olmuş kentlerin, resmi söylemde bir kent olmasına karşın kendine ait bir kent kimliği oluşturamamaları, söz konusu ilişkinin önemini desteklemektedir. Kent kimliğinin bir süreç ile kazanıldığına dikkat çeken Güner (2015: 50), bu doğrultuda kent kimliğini: "kent imajını etkileyen; her kentte farklı ölçek ve yorumlarla kendine özgü nitelikler taşıyan; fiziksel, kültürel, sosyo-ekonomik, tarihsel ve biçimsel faktörlerle şekillenen; kentliler ve onların yaşam biçiminin oluşturduğu, sürekli gelişen ve sürdürülebilir kent kavramını yaşatan, geçmişten geleceğe uzanan büyük bir sürecin ortaya çıkarttığı anlamsal bütünlük" sözleri ile tanımlamıştır.

Kent kimliği ile kent hafızası arasında da doğrudan bir ilişkinin olduğunu, kentsel bir hafızadan yoksun olan bir kentin kendi kimliğini inşa etmede zorluk yaşayacağını söylemek mümkündür. Bu yüzden her kent, kendi kimliğini oluştururken toplumsal hafızaya başvurmak zorundadır. Çünkü kimlik kent hafızasında yer alan bileşenlerden beslenmekte ve onun üzerinden kendini inşa etmektedir.

Kentlerin sahip olduğu kimliklerin sürekli ve değişmez olduğunu söylemek eksik olacaktır. Gerek küresel gerekse de ulusal gelişmeler kent kimliklerinin yeniden üretilmesini beraberinde getirebilmektedir. Özellikle son yıllarda yaşanan küresel gelişmeler, bireylerin toplumların ve kentlerin toplumsal, kültürel kimliklerini hızlı bir değişim ve dönüşüme uğrattığını söylemek yerinde olacaktır. Mimaride, sanatta, kültürde ve yeme içme alışkanlıklarında karşılaşılan bu değişimler, toplumsal kimliğin yeniden düzenlendiği, yeni şekiller aldığı savını desteklemektedir. Modernleşme başlığı altında toplayabileceğimiz tüm bu gelişmeler hem ekonomik hem de siyasi bir proje olarak kentlerin ve kent imgelerinin de yeniden tanımlanması sorununu da beraberinde getirmektedir. Bu süreç ise kentleri ticari bir meta haline getirmekte ve tüm kentlerin birbirine benzemesi sorununun ortaya çıkmasına sebep olmaktadır. Bu durum ise kentleri bir kimlik arayışına ya da kimlik bunalımına sürüklemektedir. Yaşanan bu gelişmelerden dolayı birçok kenti tarihi ve doğal güzellikleri dışında birbirinden ayırt etmenin güç olduğunu savunan Karaaslan (2017: 56), "günümüzde tarihi eserler kent kimliği açısından belki de hiç olmadığı kadar önem arz etmekte ve modern kent paradigmasına ev siyasetine meydan okumaktadır" diyerek bir kent imgesinin kent ve kentli kimliği için önemi üzerinde durmaktadır. Koyuncu ve Akkaya ise (2019: 59) kent kimliğindeki değişimi konusunda; "kaygan ve her an yeniden kurgulanır olma özelliği, sabit olmaması, kimlik oluşumunda farklılığın temel bir rol oynaması gibi özellikler, kimliğe ister istemez olumsallığa ve mekâna özel bir önem veren, mekânı ön plana çıkaran bir bakış açısına sahip olmasına neden olmuştur" ifadelerini kullanmıştır.

Bir kentin kimlik kazanmasında etkili olan değerlerin başında kentsel imgeler gelmektedir. Çünkü birçok kent, söz konusu imgeler üzerinden kimliğini inşa etmekte ve şekillendirmektedir. Söz konusu değerlerin ve imgelerin koruması ise değişmez bir kent kimliğinin oluşmasını sağlamaktadır. Bazı kentler sahip oldukları bu değerleri/imgeleri halka sunup kimliğini pekiştirirken bazı kentler ise bunu başaramamaktadır. Şanlıurfa'nın kendine has değerlere, mekânlara, imgelere ve kültüre sahip olması onu diğer birçok kentten ayırmaktadır.

Kentli, kenti algılamaya başladığı andan itibaren onu gelecek içinde tasavvur etmeye ve bir tahayyül geliştirmeye başlamaktadır. Bunu yaparken de kentin mevcut kimliğinden yola çıkarak yeni ve farklı bir kimlik inşa etmektedir. Çünkü kente her bakış yeni bir kimlik anlamı ile eşdeğerdir. Aslında tüm bu yapılanlar kente bir sıfat yükleme olarak da yorumlanabilmektedir. Yani birey ufku nispetinde yaşadığı kenti geleceğe hazırlamakta, var olan ruhu ile birlikte kente bir elbise biçmekte kente bir kimlik sunmaktadır. "Şehrin ve kentsel mekânların genel geçer tarifleri olmakla birlikte, orada yaşayanların şehrin kendisine ve mekânlarına yükledikleri anlamlar hem bu mekânlar için hem de oluşacak kent kimliği için önemli unsurlardır. Zira bir şehrin kimliğinin o şehirde yaşayanlardan ve onların algılarından bağımsız olarak düşünülmesi söz konusu olamaz" (Taşçı, 2012: 82). Şanlıurfa kent kimliğinin oluşunda kentte yaşayanların verdiği destek ile şekillendiğini, kent kimliği konusunun tüm Şanlıurfalılar tarafından önemsendiğini dile getiren katılımcılardan biri şu şekilde açıklamalarda bulunmuştur:

> "Bizim tüm konuşmalarımızda olsun, yaptıklarımızda olsun kent ve kentli kimliğini ön plana çıkaracak konuşmalar yapıyoruz. İlişkilerimizde de bütün turizm ve kültür çalışmalarında kent kimliğine vurgu yapılmasına özen gösteriyoruz. Filmlerimizde ve

tiyatrolarımızda kent kimliğinin daha çok perçinleşmesi için düşüncelerimizi buna yansıtıyoruz" (Genel, Yerel Yönetici, 64).

Bir kente kimlik veren şey şüphesiz mekân ve insanlardır. Bir kent sahip olduğu mekânlar sayesinde anlam kazanır. Buna bağlı olarak da kentli de bir kimlik kazanır ya da kendi kimliğini yaşadığı kente göre şekillendirir. Yani insan ve mekân bir kente kimlik kazandıran olguların başında yer almaktadır. Her kentin kendine has bir kültürünün olduğunu buna bağlı olarak da kendine has bir kimlik geliştirdiğini söylemek yerinde olacaktır. Her kentin de onu temsil eden, zihinlerde yer edinmesini sağlayan çeşitli sembolleri vardır. Nasıl ki boğaz simgesi İstanbul'u, Oltu Taşı Erzurum'u ya da balon simgesi Kapadokya'yı temsil ediyor ve o kente bir kimlik kazandırıyor ise Harran Kubbe Evleri gibi imgeler de Şanlıurfa'yı temsil etmekte, diğer kentlerden ayırmakta ve Şanlıurfa kimliğini ortaya çıkarmaktadır. Örneğin Şanlıurfa denildiğinde ilk akla gelen şey tarihtir. Kente kimlik kazandıran da kentin bu özelliğidir. Bunun yanında dini bir kimliğinin olduğunu ve "Peygamberler Şehri" olarak tarif edildiğini söylemek gerekir. Son olarak Göbeklitepe'nin açığa çıkarılması ve kent üzerine yeni değerlendirmelerin yapılması, kentin 'Tarihin Sıfır Noktası' şeklinde anılmasına sebep olmuştur. Böylelikle kent kimliğinin ulusal bir kimlikten uluslararası bir kimliğe geçiş yaptığı görülmektedir. Kent son dönemde ise "uygarlığın doğduğu kent, mimarinin ilk örneklerinin olduğu kent" olarak anılmaya başlanmıştır.

Kentlerin tarihten beri sahip olduğu özellikler günümüz kimliklerinde belirleyici rol oynamaktadır. Örneğin Şanlıurfa'nın dinsel bir tarihsel yapıya sahip olması bu doğrultuda kimlik kazanmasını sağlamıştır. Şanlıurfa'nın dünya tarihinde akla gelen dört kutsal kentten biri olduğunu, dolayısıyla 'kutsal şehir' kimliğine sahip olduğunu dile getiren katılımcılardan biri şu bilgileri paylaşmıştır:

> "Eskiden beri hacı adayları Şanlıurfa'yı ziyaret etmeden Hacca gitmezdi. Çünkü Şanlıurfa denilince akla dört kutsal şehirden biri gelmektedir. Bu şehirler; Mekke, Medine, Kudüs ve Şanlıurfa'dır. O yüzden bu kent bizler için çok önemlidir" (Balıklıgöl, STK Temsilcisi, 50).

Kent kimliklerinin oluşmasını sağlayan dinamikler çoğu zaman farklılık gösterebilmektedir. Kimliğin oluşmasını sağlayan bazı özellikler belli dönemlerde ön plana çıkarken bazı dönemlerde ise yerini diğer özelliklere bırakabilmektedir. Örneğin Şanlıurfa yakın zamana kadar dini yanı ile görünür olurken son dönemlerde Göbeklitepe'nin ortaya çıkması ile tarihi yönü ile dikkat çektiği söylenebilir. Bir kentin çok sayıda imgeye sahip olduğu, tarihten sanata, sanattan mimariye, yemekten doğal güzelliklere kadar birçok değeri kendi içinde barındırdığını ifade eden katılımcılardan biri Şanlıurfa'nın bir müzik kenti olduğunun da unutulmaması gerektiğini belirtip şunları söylemiştir:

> "Tüm bunların dışında "müzik kenti" imajı var. TRT repertuarlarına bakıldığında Şanlıurfa kentine ait yüzlerce türküyü bulmak mümkündür. Kısacası Şanlıurfa'nın sahip olduğu çok sayıda imge, sembol var diyebiliriz" (Genel, Emekli Sanat Tarihçisi, 70).

Şanlıurfa kent olarak içinde barındırdığı çok kültürlü halkı, tarihi ile kültürü, suyu ve toprağı ile diğer kentlerden ayrılmaktadır. Barındırmış olduğu bu farklılıklar kent kimliğinin oluşumunda etkilidir. Farklı olduğunu gösteren imgelerin başında ise sıra geceleri gelmektedir. Bu kültürün diğer kentlerde de devam ettiğini ve hangi kentte düzenleniyorsa o kentin sembollerini taşıdığını dile getiren katılımcılardan biri şu betimlemelerde bulunmuştur:

"Sıra gecesi kent kimliğini yansıtan öğelerin başında gelmekte, tüm dünyaya mal olmuş durumda. Bir örf bir anane bir gelenek var. Böyle olunca kentin de kimliğini yansıtıyor. Örneğin; Antep'te "meşk gecesi", Elazığ'da "kürsü başı", Diyarbakır'da "Eyvan Gecesi" deniliyor. Bu geceler hangi kentte düzenleniyorsa o kentin kimliğini yansıtıyor" (Urfa Evleri Müzisyen, 58).

Bir kentin kimlik kazanmasını farklı bir gerekçeye bağlayan ve kentin sahip olduğu kimliğin ticari getirisine dikkat çeken katılımcılardan biri ise şu ifadelerin altını çizmiştir:

"Önce orada yaşayan halk ile orayı yöneten yöneticiler kendi kimliğinin farkına varmalı ve turizm buraya yönlendirilerek halkın nemalanması sağlanmalıdır. Böyle olunca halk kendi kimliğini kabul eder ve kent kimliğinin oluşmasına katkıda bulunur" (Balıklıgöl, İşletmeci, 34).

Nasıl ki bireyi birey yapan şey kimliği ise bir kenti kent yapan şey de sahip olduğu kimliğidir. Kimlikten yoksun bir kentten bahsetmek mümkün değildir. Birey tüm yaşamı boyunca yaşamış olduklarını biriktirerek bir kimlik oluşturmaktadır. Kentler de aynı şekilde kent hafızasında yer alan değerler ile kimliğini inşa etmektedir. Kimliğin belli bir birikim üzerinden inşa edildiğine dikkat çeken Bingöl (2004: 18), kimlik olgusunu, "rastlantılar sonucu ortaya çıkmayan, kendine özgü gelişmeyi olanaklı kılan ve daima oluşum halinde olan bir süreç" şeklinde yorumlamıştır. Kentlerin de tıpkı bireyler gibi belli değerler aracılığıyla kimliğini yansıttığını ifade eden Morley ve Robins, kentlerin (1997: 74), "simgeler ve ilişiler sistemi" üzerinden kimliklerini inşa ettiklerini ileri sürmüşlerdir. Bu bağlamda düşünüldüğünde Şanlıurfa'nın da sahip olduğu kentsel imgeler üzerinden kimliğini oluşturduğunu söylemek mümkündür. Bunun yanında kent içindeki toplumsal ilişkiler de kent kimliğinin oluşmasına katkıda bulunmaktadır. Katılımcıların görüşleri bu durumu desteklemektedir.

3.2. Şanlıurfa Kent Kimliğinin Değişimi: "Altın Kaybeden Altın Bulamaz"

Değişmenin kaçınılmaz olduğu bu zamanda kentlerin de değişime uğramaması mümkün değildir. Yani kentler de birçok şey gibi değişime uğramaktadır. İlerleyen teknolojik gelişmeler, bilginin hızla yayılması ve ulaşım alanındaki ilerleme, kentlerin değişmesini kaçınılmaz kılmaktadır. Bireyin istediği anda istediği bilgiye ve mekâna ulaşabiliyor olması kentsel sınırların yok olmasına ve anlamını yitirmesine sebep olmaktadır. Bu durum ise kent kimliklerin değişimi ve yeniden tanımlanma sorununu beraberinde getirmektedir. Her kent için sahip olduğu kimliği çok önemlidir. Sahip olunan kimlik, kentlerin tanıtımında, turizm gelirlerinin artmasında ve kültürünü sonraki nesle aktarımında temel rol oynamaktadır. Bu yüzden gerek yerel yöneticiler gerekse kentliler kent kimliğinin korunması doğrultusunda çalışmalar yapmaktadır. Çünkü korunamayan kent kimliği zaman içinde kentlerin de anlamını kaybetmesini beraberinde getirecektir. Tıpkı katılımcılardan birinin dediği gibi: "Altın kaybeden altın bulamaz".

Kentlilerin sahip olduğu alışkanlıklar, gelenek ve görenekler de kentlerin kimlik kazanmasında etkilidir. Bu yüzden çoğu kent, kentlinin sahip olduğu özellikler ile anılmaktadır. Şanlıurfa'nın tarihten gelen misafirperver bir kimliğe sahip olduğunu, yaşanan gelişmeler ise insani ilişkilere zarar verdiğini dolayısıyla kentlerin de kimliklerini kaybettiğini dile getiren katılımcılardan biri yaşadığı bir olay üzerinden Şanlıurfa kent kimliğindeki değişimi şu sözlerle özetlemiştir:

> "Eskiden herkes tanımadığı biri olsa bile şehre gelen herkesi evinde misafir ederdi. Şanlıurfa'nın öyle bir kimliği vardı. Şimdi ise insanlar güvenmiyor birbirine, o evlerin yerini oteller aldı. Gelen misafirler ziyaret edip devam ediyor veya bu otellerde kalıyor" (Balıklıgöl, 78, Esnaf).

Eskiden insanların çok emekle yok paraya sahip olup yaşamlarını sürdürdüğünü, şimdilerde ise insanların az emekle çok paraya sahip olup yaşamlarını sürdürdüğü bu durumun da kent kimliklerine yansıdığını ve kente ait olan değerlerin, mekânların ve sembollerin de etkilenip mutasyona uğradığını savunan katılımcılar, değişimin öncelikle aile içinde yaşandığını daha sonra akrabalık ilişkilerinin bozulduğunu tüm bunlarla birlikte kentlerin de değiştiğini dile getirmiştir. Küresel gelişmeler ile insanlarda kente dair aidiyet duygusunu yok ettiğini, kentlerin de giderek birbirine benzediğini vurgulayan bunun ise doğaya aykırı bir durum olduğunu aktaran başka bir katılımcı kent kimliğindeki değişimi şu sözlerle özetlemiştir.

> "İnsanlar artık yaşadığı kente kendini ait hissetmiyor. Çünkü Paris de onun için bir kent, Londra da bir kent Şanlıurfa da bir kent. Orada olan bir şeyi burada da olmasını istiyor. Bu eşyanın doğasına aykırı, oralarda olan şeyle burada olması gereken şey aynı olamaz. Kültürümüz, inancımız, birbirine uymuyor çünkü" (Genel, mimar, 41).

Kentlerin bireyin yaşamını değiştirdiği gibi bireyler de kentlerin kimliklerinin değişimine etki etmektedir. Birey kenti kendi yaşam şekline, ruh haline ya da içinde bulunduğu düşünceye, ideolojiye göre şekillendirmektedir. Bireyin, kentin doğasına müdahale etmesi, kent kültürünün bozulmasını dolayısıyla kentlerin de değişimini hızlandırmaktadır. Şanlıurfa kent kimliğinin değişimini hızlandıran süreçlere bakıldığında ilk olarak 1980 sonrasında Atatürk Barajı'nın yapılması karşımıza çıkmaktadır. Bu gelişme ile birlikte kentin birçok alanda hızla değişime uğradığını söylemek mümkündür. Toprakları sular altında kalan ciddi bir kitlenin kent merkezine yerleşmesi ile birlikte kent dokusunun değişime uğradığını söylemek yerinde olacaktır. Bu göç hareketi ile birlikte kent bilincinin zarar gördüğünü dolayısıyla kent kimliğinin de değişime uğradığını dile getiren katılımcılardan biri bu süreci şu şekilde aktarmıştır.

> "Daha önce fıstık, zeytin üreten aileler kente göç etti, para çok, bu yüzden kentte istediğini yapma hakkını kendisinde görmeye başladı. Televizyonun, internetin de bu dönemde yaygınlaşması gelen kesimin daha hızlı değişmesine yol açtı. Hem aşiret gücü hem de para gücü kültürün hızla değişmesine ve kentte var olan yerleşik kültürün değişmesine sebep oldu. Kültürümüzü koruma direncini böylelikle kaybettik. Ortaya sorunlu melez bir kültür ortaya çıktı. Bu melez kültür de kentin her yerinden hissedilmeye başlandı" (Topçu Meydanı, Memur, 58).

Tüm Türkiye'de olduğu gibi Şanlıurfa'da da 1950 ve sonrasında köyden kente yoğun bir iç göç meydana gelmiştir. Şanlıurfa için bu sürecin Suriyeli göçmenlerden dolayı günümüzde bile devam ettiğini söylemek mümkündür. Şanlıurfa'nın yaşanan yoğun göçe hazırlıklı olmaması, kent kimliğinin direncini kırmış ve değişimini hızlandırmıştır. Gelen grupların önceki yaşam şekillerini kent içinde devam ettirmesi, kent yaşamına uzak kalması ve kente adapte olamaması kenti de kendilerine göre şekillendirmelerine sebep olmuştur. Bu durum ise Şanlıurfa'nın kentsel yapısının ve kimliğinin kısmen de olsa "bozulmasına" neden olmuştur.

Çoğu katılımcı, Şanlıurfa'daki yapının özellikle son 20-30 yıl içerisinde değişime uğradığını dile getirmiştir. Önceki tarihlerde Şanlıurfa'nın bir huzur kenti olduğunu söyleyen katılımcılar, GAP ve bölgede yaşanan terör olayları ile birlikte yüksek oranda bir nüfusun buraya yerleştiğini, bu yüzden var olan yapının değişmeye başladığını, gelen her grubun buranın kent kültürünü bilmediği için kendi kültürü ile yaşadığını, durum böyle olunca ortaya bir kültür karmaşası çıktığını dile getirmiştir. Her dönem gelen göçmenler, farklı yaşam şekline, kültüre sahip oldukları için yerleştikleri alanları da ona göre şekillendirmektedir. Özellikle kente göç eden Suriyeli göçmenlerin gettolar halinde yaşamaları, kent içinde ciddi bir örgütlenme içinde bulunmaları ve belli mahallelerde kümelenmeleri kenti de kendilerine göre şekillendirmelerine sebep olmuştur. Buna bağlı olarak Şanlıurfa'nın sahip olduğu kent kimliğinin zaman içinde yok olacağını eski kimliğin ise sadece yazılan kitaplarda veya yapılan akademik çalışmalarda kalacağından yakınan katılımcılardan biri bu durumu şu sözlerle açıklamıştır:

> "Şanlıurfa'da yoğun göçle beraber bir kimliğin kaldığını söylemek çok zor, bir de yeni teknolojik gelişmeler telefon mesela gençlerin de kimliklerinden uzaklaşmalarına sebep oldu. Doku çözülmeye başladı. Şu anda Şanlıurfa'nın yerlisi diyebileceğimiz kesim yüzde onu geçmez. O yüzden bir kimlikten söz etmek çok zor" (Genel, Avukat, 65).

Önceki dönemlerde göç edenlere bakıldığında yerli halk ile aynı kültüre aynı dile sahip olunduğu için çok fazla sorun yaşanmadığını ve zaman içinde kentin, gelenleri kısmen de olsa kendi potasında erittiği görülmektedir. Katılımcıların çoğu son dönemde gelen Suriyeli göçmenlerde tam tersi bir durumun yaşandığını, göç ile gelenlerin yerli halkı kendine benzettiğini bunun da kentin kimliğine yansıdığını üzerinde durmuştur.

Göç ile birlikte yaşanan kültürel karşılaşmalar ve çatışmalar, şüphesiz mekâna da yansımıştır. Şanlıurfa'nın bazı bölgelerinde çarşıya çıktığınızda ya da bir sokakta yürüdüğümüzde Halep sokaklarına benzediğini ya da Şam sokaklarını anımsattığını söylemek mümkündür. Bu benzerliği katılımcılardan biri aşağıdaki ifadeleri kullanmıştır:

> "Başıboş gezen gençler, Amerikanvari keçisakallı, küpeli, ellerinde tespih ve köşe başlarında nargile içen insanlar. Tüm bunlar bizi ve yaşadığımız kentin kimliğini etkiledi. Kafelerimiz,

kahvelerimiz eğlence mekânlarına dönüştü. Dışarı çıktığınızda eğer bir mekândan yüksek sesle müzik yapılıyorsa bilin ki Suriyeli işletiyor" (Genel, İdareci, 57).

İnsanlar/gruplar da kendileri ile birlikte kültürlerini de mekâna taşır, yansıtır ve mekânda iz bırakırlar. Şanlıurfa da tarih boyunca sürekli bir göçe maruz kalan kentlerin başında gelmektedir. Buna bağlı olarak kente gelen göçmenler de kentin dokusunda kendinden izler bırakmıştır. Ama son dönemde gelen Suriyeli göçmenlerin bıraktığı izler, öncekilerden ayrılmakta ve uzun bir süre devam edecek görüntüsü sunmaktadır. Bu durum ise beraberinde mekânsal ve imgesel bir karmaşayı getirmektedir.

Kent imajı ya da kent kimliği anlık değişime uğrayabilmektedir. Yaşanan göç olayları kentlerin hızlı bir şekilde kimlik değiştirmesini beraberinde getirmektedir. Yaşanan göç olaylarını kentin sahip olduğu kimliği kısa vadede değiştirebildiği fakat uzun vadede değişime sebep olmadığını savunan katılımcılar, göçle gelen kimliğin kirden, pastan ve tozdan başka bir şey olmadığını, silindiğinde ise kentin eski kimliğine kavuşacağının altını çizmektedir. Tüm bu gelişmelerin kentin tarihini yok etmeyeceğini, gelenek göreneklerine zarar vermeyeceğini dile getiren bazı katılımcılar, kenti bir eve, mekâna benzetip, göç ile birlikte kirlendiğini temizlendiğinde ise kentin eski haline döneceğini ifade etmiştir. Kent kimliğinin değişiminin yerli ailelerin Şanlıurfa dışına göç etmesine ya da vefat etmelerine bağlayan katılımcılar ise şu yorumlarda bulunmuştur:

> "Kentin kimliği, kentin demografik yapının değişime uğramasıyla şekil değiştirdi. Kenti en iyi tanıyan, yaşayan, kökleri çok eskiye dayanan asıl sahipleridir. Onlar dışarıya göç edince ya da vefat edince kalkınca kent kimliği de değişti" (Genel, Mimar, 70).

> "Eski Urfalı diyebileceğimiz kimse kalmadı. Eski Urfalı diyebileceğimiz kişilerin sayısı yüzde 7'nin altına düşmüş. Dışarıdan

gelmişler, en sonda da Suriyeliler geldi. Suriyeliler bizi tam belledi. Yarın bunlar bizi Suriyeli gibi yapacaklar. Bunlarda edep yok insanlık yok, iyileri var mı var ama çok az. Hepsi döküntüler buraya gelip yerleşti" (Gümrükhanı, Esnaf, 83).

Tüm bu yaşananlardan dolayı kentin artık eskisi gibi olamayacağını, Şanlıurfa'nın Osmanlı'dan kalan kültürünü ve kimliğini kaybettiğini savunan, tüm bu yaşanmışlıklardan dolayı çoğu kentin birbirine benzediğini dile getiren diğer katılımcılar ise yaşanan değişimi şu sözlerle özetlemiştir:

> "Çok az kişi tarafından Şanlıurfa'nın kimliği korunmaya çalışılıyor. Azınlıkta olduğumuz için bu çok zor. Bu yüzden yerli ailelerin birçoğu burayı bırakıp başka illere göç ediyor. Bizler de dâhil. Eski konakta yaşamadıktan sonra, eski komşuluk, akrabalık ilişkileri sonra, eski yapıları eski mimariyi görmedikten sonra ha Şanlıurfa'da yaşamışsın da Ankara'da. Özü yaşamadıktan sonra her yer benziyor, benzemeye devam ediyor" (Emekli Sanat Tarihçisi, 70).

Bazı katılımcılar ise Şanlıurfa kent kimliğinin olumsuz anlamda değişmesini üniversitenin bu kente yapılmasına bağlamaktadır. 1992 yılında kente açılan Harran Üniversitesinin kente olumlu katkısı olduğu kadar olumsuz katkısının da olduğunu savunan katılımcılardan bazıları, üniversite ile birlikte kentlinin gözünün açıldığını, kent kültürünün yozlaşmasına neden olduğunu, tüm bunların ise beraberinde kent ve kentli kimliğinin değişmesini getirdiğini aktarmıştır.

3.3. Kent, Kent İmgeleri ve Kentli Kimliği

Kent, kentli, mekân, kent imgesi ve kimlik, birbiri ile sıkı ilişki içinde olan ve birbirini tamamlayan kavramlar olarak nitelendirilmektedir. Bu kavramlar birbirlerini karşılıklı inşa etmenin yanında birbirilerine dolaylı veya doğrudan karşılıklı anlam kazandırmaktadır. Çünkü aralarında gözle görülen derin bir bağ, bir ilişki vardır. Söz konusu bu ilişkinin, kent imgesinde meydana gelen değişim ve dönüşümlere göre şekillendiğini savunan Karakaş (2019: 25) verdiği şu örnek ile duruma açıklık kazandırmıştır: Örneğin "modernlik paradigması çerçevesinde şekillenen modernleşme sürecinde toplumsal yaşamda meydana gelen hızlı ve köklü değişimler, kent mekânını oluşturan yapıların türünü, simgeleme anlamlarını biçimsel olarak radikal biçimde değiştirmektedir".

Kentli kavramının hem mekânsal anlamda hem de yaşayış biçimi anlamında kullanıldığını söylemek mümkündür. Bazı kent araştırmacıları yaşanılan yer bağlamında kentli kavramına yoğunlaşırken bazıları ise bir yaşam şekli olarak söz konusu kavramı açıklamaya çalışmıştır. İbn-i Haldun (2014:307)"kentli" kavramına mekânsal olmanın yanında yaşayış biçimine göre de bir anlam yükleyerek kentliyi; "şehirde geniş ve mükemmel bir surette medeni olarak yaşayan" şeklinde tanımlamıştır. Genel bir yaklaşımla kentli olana, kentte yaşayanlara kentli dendiğini ve kavramı mekân üzerinden ifade eden Taşçı (2012: 187) ise bu kavramı, "bu tarifteki yegâne unsur mekânsaldır ve mekân olarak şehrin sınırları içinde yaşamak şehirli olmaya yeterlidir. İnsanın binlerce yıllık tarihi ve kültürel birikimiyle biçimlendirdiği mekân, zaman içinde kazandığı birikim ile insanı biçimlendirip, şehre anlam katmaya başlamaktadır" şeklinde açıklamıştır. Her ne kadar farklı bakış açıları ile değerlendirilen kentli kavramı, bir kimlik edinme sürecine dâhil olduğunda, yakınlaşmakta ve ortak bir kimliğin oluşması durumu ortaya çıkmaktadır.

Her mekânın her kentin kendine özgü bir kimliği mevcuttur. Kentin sahip olduğu kimlik, onu, kenti, inşa eden düşüncede gizlidir. Kentin de tıpkı bireyler gibi bir kimliğe ve karaktere sahip olduğunu düşünen Nacak (2017: 106), bu konuda "her mekânın kendine özgü bir karakteri vardır. Bu karakteri bir kültür de şekillendirebilir, mekânı tasarlayanın estetik tahayyülü de. Her halükârda mekân, işgal ettiği yeriyle, tasarımıyla, işleviyle bir tahayyülü yansıtır. Bir beldenin, bir kentin kimliği bu mekânlara ilişkin tahayyüllerde gizlidir" ifadelerini kullanmıştır. Şüphesiz her kent, her mekân içinde yaşayan bireylerden etkilendiği gibi her birey de içinde yaşadığı kentten, mekândan ve imgeden etkilenmektedir. Bu etkilenme ise kimlik üzerinde gözle görülür bir hâl almaktadır. Kentlinin sahip olduğu kimliğin kent imgesinde yaşanan değişime göre biçimlendiğini aktaran İlgar (2008: 8), kentlinin sahip olduğu kimliğin aslında yaşadığı kentsel mekânın etkisi ile şekillendiğini, bu kimliğin ise yere bağlı olarak gelişen davranış ve alışkanlıklardan meydana geldiğini ifade etmiştir.

Mead'in çalışmaları doğrultusunda şekillenen ve önemli bir sosyolojik gelenek olarak nitelendirilen "Sembolik Etkileşimcilik", Layder'in (2014: 79) de deyişiyle uyarıcı ile birey davranışı arasındaki söz konusu etkileşimi üzerinde durmuştur.Bu teoriye göre; "tıpkı zil sesine salya çıkaran bir köpeğin ses ile mamanın gelmesi arasında bağ kurmayı öğrenmesi gibi, insanlar da benzer şekilde uyaranlara tepki gösterir ve belirli bir tepki belirli bir uyaran arasında ilişki kurmayı öğrenir". Uyaranın kentsel imge olması ve kentlinin imgeye göre davranışlar sergilemesi, teoriyi desteklemektedir. Görsel bir uyaran şeklinde karşımıza çıkan imgelerin kentlinin davranışına etkide bulunması, kimliğine de etki etmesi anlamı taşımaktadır. Bu yüzden teorinin asıl üzerinde durduğu kısmın bireyin davranışından çok kimliği üzerine yoğunlaştığını söylemek mümkündür.

Her imge veya her mekân sahip olduğu özelliklerden dolayı kente ve kentliye birer kimlik kazandırır. Bireyin benimsemiş olduğu, ait hissettiği ve temas içinde olduğu kentsel imge, bireyin kimliğinin oluşumunda başrol araçlarından biri olarak karşımıza çıkmaktadır. İstanbul'un Fatih ve Başakşehir ilçelerindeki mahalle imgesi üzerinden toplum ile mekân arasındaki etkileşimi gözlemleyen Özet (2019: 19), bu bağlamda kentsel imgeyi "kent ortamı ile tanışmış topluluğun kimlik edindiği ve dış dünyaya dönük algısını belirli kalıplar etrafında biçimlendiren eğilim ve normları ifade eden habitusun inşa alanı" olarak betimlemiştir.

Kentin sahip olduğu mimari yapının kuşkusuz sosyal hayatı düzenlediği ve kentliyi 'kurucu akla' göre şekillendirdiği muhakkaktır. Yani her mimari yapının aslında bir dili vardır. Özellikle son dönem inşa edilen okulların ve adliyelerin sahip olduğu mimari belli bir amaç doğrultusunda ve insanı şekillendirme gayreti çerçevesinde yapıldığı ve topluma/bireye birer mesaj verdiği görülmektedir. Bu doğrultuda kentlilerin kendi ve diğer grupların mekânlarına dönük algılarla donatıldığının altını çizen Özet (2019), kentlinin mekânlara ilişkin algısının ve tutumunun belirli bir sosyal ya da siyasi gruba ait olma ve diğer gruplara ait olmama eğilimlerini gösterdiği üzerinde durmaktadır. Bakıldığında kimlik, yaşanmışlıkların görünür bir toplamı şeklinde karşımıza çıkmaktadır. Hafızada yer alan tüm olgular aslında kentin ve kentlinin kimliğinin özetidir. Çünkü hafızası olmayan bir kentin ya da bir yaşam alanının, taş yığınından ya da boşluktan başka bir şey ifade etmemektedir. Kentin ve kentlinin sahip olduğu mekânsal hafıza ise kente kimlik veren ve kentliye kimlik kazandıran unsurların başında gelmektedir.

Kentlerin sahip oldukları kimlikler, otomatik olarak kentlinin de kimliğinin oluşumuna katkı sağlamaktadır. Burada kimlik, toplumdan/kentten kentliye doğru bir evrim göstermektedir. Bir kentin meydanına, denizine, dağına veya herhangi bir imgesine baktığımızda kentlinin de dâhil olduğu tarihsel ve toplumsal bir kimliği görebileceğimizin altını çizen Dizman'a (2017) göre kentlerin sahip olduğu büyük ve tarihsel kimlik, kentlinin de varlığının anlam bulmasını sağlamakta; yaşam biçimini, hayata bakışını da etkilemektedir. Bu da kent kimliği ile kentli kimliği arasındaki karşılıklığı? açıklamaktadır. Karşılıklı olan bu ilişkiyi katılımcılardan biri şu şekilde açıklamıştır:

> "İbn-i Haldun diyorsa "coğrafya kaderdir" bizimde yaşadığımız yerden etkilenmemek mümkün değil. Şanlıurfa da konumu dolayısıyla birçok kültür bir arada bulunmaktadır. Bu yüzden ayrı bir kentli kimliği vardır diyebiliriz. Şunu da söylemek gerekir. Kardeşlik ile anılan bir kent olmamıza rağmen en fazla kan davasının olduğu yer Şanlıurfa. Bu biraz birbiri ile çelişen şeyler. Hem kardeşlik var hem da kanlı bir coğrafya diyoruz" (Genel, İdareci, 57).

Kentlerin sahip oldukları kültürel, sosyal, ekonomik ve siyasi özellikler, kentlinin hayat şeklinin oluşmasında ve şekillenmesinde önemli bir yere sahiptir. Birçok birey yaşamış olduğu mekâna şekil verirken aslında o mekândan da etkilenmektedir. Yaşadığımız mekâna önem vermediğimiz için kendi kimliğimizi de tam olarak oluşturamadığımızı savunan katılımcılara göre; yaşam şeklimiz mekânı, mekân da yaşam şeklimizi etkilemektedir. Nasıl bir kentte yaşadığımız, nasıl yaşadığımız ile aynı anlamı taşımaktadır. Bu çerçevede mekân, yaşam tarzımıza ve gündelik hayat pratiklerimize yansıyan bir öge konumundadır.

Kentlerimizin plansız ve dağınık bir görünüme sahip olması, kentlinin de plansız yaşamasına ve derme çatma bir kimliğe sahip olmasına sebep olmaktadır. Bu yüzden her kentin sunmuş olduğu yaşam tarzı ve üretim şekli orada yaşayan kentlinin de farklı bir kimlik edinmesine etki etmektedir. Özelikle kırsal yaşamdaki aşiret bağlarından farklı olarak kent merkezlerinde bireylerin bir arada yaşamalarının getirmiş olduğu özelliklerin, kentte yaşayan bireylere bir kimlik kazandırdığını vurgulayan katılımcılardan biri şunları aktarmıştır:

"Kentin sahip olduğu bu kimlik, insanlara bir arada yaşamayı, birlik olmayı öğretir. Bu özelliklerinden dolayı dara düştüğümde komşum var veya dostum var deyip kendini güvende hissediyorsun. Onlara güvenerek güç kazanıyorsun. Bu da senin kimliğini oluşturuyor. Köylerde aşiret bağlarından kaynaklanır bunlar, kentte ise bir arada yaşamandan kaynaklanıyor" (Genel, İdareci, 64).

İnsanlar yaşamış oldukları yeri, boşluğu bir mekâna dönüştürür ve birer imge inşa eder. Bu yüzden insanlar ile kentsel imgeler arasında hem fiziksel hem de duygusal bir ilişki söz konusudur. İmge ile insanın ayrılmaz bir bütün olduğunu açıklayan Demir'e (2019) göre kentsel bir imgeye ruh kazandıran onu gören insan yani kentlidir. Bu yüzden söz konusu imgeye kimlik kazandıran da orada yaşayan insanlardır. Lynch (2010: 51)de bu doğrultuda her kentin, kişilerin bireysel imgelerinin bir araya gelmesiyle oluşan bir "halk imgesi" olduğunu veya çok sayıda kentlinin oluşturduğu bir dizi "halk imgesinden" bahsedilebileceğini söyler. Belli bir kitlenin imgeyi inşa etmesi ve adlandırması, kitlenin içinde bulunduğu siyasi, kültürel ve ideolojik yapıyı özetlediği gibi kitlenin kimliksel özelliklerini de yansıtmaktadır. Bu durum, imgelere insanlar tarafından bir kimliğin yüklendiği aynı zamanda imgelerin de kentlilere bir kimlik kazandırdığı ve içinde bulunduğu konjonktürü yansıttığı görüşünü desteklemektedir. Bir mekân/kentsel imge ile insanın da dahil olduğu kentsel öğeler arasındaki ilişkiyi "locus" kavramı ile açıklayan Rossi (1999: 130), imge ile kentli arasındaki ilişkiyi "bir grup bir mekânın bir parçasıyla karşılaştığı zaman, onu kendi imgesine çevirir. Aynı zamanda kendini de kendisine direnen maddi şeylere uyarlar. Kendini inşa ettiği çatının içine kapatır. İnşa ettiği bu yapıyla olan ilişkisi onun fikri alanına geçerek onun yerini alır" sözleriyle açıklamıştır. Her dönemde kentte yaşayanların, mekânın ruhunu kendi deneyimleri ile ürettiklerini ve bu anlamda kolektif belleğin mekânda nesnelleşip kent ve kentli kimliğinin oluşmasına katkıda bulunduğunu aktaran Ünlü'ye (2017: 77) göre ise "locus'ta gerçekleşen toplumsal ilişkiler ise o yerin kimliğinin ve karakterinin oluşmasına doğrudan etki etmektedir. Bu çerçevede, kentin binaları, sokakları ve diğer fiziksel bileşenleri locus içinde bir kentsel bellek ile birlikte kentsel kimliğin oluşmasını da sağlamaktadır".

Kentsel imgeler, belli bir zaman sonra birer "kimlik" elemanı niteliği taşımaktadır. İmge edindiği kimlik sayesinde sonraki nesli etkilediği gibi onları dönüştürme gücünü de elde etmektedir. Bundan dolayı herhangi bir kentsel imgeyi kendi içinde barındıran kentler; toplumsal,maddi ve manevi birikimlerin alanı olarak karşımıza çıkmaktadır. Dolayısıyla kentler de tıpkı bireyler gibi beşerden gelen benzer özelliklere sahiptir. Yani kentlerin ve kentlilerin sahip oldukları bu özellik nasıl ki bireyin kimliğini meydana getiriyorsa kentlerin de kimliğini inşa etmektedir. Örneğin bireyin barınması için yapmış oldukları yapı, kentin mimarisine denk gelmekte, yaşamını sürdürmesi için tükettiği her nesne, kentin yemek kültürünü yansıtmakta ve ruhunu dinlendirmek için yapmış olduğu eylemler ise kentin sanatını, müziğini oluşturmaktadır. Sennett (2011: 76) de "Ten ve Taş: Batı Uygarlığında Beden ve Şehir" adlı çalışmasında Roma İmparatorluğunda iktidarın görsel olarak imar edilen yapılar üzerinden perçinlendiğini savunmaktadır. İmar edilen her kentin, her kentsel imgenin, gücün ve aynı zamanda da medeniyetin simgesi olduğu üzerinde duran Sennett, (2011: 99), "ama bir Romalı olarak avare avare dolaşmazdınız. Büyük binalar size bunların önünde kendinize çeki düzen vermeyi buyururdu adeta" sözleri ile mimarinin insan davranışları üzerindeki etkisini özetlemektedir. Norberg-Schulz'dan alıntılayan Ünlü'ye (2017: 77) göre ise herhangi bir yer, "varoluşun ayrılmaz bir parçasıdır ve soyut bir konumdan öte biçimi, dokusu, rengi ve malzemesi ile bulunduğu yerelliğe karakter kazandırmaktadır".

Kentsel mekânın tasarım özellikleri, mekânı paylaşan insanların, sosyo-kültürel gelişimlerine doğrudan etkide bulunduğunu vurgulayan Güner'e (2015: 56) göre "kent insanın doğumdan itibaren içinde var olduğu, yaşayarak tecrübe ettiği şeyleri bilince dönüştürdüğü, kişiliğini kurduğu mekândır. Bir kentsel mekânın başarısı, kentlilere sunduğu yaşam kalitesiyle doğrudan alakalıdır". Bu bağlamda katılımcılardan biri ise şu ifadeleri kullanmıştır:

> "İnsan davranışlarına mekânın tabii ki etkisi var. Bir gecekonduda yaşayan biri ile villada yaşayan birinin sergileyeceği davranışlar birbirine benzemez. Tarihi Urfa evlerinde bilindiği üzere herkes bir arada yaşardı. Çocuk babaannesiyle, dedesiyle, amcasıyla, halasıyla aynı evde yaşardı. Bu ortamda yaşayan çocuğun öğreneceği şey ile bir apartmanda yaşayanın öğreneceği şey arasında farklar olacaktır. Bir de tarihi konaklarda avluya "hayat" denilirdi. Gerçekten insanlar avluya çıktığında hayat buluyor. Bu ismin verilmesi boşuna değildir" (Ulu Cami, Şehir Planlamacı, 32).

Katılımcıların aktardığı bilgilere bakıldığında mekânların insanların davranışları üzerinde etkisinin olduğu, bu durumun ise doğrudan bireyin kimliğini şekillendirdiğini söylemek mümkündür. Katılımcılara göre insan çift taraflı yaratılmıştır; bir turabî dediğimiz toprağa dönen tarafı bir de ruhanî tarafı mevcuttur. Turabîyi yönlendiren ruhanî tarafıdır. Bu mekânlarda bir insanın ruhu ferahlıyorsa mutlaka o davranışına da sirayet edecektir. Bu da kimliğini oluşturacaktır. Müzikten örnek verecek olursak müzik insanın duygu durumunu anında değiştiren bir büyü gibidir. İnsan bir müzik dinlediği vakit hemen onun hissine kapılmakta ve anında müziği söyleyen ve sevdiği sanatçıya benzemeye sürüklemektedir. Bu durum ise bireyin giyinmesine ve davranışlarına etki etmektedir. Tıpkı müzikte olduğu gibi kentsel imgelerde de insan ruhuna tesir eden etkenler mevcuttur. Ruha tesir ettikleri takdirde ise davranışa ve kimliğe da sirayet edeceği kaçınılmazdır. Bir kentin imar edilmesinin kentli kimliğini ve davranışlarına doğrudan etkisi olduğunu belirten Cengiz (2016: 102), "doğanın kendisine verdiklerini, taşı kullanarak yükselen bir kent inşa etmesi ve bunun da estetize edilerek kullanılmasının kentliyi etkilediğini" ifade etmiştir.

İnsan, Akpınar'ın (2017: 238) deyişiyle "yaşamının her anında imgelerle dolu bir dünyada nefes almaktadır ve bütün yaşamı bu türden imge okumalarının üzerine kurulu bir varlıktır". İnsanın sahip olduğu tüm özellikleri imgeye aktarması ya da bu özelliklerin imgede vücut bulması, bir kent imgesinin bünyesinde birden çok şey barındırmasını sağlamıştır. Bu nedenle Uğraş'ın (2019: 137) dediği gibi imge homojen bir yapıya sahip değildir ve "her şeyin ve herkesin temsilidir". Herkesten bir parça temsil ettiği sürece anlam kazanmaktadır. Aksi takdirde herhangi bir maddenin veya boşluğun ötesine gidemez. Kent imgesi dediğimiz şey, ekonomik olandan politik olana, kültürel olandan dinsel olana kadar bütün toplumsallığın birer resmi olarak karşımıza çıkmaktadır. Mekânın her bir santiminin toplumsallığın simgesi olduğunu dile getiren Mai'ye (2010) göre kent imgesi, toplumsallaşma sürecinde önemli bir role sahiptir. Bu simgelerin, üzerinde düşünülmeden kabul edilen varlığı, toplumsal rollerin ve normların devamını sağlamaktadır. Bu şekilde anlam kazanan kent imgesi ise bireyin toplumsal kimliğinin oluşmasında katkıda bulunmaktadır.

Kentin sahip olduğu her özellik, doğrudan veya dolaylı olarak kentliyi etkilemektedir. Kentlinin kentte yaşam sürmesi, bu etkilenmeyi hızlandırmakta ve bireyi daha fazla şekillendirmektedir. Bir kent içerisinde yaşanan kent sakinlerinin *zaman kulla-*

nımının olduğunu vurgulayan, dolayısıyla her kentin kendine has dilinin, sözünün ve yazısının kentliyi etkilediğini, kentliye bir kimlik kazandırdığını savunan Lefebvre (2015: 82), bu noktada şu ifadeleri kullanmıştır: "şehrin sözü vardır: Sokaktan, meydanlardan, boşluklardan geçip giden ve buralarda olup biten ve buralarda söylenen şey. Şehrin dili vardır: Söylemlerde, jestlerde, giysilerde, kelimelerde ve kelimelerin şehir sakinlerince kullanımında ifade bulan falanca şehrin özellikleridir".

Bakıldığında mekânların insan üzerindeki etkisi tartışılmaz bir gerçektir. Hangi bireyin hangi kentten geldiği, kurduğu cümlelerden, mimiklerinden, eylemlerinden rahatlıkla anlaşılmaktadır. Şanlıurfa'da da insanlar kentin sahip olduğu kültürden etkilenmekte, özümsemekte ve kentin dışına taşımaktadır. Kentli, kent ile bütünleşmektedir. Şanlıurfa kent merkezinde yer alan tarihi imgelerin insanı doğrudan etkilediğini ve farklı bir atmosfere sürüklediğini savunan katılımcılar, Şanlıurfa'da Suriçi denilen bölgeye girdikleri gibi farklı bir manevi hava teneffüs ettiklerini, farklı bir atmosfer içine girdiklerini ifade etmektedir. Çoğu katılımcıya göre bu mekânların sahip olduğu koku, maneviyat, Şam'daki, Kudüs'teki hatta Mekke'deki maneviyat ile benzerlik taşımaktadır.

Mekânların bir enerjisinin olduğu gözle görülecek kadar açıktır. Günahların çok işlendiği mekânların sahip oldukları enerji ile maneviyatın çok olduğu mekânların enerjisi birbirinden farklıdır. Ziyaretçilerin Şanlıurfa'nın eski yapılarının olduğu bölgeye farklı bir atmosfer ile karşılanması, söz konusu etkiyi doğrulamaktadır. Bir şekilde o havayı, o zamanı kavraması ise kentlinin kişiliğin şekillenmesinde etkili olmaktadır. Burada büyüyen birinin, bundan kendini soyutlaması, buradaki kültürü benimsememesi ve buna göre yaşamaması mümkün değildir. Çünkü mekânların bir ruhu vardır ve canlıdır. İnsan da canlı olduğu için bu ikisinin birbirinden etkilenmemesi mümkün değildir.

Kent kimliği, kentli kimliği ve kent hafızası kavramları sürekli birbirini besleyen ve etkileyen kavramlar olarak okunmaktadır. Dolayısıyla kent hafızası kent ve kentli kimliğinin oluşmasında, şekillenmesinde veya yok olmasında etkilidir. Çetken'in (2017: 91) "bir kent hafızasını yitirirken o kentin insanları da aynı kaderi paylaşır" ifadesi söz konusu ilişkiyi özetlemektedir. Kentli, yaşadığı toplumun ve kentin hafızasından beslenerek kendi hafızasını besler ve kimliğini de bu doğrultuda inşa eder. Çünkü toplumsal kimliklerimiz, yaşadığımız şeyleri biriktirmekle meydana gelir. Kentin sahip olduğu özelliklerin aynı zamanda bireyi de yetiştirdiğini savunan katılımcılardan biri şunları dile getirmiştir:

> "Birey kendini tanımayı bir mekânda öğrenir. Bu da kentin bireyin kimliğinde etkili olduğunu gösterir. O kentte yaşıyorsa, oranın sahip olduğu güzellikleri görmeye gidiyorsa, o kentin tarihini kendi tarihi olarak görüyorsa kimliğini de ona göre oluşturur. Kimse yaşadığı kentten bağımsız değildir. Bunu en iyi başka bir kente gittiğimizde ya da yabancı biri ile tanıştığımızda görmüş oluruz" (Genel, Mimar, 33).

Bir kente bakmanın aynı zamanda kişinin kendisine bakma ile aynı anlamı taşıdığının altını çizen Çetken'e (2017) göre kentli hem kimliğini hem de hikâyesini parça parça kent içinde tamamlar. Kent ile kentlinin doğal olarak birbirinden etkilendiğini kimliğin de buna bağlı olarak şekillendiğini savunan katılımcılar, aşağıdaki ifadelerin altını çizmiştir:

> "Bir insanın nüfus kâğıdına baktığımızda ilk göze çarpan şeylerden biri de doğduğu kenttir. Yani yaşadığımız yer bizim kimliğimizin temel unsurlarından birini oluşturmakta. Biz Şanlıurfa dışına çıktığımızda Şanlıurfalı olarak çıkarız ve ona göre karşılanır veya ona göre hareket ederiz" (Sabır Makamı, esnaf, 48).

"Kent, insanın da kimliğini oluşturur. Çünkü insan doğduğu toprağa benzer ve aynı karakterle büyürsün. Şanlıurfa kenti misafirperverdir, Şanlıurfalı da misafirperverdir. Şanlıurfa toprağı verimlidir, cömerttir, suyu ile güneşi ile Şanlıurfa insanı da aynı derecede cömerttir" (Topçu Meydanı, Memur, 58).

Küresel sermayenin bir parçası olmaya başlayan imgeler, zaman içinde sahip olduğu sembolik ve mekânsal gücünü yitirmektedir. "Kentin hafızasında yer eden, ona kimlik, insanlarına bir aidiyet duygusu kazandıran, kentle ve kentliyle kuruduğu ilişkiler nedeniyle bir özgünlüğü olan yerler hızla yıkılarak hafızadan silinmektedir" (Çetken, 2017: 95). Bu gelişmeler ise bireyi kimlik arayışına sürüklemekte ve toplumsal bir krize sebep olmaktadır. Bumin'in (2016: 20) deyişiyle kenti, kentsel öğeyi değiştirmek doğrudan kentlinin de yaşamını değiştirmektedir. Kendi anılarına referans olan bu kentsel imgelerin değişimine tanıklık eden kentlilerin "Ben neredeyim? sorusu ile karşı karşıya kaldığını ve boşlukta yaşıyor hissine sürüklendiklerine değinen Çetken (2017: 95) kentlerin ve kent imgelerinin değişimi ile bireyin maruz kalacağı sorunları "kentler ne zaman ki silinip yeniden var olan bir şeye dönüşür, "kentin bilinci"nde bir aksama meydana gelir, o zaman insanlarda bir kriz başlar. Çünkü bu durum kentlinin hafızasında yer edinmiş olan kent imgesini alt üst eder. Kentin hafızasının her seferinde silinerek yeniden üretilmesi insanların bir hafızasızlık krizine girmelerine sebep olur" şeklinde açıklamıştır.

Kentin sahip olduğu her imgenin birer hafıza mekânı olduğunu savunan ve bu imgelerin bireyin yaşadığı kente, topluma ve ulusa dair tutum ve algının şekillenmesini sağladığını dile getiren Keskin (2017:156), "bu simgeler ve hafıza mekânları sayesinde birey kendisini içinde yaşadığı topluluğun ya da ulusun bir parçası olarak hissetmeye başlar. Bu mekânları ziyaret eden bireyler tek tek kendilerine ait olmayan, artık var olmayan bir geçmişin ve yeniden yazılan bir tarihin içinde birbiriyle ve ait oldukları toplulukla buluşurlar" ifadelerini kullanmıştır.

Kentlerin sahip olduğu imgeler, tarihi yerler kentlilerin ortak yaşam alanlarıdır. Hepsiyle övünmemiz gerekir çünkü bunlar toplumu bir arada tutan değerlerdir. Kentliler, söz konusu imgelerden maddi manevi karşılıksız faydalanmaktadır. Bu yüzden kentlerin sahip oldukları bu imgeler/değerler ya da ender bulunan şeyler, kentliler için ayrı bir öneme sahiptir. Başka bir alanda olmamaları, bulundukları kente özgü olmaları kente ve kentliye farklı bir özellik kazandırmaktadır. Bir imgelerin "ender" olması ise ekonomik olarak değerli olmasını beraberinde getirmektedir. Nasıl ki elmasın pahalı olması ender bulunmasından kaynaklanıyorsa Şanlıurfa'ya ait olan bu değerler de elmas niteliğindedir. Bir kentin kimliği ile toplumun sosyal ve kültürel kimliğinin karşılıklı olarak birbirini etkilediğini aktaran Güner (2015: 54), "kentsel alanda yer alan elemanların kimliği, bir yandan kent kimliğinin önemli bir parçasını oluştururken; diğer yandan, o kentteki toplumsal ve kültürel yaşama ilişkin ipuçları verir. Yapılı çevrenin kimliğini oluşturan değerlerin zenginliği, kentteki sosyal ve kültürel hayatın zenginliğinin de göstergesi" olduğunu açıklamıştır.

Şüphesiz insanlar mekânlara sirayet eder. Mekânlar da insanları etkiler. Son dönemde inşa edilen mekânlar teknolojik anlamda ön planda olmalarına rağmen tarihi yapıların gölgesinde kalmakta ve bireyi tarihi yapılar kadar etkilememektedir. Tarihi mekânların daha insani olduğuna dikkat çeken katılımcılardan biri bu noktada şu sözleri sarf etmiştir:

> "Bana göre şehrin merkezinde yer alan ve yeni bir bina olan Japon Pasajı ile Gümrük Hanı insana farklı şeyler hissettirir. Oysa insan tarihi mekânlara geldiğinde daha bir ağırbaşlı olur. Geçmişine döner. Daha mütevazı olur ve konuşmasına, hal hareketlerine dikkat eder. Sanki burası da geldiğimizde farklı bir havaya giriyor. Bu insandan kaynaklanmıyor, bu tamamen mekânın kendisinden

kaynaklanıyor. Bir insan Gümrük Hanına geldiğinde hayretle bakabilir ama kimse kolay kolay bir gökdelene hayretle bakmaz. Camdan başka bir şey ifade etmez" (Gümrükhanı, Esnaf, 60).

Eskiye, eski olana her zaman bir talebin olduğunu, eski olanın hiçbir zaman ölmeyeceğini hatta her geçen gün daha da kıymet kazanacağını bundan dolayı da kentlerin ve insanlarında yapılar ile ön plana çıkmak/anılmak istediğini ifade eden katılımcılara göre eskiye her zaman bir rağbet vardır. Tıpkı antika bir eşya gibi. Geçmişin ruhunun yanında emek ile yapılan her mekân değerlidir. Tarihi mekânlar, insanın tarihine aidiyet duymasını ve yaşadığı kente aidiyet duymasını sağlar. Tarihi bir camide yaptığın bir ibadet ile yeni yapılan bir camide yaptığın ibadet bile insana farklı gelmekte. Mekân ibadete sirayet etmekte, ibadet ise bedene sirayet etmektedir. Bu da bedenin ve ruhun kıymetini arttırmaktadır.

3.3.1.Kentin Hanesinden Gönül Hanına

Kent imgesi, fiziksel bir nesne olmanın ötesinde yaşanmışlıkları barındıran, aidiyet bağlarının kurulmasını sağlayan ve toplumsal mücadelelerin yaşandığı alanlar olarak karşımıza çıkmaktadır. Yani her mekânın onu görenlere söylediği şeyler vardır. İmgenin sahip olduğu bu özellik ise hem kente hem de kentliye kimlik kazandıran öğelerin başında yer almaktadır. Örnek verecek olursak "kapitalist toplumlar kentleri gökdelenler, borsalar ve ticaret merkezleri etrafında inşa ederler. Komünist toplumlar kentlerini büyük meydanlar ve anıtlar etrafında kurarlar. İslami toplumlar ise kentlerini mabetler ve kutsal mekânlar etrafında kurarlar" (Koyuncu, 2019: 93). Toplumların inşa ettikleri bu kent imgeleri hem kentleri diğer kentlerden ayırmakta hem de orada yaşayanların farklı bir kimlik edinmelerine etki etmektedir.

Şanlıurfa kent kimliğine bakıldığında İslami bir kent tasarımı üzerinden şekillendiği aşikârdır. Bunun oluşumunda şüphesiz devletin önemli bir rolü olduğu söylenebilir. Mevcut iktidarın başta Ankara ve İstanbul olmak üzere tüm kentleri İslami bir mekân anlayışıyla şekillendirdiği görülmektedir. Söz konusu bu müdahaleye karşı halk tepkisinin azlığı, müdahalenin daha belirgin ve hızlı yapılmasına sebep olmaktadır. Bu durum da kent kimliğinin çeşitlenmesinden ziyade, aynılaşmasına ve tek bir düşünce üzerinden icat edilmesine neden olmaktadır. Batuman (2019a: 27) bu noktada "mimarlık, ulusun İslam'a referansla yeniden inşasına ve yeni ulusal kimliğin küresel ölçekte dolaşımına hizmet eden siyasal bir araç olarak kullanılmaktadır" sözlerini dile getirmiştir. Görüleceği üzere ulus inşası aslında yeni bir rejimin inşasıyla birlikte hareket etmektedir. Kent kimliğinin aslında kentli kimliği ile şekillendiğini dile getiren katılımcılar aşağıdaki ifadeleri kullanmıştır:

> "Kent kimliği kentleşme için en önemli olgulardan biri. Kentlinin kentli olarak anılması, kente hâkim olması, düşünce ve duygularına hâkim olması önemlidir. Muhakkak ki bu durum kente ve kentliye yansır ve kentlinin bir kimlik kazanmasında etkili olur" (Genel, Yerel Yönetici, 64).

Bir kentlinin doğup büyüdüğü kentin tarihi ve kültürü ile büyüdüğü bunun ise kentliye bir kimlik kazandırdığını dile getiren diğer bir katılımcı şunları söylemiştir:

> "Bu durumun en basit örneği, konuşma şeklimizdir. Şivemizi yaşadığımız kentten alırız. Bu da kimliğimizin bir parçasını oluşturmakta. Örneğin; farklı bir kentte gittiğimizde kendimizi tanıttığımızda şivemizle Urfalı olduğunuzu söylediğimizde bu kent kente has olan çiğ köfte ile anılmanız çok normaldir" (Genel, Mimar, 25).

Mekânın birey üzerindeki etkisini görmek için bakılması gereken Şanlıurfa kent imgelerinin başında tarihi evler gelmektedir. Şanlıurfa'nın tarihi evlerine bakıldığında birçoğunun kapısının çok büyük, yüksek yapılması ve adeta bir han kapısını andırması imge-birey arasındaki ilişkiyi özetlemektedir.

Resim-13: Şanlıurfa Tarihi Hayatlı Evi

Kaynak: Cevher İlhan Arşivi.

Fotoğrafta da görüldüğü gibi evlerin sahip olduğu özelliklerin kendi içinde bir anlam barındırdığını, gelen misafire bir mesaj olduğunu ve evlerin yapılış şeklinin tamamen misafir ağırlamak üzerine kurulu olduğunu anlaşılacaktır. Şanlıurfa'da bu tarz evlerin sayısının fazla olmasının kentli kimliğini çok net betimlediğini vurgulayan katılımcılardan biri durumu şu şekilde açıklamıştır:

> "Eski evlerde, mimarinin ve ev sahibinin verdiği bir mesaj vardır; benim gönlüm, benim evim han gibi açıktır, buyurun gelip girin. Evlerin mutfakta ocak sayısı çok fazla olması da aynı anda çok daha fazla misafire yemek yapabilmek içindir. Mutfaklarının büyük olması, kapılarının geniş olması, misafirperver oluşumuzdan

kaynaklanmaktadır. Tarihin bu şekilde olmamızda çok etkisi vardır" (Genel, Emekli Sanat Tarihçisi, 70).

Her mekânın bir hikâyesi vardır ve içinde bir yaşanmışlığı barındırmaktadır. Bu yaşanmışlıklar ise bazı birey tarafından tecrübe edilmiş olsa da diğer bireylerin gelişimine ve kişilik kazanmasına etkili olabilmektedir. Bunun yanında yapılış tarzı ve mimarisi da aynı şekilde bireye bir kimlik kazandırmaktadır. Hayatlı Şanlıurfa evlerinin de insanın özüne göre inşa edildiğini, beşer olmasından gelen özelliklere göre yapıldığını dolayısıyla insanı rahatlatan bir özelliğe sahip olduğunu savunan katılımcılardan biri şu değerlendirmelerde bulunmuştur:

> "Tarihi evlerimiz insani özelliklerimize göre yapıldığı için bu mekânlar kişiliğimize etki etmektedir. Bu evlerde bir paylaşım vardı ve yardımlaşmak vardı. Örneğin; eskiden fırından ekmek almak ayıplanan bir şeydi. Eğer bir insan dışarıdan ekmek alıyorsa demek ki evde buğdayı bitmiştir. Bunu gören komşular toplanır ve o eve yardım ederdi. Paylaşmanın olduğu yerlerdir o evler" (Genel, Mimar, 70).

Büyüme tarzımız, yaşam şeklimiz, büyüklere karşı davranışımız, sokak içindeki komşuluk ilişkilerimiz şüphesiz içinde büyüdüğümüz mekân aracılığıyla şekillenmiştir. Yani mekânın bireyin kişiliğinin gelişmesinde doğrudan bir etkisi vardır. Lynch'ın (2016: 9) üzerinde durduğu gibi her imge, yaşanılır bir çevrede yön bulmanın yanında farklı niteliklere de sahip olmalıdır. Yeterli ve bireyin çevresiyle istediği noktaya kadar ilişki kurmasına yardımcı olmalıdır. Tarihi Urfa Evleri'ne bakıldığında benzer niteliklere sahip olduğunu, içinde yaşayan/yaşamış olan bireyi hayata hazırladığını söylemek mümkündür. Öte yandan tarihi evlerin, bireyin gelişiminde önemli bir role sahip olduğunu, yardımlaşmanın, paylaşma kültürünün orda öğrenildiğini aktaran görüşmeciler aşağıdaki tespitlerde bulunmuştur:

"Şanlıurfa tarihi evlerinde doğmak, eski sokaklarında yaşamak bana göre çok büyük bir şanstır. En büyük sermayedir. Çünkü biz mücadele etmeyi, hayata hazırlanmayı o sokaklarda o evlerde öğrendik. Bizi hayata hazırlıyordu o evler o sokaklar, o kültür... Aynı avluda oturduğu halasıyla, kiracısıyla akrabadır. Paylaşmayı öğrenir. Görev, sorumluluk, paylaşmak gibi birçok şeyi orda öğreniyorduk. Nefis, beden vücut hepsi birlikte eğitilirdi. Bu şekilde bir karakter oluşurdu. Saygıyı, adabı orda öğrenirdik, misafire nasıl davranılmasını orda öğrendik" (Topçu Meydanı, Memur, 58).

"Biz yaşadığımız evler sayesinde bir kişilik kazandık. Yardımlaşmayı, paylaşma kültürünü, komşuluğu o evlerin içinde öğrendik. Şimdi onların hiçbiri yok. 30 katlı bir apartmanda kimse kimseyi tanımaz" (Tarihi Urfa Evleri, Ev Hanımı, 59).

Tarihi Şanlıurfa evlerine bakıldığında çoğunun han görünümüne sahip olduğu görülmektedir. Evlerin bu tarzda bir mimari ile inşa edilmesi hane halkının misafirperver olduğunun göstergesi olarak kabul edilmektedir. Çoğu katılımcı bu durumun han'dan gönül hanına geçişi temsil ettiği görüşünü savunmaktadır. Katılımcılardan biri bu görüşü destekleyecek bir olayı şu sözlerle aktarmıştır:

"1915 yılı Şanlıurfa'da kar senesi diye anılır. O yıl yağan kar daha da yağmamıştır. Sokaklar kapılara kadar karla kaplanmış, şehir ıssızlaşmış. O kışta Beykapısı'ndan Urfa'ya bir kervan içeri girer. Urfa'ya girer girmez hana benzeyen bir yerin kapısını çalmışlar. Adamın biri kapıyı açmış ve develer içeriye alınmış. Kapıyı açan kişi hem kervanın develerine yer göstermiş hem de gelenlere kalacak yer sağlamış. Gelenler tam on beş gün orada kalmışlar. On beş gün sonra yollar açılınca misafirler ev sahibine "hancı borcumuz nedir? Demişler. Evin sahibi ise ne hanı, ben hancı değilim, burası da han değil. Burası benim evimin selamlık kısmıdır, borcunuz da yoktur, demiştir" (Gümrükhanı, Esnaf, 83).

Bu durum kentlinin ne kadar misafirperver olduğunu tarihi evlerin de bu yaşantıya göre nasıl inşa edildiğini özetlemektedir. Şanlıurfa'nın önemli ailelerinden olan Karacizmeliler ailesinin başından geçen bu olay, kentli kimliği ve kent imgesi arasındaki ilişkiyi desteklemektedir.

Tarihi Urfa evinde yaşayan, büyüyen bir birey ile apartmanda yetişen bir bireyin aynı kişilik özellikleri göstermeyeceğini, aynı karaktere sahip olamayacağını söyleyen katılımcılardan biri şunları aktarmıştır:

> "Bir kere apartman çocuğu bencildir. Hele hele tek evlatsa daha bencildir, paylaşmayı bilmez. Eski sokak yapısı içerisinde zengin sokağı veya fakir sokağı ayrımı yoktur. Mesela bir rezidansta kim oturur, zenginler oturur. Bu sokaklarda örneğin 20 ev varsa 10 yoksul, 10'u zengindir. Tek farklılıkları konut yapısındaydı. Fakir zengin gibi yaşardı, zengin ise fakir gibi yaşardı. İçerde farklı dışarıda ise aynıydı. Burada yaşayan insanlar paylaşmayı bilen, empati yapmayı bilen insanlardı" (Genel, İdareci, 64).

Tarihi Urfa evlerine bakıldığında mimarisinde bile bir düşüncenin olduğunu görmek mümkündür. Yapılış tarzı oranın "hayatlı ev" olarak adlandırılmasını destekleyecek niteliktedir. Bu evlerin bireyi doğrudan bir eğitim sürecine dâhil ettiğini, bunun ise bireyin kişiliğine, kimliğine katkı sağladığını, diğer konutlarda yetişen bireylerden birçok yönü ile ayrıldığını belirten katılımcılardan biri evleri şu sözlerle anlatmıştır:

> "Şanlıurfa'da eski evlere "hayatlı ev" denirdi. Orada hayat vardı. Bir insanın gökyüzünden yeryüzünden kopmadan; havasından, suyundan, güneşinden kopmadan yaşaması ile bir kutunun arasında yaşaması, yetişmesi, kişilik kazanması arasında fark vardır... Hayatlı ev, bireyi direk bir eğitim sürecine dâhil eder. Dışarı adımını attığı an; "hele bir bak müsait mi?", "rahatsız etme", "odalarına bakma" şeklinde uyarılar ile aslında oradakini birçok

> konuda yetiştirirsiniz. Topyekûn bir eğitim süreci ile birlikte sıkı bir iletişim de vardır" (Genel, Sendikacı, 60).

Eskiden her sokakta her mahallede bir "akil hatun" ya da diğer bir ismi ile "mahalle annesi" olduğunu, bu kişinin de komşular arasında aile arasında birliği sağladığını, konaktaki yaşamın değişmesi ile birlikte bu güzelliklerin de yok olduğunu, birey yaşamının ise bu gelişmelerden etkilendiğini ifade eden katılımcılardan biri şunları aktarmıştır:

> "Komşular arasında ilişkiler kuvvetli olduğu için en ufak bir problem dahi bu mahalle annelerine götürülür, çözüm bulunurdu. Konaklardaki yaşam tarzı ile günümüzdeki yaşam şekli birbirinden çok farklılaştı. Her şeyi çok hızlı yaşamaya başladık. Eski evlerde de sabrı öğrenirdik, yardımlaşmayı öğrenirdik. Odalar avluya açıldığı için sıcaktan soğuğa çok hızlı geçmeyi öğrendik. Evler yakın olduğu için komşu ile sürekli temas içinde olmayı, bir sorunu oldu mu yardım etmeyi ve paylaşmayı öğrendik. Sosyal etkileşim çok fazlaydı ve bunlar bizi yetiştiriyordu" (Balıklıgöl, STK Temsilcisi, 50).

Çoğu katılımcı, kent kültürünün insanı yetiştiren bir yanının olduğunu, bu yüzden bireyin kent içinde gördüğü her şeyden etkilenebileceğini ifade etmiştir. Bu durumu katılımcıların aktarmış oldukları örnekler üzerinden açıklamak yerinde olacaktır. Örneğin Şanlıurfa'da eskiden iki meslek ayıplanmaktaydı: birincisi lokantacılık diğeri ise otel işletmekti. Kent içinde bu işi yapanlara kentliler iyi gözle bakmamaktaydı. Kentli "lokantacı misafirden para alıyor, ya millet misafirden para alır mı, bu adam ne kadar ayıp ediyor" diye söylenirdi. Aynı şey otelcilik yapan kişiler için de geçerlidir. Bu yüzden bu iki meslek Şanlıurfa'da zayıf kalmış, yaşanan ticari gelişmeler doğrultusunda kentin sahip olduğu kültürü kaybetmesi ile bu iki iş kolu yaygınlaşmaya başlamıştır. Çoğu katılımcı 20 yıl önce gelen bir kişinin dışarıda yemek yiyecek bir yerinve kalacak adam akıllı bir otelin bulunmadığını dile getirmiştir. "Misafir gelecek ve gece onu para karşılığında yatıracaksın" bakışı, kent içinde otel sayısının az olmasını beraberinde getirmiştir. Bu durumun günümüz için geçerli olduğunu söylemek zordur.

Şanlıurfa'nın sahip olduğu tarihi doku ve değerler, kentlinin kimliğini şekillendirdiğini dile getiren bazı katılımcılara göreHz. İbrahim'in, Hz. Eyyüb'ün bu kentte yaşaması, burada yaşayanlara da bir kimlik kazandırmıştır. Hz. İbrahim'in sofrasında misafirin eksik olmaması, Şanlıurfalıların da misafirperver olmasını sağlamıştır. Hz. Eyyüb'ün çektiği çile, çileye karşı gösterdiği sabır ise Şanlıurfalıların daha sabırlı, sıcak, samimi ve içten olmasını sağlamıştır.

Kentin önemli kültürel değerlerinden olan sıra geceleri de kentli kimliğinin oluşmasında ve şekillenmesinde etkili imgelerin başında gelmektedir. Daha çok tarihi konaklarda düzenleniyor olması bu imgeye de mekansallık kazandırmıştır. Paylaşma, yardımlaşma ve toplumsal sorunlara çözüm merkezli olması imgenin kent ve kentli kimliğinin şekillenmesinde etkili olmasını sağlamıştır. Aynı zamanda birçok katılımcı söz konusu bu imgeyi "akademi, edephane, okul ya da üniversite olarak tanımlaması, söz konusu imgenin kentli üzerindeki etkisini özetlemektedir. Sıra gecelerinin düzenlenme şeklinin değişime uğramasının hem kentli hem de kentlinin kimliğine etki edeceğini savunan katılımcılardan biri şu ifadeleri kullanmıştır:

> "Bu gecelerin her aşaması, oradakilere bir şeyler öğretiyor. Öğrenen kişi karakterini, terbiyesini, kişiliğini orada şekillendiriyor. Bu onun kimliğini meydana getiriyor. Bu geceler anlamını kaybedince, konaklarda yapılmaya başlanınca gelen para odaklı bakıyor, yapan para odaklı yapıyor. Gelen kişi ne öğrenecek, yapan kişi ne öğrenecek" (Ulucami, İmam, 30).

Sıra gecesine dâhil olan her bireyin bir eğitim sürecine dâhil olduğunu söylemek mümkündür. Bir babanın çocuğuna direkt öğretemediği bilgiyi sıra gecesinde dolaylı öğretmesi, bir bireyin büyüklerine nasıl davranması gerektiğini bu gecelerde öğrenmesi, kente dair değerlerin bu organizasyonlarda aktarılması, ticaretin, adabın, sorunlarla mücadele yöntemlerinin bu gecelerde konuşulması, gecelerin bireyin kimliğinde doğrudan bir etkisi olduğu görüşünü desteklemektedir.

Sıra gecelerine dert, sıkıntı çözme meclisi demek daha doğru olacaktır. Şanlıurfa kültürünü yansıtan bu gecenin günümüzde ise dost meclisi ya da çözüm meclisi olmaktan uzaklaşıp tamamen eğlence gecesine döndüğü aşikârdır. Bu etkinliğin daha çok ticari yönü ile ön plana çıktığı görülmektedir. Bir araya gelmek şüphesiz her zaman yararlıdır ve hem insan için hem de toplum için olumlu bir karşılığı vardır. Bu durumun ise kente ve kentliye de katkısının olduğunu söylemek gerekir. Sıra gecelerinde önceden beri meşkin, eğlencenin olduğunu söylemek mümkündür fakat bunun yanında bir eğitim sürecinin de olduğunu unutmamak gerekir. Sadece sazın olduğu yer değil sözün de olduğu, hâlin de olduğu yer olarak bakmakta fayda vardır. Gelenlerin birbirinden yaş olarak farklı olması, her yeni gelenin önceki geleneği öğrenip devam etme gayreti taşımasını sağlamaktadır. Büyükler vefat edince yerine sonraki nesil gelmekte ve böylelikle kültür sürekli korunmakta ve sonraki nesle aktarılmaktadır. Sıra gecelerinin özü, iletişimin sınırlı olduğu, kültürel yazılı, basılı kitapların kısıtlı olduğu bir zamanda sözlü eğitim yuvaları olmalarıdır. Her sıra gecesinde bir bilge adamın olması ve bilge adam etrafında toplanması eğitim kültürünün olduğunu göstermektedir. Bu durumun ise bireye olumlu bir katkısı vardır. Günümüzde ise sadece yüzeysel olup müzik yönü ön plana çıkarılmakta ve sözün olmayıp sazın olduğu bir gece olarak tüketilmektedir.

Bu gecelerin, görüntü veya biçimsel olarak gerçeği yansıttığını, içerik olarak gerçeğinden çok uzak bir duruma geldiğini söylemek mümkündür. Müzikli, göbekli bir gece halini alıp gelen turistlere sıra gecesi sattıklarını oysaki sıra gecesinin yapılan bir şey değil davet edilen bir etkinlik olduğunu savunan ve sıra gecelerinin sosyolojik, kültürel ve ekonomik bir boyuta sahip olduğunu dolayısıyla bir okul işlevi gördüğünü aktaran katılımcılardan biri şu yorumda bulunmuştur:

> "Gençlere büyüklerin yanında nasıl oturulup, kalkacağını, nasıl davranması gerektiğini öğretir. Sosyal gereklikleri öğretir. Şimdilerde ise bir değişim oldu, artık mekânlarımız ve aile yapılarımız buna elverişli değil" (Sıra Gecesi, Avukat, 65).

Bir imgenin asıl işlevinin yön bulmak olduğunu, bunun yanında duygusal çağrışımlarda bulunmanın imgenin temelini oluşturduğunu aktaran Lynch (2016: 140), imgenin birey üzerindeki etkisini şu sözlerle özetlemiştir: imge; "hareketin yönünü belirleyici bir harita görevi görmenin yanı sıra bireyin bilgilerini bağdaştırabileceği ve harekete geçirebileceği genel bir referans çerçevesi olarak işlev görür. Bu açıdan, güven kaynağı ve sosyal alışkanlıklar kümesi gibidir". Bu bağlamda bakıldığında Şanlıurfa imgelerinin; kentlinin yaşam şeklini belirlemede, kişilik geliştirmesinde, birey ve toplum ile ilişkilerinde, kent algılarında, akrabalık ve komşuluk ilişkilerinin şekillenmesinde kısaca kimliğini inşa etmede etkili olduğunu söylemek mümkündür.

3.3. Kent ve Kentli Kimliğinde Olumsuz İmajlar

Her kentin/kentlinin olumlu olduğu kadar olumsuz imajları da mevcuttur. En basitinden Urry'in (2018:22) dediği gibi "kent insanı, çekingen, mesafeli ve bıkkındır". Bu nedenle kentlinin kent içindeki yaşam şekli, olayları yorumlama şekli, üretim şekli ya da kentte edinmiş olduğu tutum ve davranışlar, kent insanının farklı algılanmasına ve olumsuz bir kimlik edinmesine sebep olmuştur.

Kent insanı, toplumsal değil bireyseldir. Sürekli bir kayıtsızlık içindedir. Edindiği kentsel kimlik de bu doğrultuda şekillenmektedir. Bu yüzden kentli bir bireyin duygularından ziyade yükseltilmiş kavrayış ve aklın üstünlüğü ile hareket ettiğinin altını çizen Simmel'e (1950) göre kentli, köklerinden koparacak dışsal çevresinin akımlarından ve aykırılıklarından kendisini koruyacak bir organ geliştirmiş olur. Yüreği yerine beyniyle tepki verir. Bu sayede, yükseltilmiş bir kavrayış, zihinsel ayrıcalık kazanmış olur.

Modern kent yaşamı matematik etrafında şekillenmektedir. Bu durum kentlinin de yaşam şekli, kente ve diğer kentlilere karşı bakışını değiştirmektedir. Yani kentli, kent içinde her şeye ve herkese karşı daha fazla hesap yapmak zorundadır. Bu durum ise toplumdan yalıtılmış ve hem topluma hem de kentte karşı daha mesafeli duran bir kentlinin ortaya çıkması ile sonuçlanmaktadır. Simmel'in (1950a) üzerinde durduğu bir başka kavram olan kent usanmışlığı da tam da bu anlamları taşımaktadır. Çünkü usanmışlığın özü kayıtsızlığa, ayrımcılıkta ve duyarsızlıkta saklıdır. Kentlinin içinde bulunduğu bu ruh hali ise nesnelerin, yarım akıllılarda olduğu gibi algılanmadığı anlamına değil şeylerin anlamlarının ve değişen değerlerinin dolayısıyla da şeylerin bizzat kendilerinin hayali olarak yaşandığı anlamını taşımaktadır. Yani imgeler, şeyler, usanmış kişiye, eşit olarak düz ve gri tonlarda görünür; hiçbir nesne ötekilerin üstünde bir tercih edilebilirliği hak etmemektedir.

Şüphesiz kent ile kasabada yaşayan bireyler arasında bir takım kimliksel anlamda farklılıklar mevcuttur. Kent içinde de farklı tonlarda bireyin var olması, çoklu ve girişken kimliklerin/karakterlerin oluşmasına zemin hazırlamaktadır. Bu anlamda Wirth'e (1938: 12) göre ise kentli 'şizofrenik karakterli' bir kişiliğe sahiptir. Birincil ilişkilere yer vermeyen kentte, insanlar birbirlerine karşı ve yaşadığı ortama karşı sorumluluklarını kaybedip bencilleşmektedir. Herkes her şeyi kanıksar hale gelmekte, anomi durumunun ortaya çıkmasına neden olmaktadır. Wirth'in görüşlerinde yola çıkarak kentsel mekânı ve kentli insanı, patolojik bir olgu olarak görmemek mümkündür. Bu doğrultuda konu ele alındığında Şanlıurfa'da uzun süredir devam eden toplumsal alışkanlıkların kentin ve kentlinin imajını zedelediğini söylemek yerinde olacaktır. Yaşanan kentsel ve toplumsal gelişmelerin kente ve kentliye zarar verdiğini ifade eden katılımcılardan biri özellikle Şanlıurfa'da uzun zamandan beri devam eden kan davaları için şu tespitlerde bulunmuştur:

> "Mesela kan davaları, ne kadar acı bir durum olduğunun farkındayız. Bunlar örf adet olanak biliniyor ama bunlar bize zarar veriyor. İki aile arasında yaşanan bir olay tüm Şanlıurfaya mal edilebiliyor. Bu çok üzücü, çok acı bir durum. Tüm şehir ve burada yaşayanlar bundan dolayı kötü imaja sahip oluyor" (Genel, Yerel Yönetici, 34).

Şanlıurfa'nın tarih içinde yaşamış olduğu toplumsal kırılmalar, göçler, iç çekişmeler, kentlinin olumsuz bir imaj edinmesinde başlıca nedenler olarak sıralanmaktadır. Bunun yanında bireyin önceki yaşantısından kalan yaşam şeklini devam ettirmesi de farklı bir kentli kimliğinin ve imajının ortaya çıkmasına sebep olmaktadır. Ayrıca Şanlıurfa ile özdeşleşmiş töre, kan davaları, erken yaşta evlilik, çok eşlilik, plansız yapılaşma ve Suriyeli göçmenlerle olan ilişki de kentin ve kentlinin yanlış tanınmasını beraberinde getirmektedir.

Kent ve kent kimliği sürekli bir değişim içindedir. Kentli kimliğinin ve imajının ise bu değişimden etkilenmemesi mümkün değildir. Çünkü kentteki değişim, doğrudan kentlinin de değişimini beraberinde getirmektedir. Şanlıurfa'da kent imajının değişiminde birçok faktörün etkili olduğunu söylemek yerinde olacaktır. Küresel gelişmelere bağlı olarak sermayenin kentlerde daha görünür olması ve küresel göçler, Şanlıurfa'da kent imajının değişimini hızlandıran etkenler olarak karşımıza çıkmaktadır. Çoğu kentli ise kentli kimliğindeki değişmeyi Suriyeli göçmenlerin kente yerleşmesine bağlamaktadır.

Suriyelilerin gelmesi ile birlikte kentlinin başörtü takma, giyinme şekillerinin değişmesi ve makyaj yapma kültürünün yaygınlık kazanması, göçün kent ve kentli imajı üzerindeki etkisini göstermektedir. Bunun yanında medyada sürekli karşımıza çıkan ve sürekli eleştirilen nargile kültürünün yaygınlaşması ve gece eğlencelerindeki artış, değişimin olduğu ifadelerini desteklemektedir. Şanlıurfa'da göçmenlerin çoğunlukta yaşadığı bölgelerde bu tarz durumların sıklıkla karşımıza çıkması, göç ve kent imajı arasındaki ilişkiyi göstermektedir. Tüm bunlara bağlı olarak hem kentin hem de kentlinin her geçen gün daha kötü bir kimlik ile anılmaya başlandığını, kentin de olumsuz bir imaj edindiğini, bunun temel sebebinin ise göç olduğunu dile getiren katılımcılardan biri durumu şu şekilde betimlemiştir:

> "Kente yoğun göç ile birlikte komşuluk adına bir şey kalmadı kentte. Göç ya kenti yabancılaştıracak ya da yabancıları Şanlıurfalılaşacak. Şanlıurfa'nın kültürü ile tanıştırıp, Urfalılaştıracak. Ama ne yazık istenilen olmadı ve Şanlıurfa ve Şanlıurfalı yabancılaştı. Kültürüne, tarihine kimliğine yabancılaştı" (Genel, İdareci, 64).

Göç sonrası gelen grupların kent içinde kendi imgelerini oluşturmaları ve önceki yaşamlarına ait ögeleri kent içinde sergilemeleri, kentlerin "kimliksiz" bir kent olarak görülmelerine sebebiyet vermektedir. Yoğun göçe maruz kalan kentlerin başında yer alan Şanlıurfa'da bu duruma çok sık rastlanılmaktadır. Bu durum ise kentin olumsuz bir imaj edinmesine neden olmaktadır. Bu noktada katılımcılardan biri şunları aktarmıştır:

"Bazen nerede olduğumuzu unutuyoruz. Her yerde Arapça tabelalar var. Suriyeli halkın her yere kendi tabelasını asması, Türkçe öğrenmek yerine kendi imgesini oluşturması Şanlıurfa'ya zarar veriyor ve kimliğini de olumsuz yönde etkiliyor. Buna müdahale etmek lazım" (Genel, 32, Mimar).

Kente göç eden bireylerin kenti hızlı bir değişime sürüklediğini, kentlinin ise bu duruma hazır olmadığını bu yüzden de örf, adet ve geleneklerin değişime uğradığını, kent imajının ise buna bağlı olarak olumsuz bir hal aldığını düşünen katılımcılardan biri şu kısımlara dikkat çekmiştir:

"Göç ile birlikte şehrin kimyası bozuldu, şehre ait örf ve gelenekler değişime uğradı. Havasından tutun giyimine, kadar hepsi bozuldu. Yaşayış tarzı bozuldu. Göçmenlerin bizden farklı bir yaşamı var, bizimki onların yaşamına, onlarınki de bizim yaşamımıza uymuyor. Ama aynı şehirde yaşıyoruz ve bunlar birbirine karışıyor"(Balıklıgöl, İşletmeci, 34).

Yaşanan göç olayları, kentin toplumsal yapısını başta sona değiştirebilmektedir. Bu değişim tüm kurumları etkilediği gibi aile kurumunun da şekil değiştirmesine sebep olabilmektedir. Şanlıurfa'da var olan "çok eşlilik", Suriyeli göçmenlerin kente yerleşmesi ile birlikte daha yaygın bir hal almıştır. Eskiden maddi yeterliliğe sahip olan bireylerin başvurduğu bu olay, göçmenlerin içinde bulundukları maddi manevi imkânsızlıklardan dolayı tüm kesimlerde de görülmeye başlanmıştır. Bu gelişme ise kentin olumsuz bir imaj edinmesini beraberinde getirmiştir. Bu noktada katılımcılar şu ifadeleri kullanmıştır:

"Buraya gelen Suriyeli kadınların çoğu çok zor durumda, bu yüzden birini bulunca hemen evleniyorlar. Bizimkiler de dünden razı tabi... Eskiden tek tük görürdük iki karısı olanları, şimdi ise kime baksan Suriyeli birini getirmiş. E bu da bizi yanlış tanıtıyor" (Balıklıgöl, 69, Esnaf).

Katılımcılardan birçoğu kente göç eden göçmenlerin kentin kimyasını bozduğu, bunun ise hem Şanlıurfalıların yaşam tarzına hem de Şanlıurfa'nın mekânsal yapısına zarar verdiği görüşünü savunmaktadır. Kente yerleşen göçmenlerin yerli halka göre farklı bir yaşam tarzına sahip olduğu aşikârdır. Gelenlerin gece yaşamına çok fazla dâhil olmaları ve bu yaşantıya hitap eden mekânları işletmeleri kentli tarafından hoş karşılanmamaktadır. Bunun dışında göç ile birlikte kente çok eşlilik yaygınlaşmaya başlamıştır. Bu durum ise hem kentin hem de kentlinin kimliğine zarar vermektedir. Kente yönelik artan göçlere bağlı olarak kent kimliğinin değiştiğini savunan ve özellikle Şanlıurfa'nın güvenli kent olmaktan uzaklaştığına dikkat çeken katılımcılardan biri şunları söylemiştir.

> "Ortalıkta kayıtsız gezen kişi sayısı oldukça fazla. Bu yüzden dışarıdan gelenler özellikle akşam vaktinde rahatlıkla gezemiyor. Bahçelievler dediğimiz yer olduğu gibi Suriyelilerin olmuş. Hatta oraya Suriye Meydanı bile demeye başladılar. Hâlbuki orası güzel bir meydan idi ve adı Topçu Meydanı idi. Suriyeliler ancak sabaha kadar eğlenip çocuk yapsınlar. Başka da işe yaramazlar" (Gümrükhanı, Esnaf, 83).

Bir kent imajı, orada yaşayan bireylerin eğitim durumlarına bağlı olarak değişim gösterebilmektedir. Eğitim seviyesi yüksek olan kentlerin iyi bir imaja sahip olduğunu, tam tersi durumda olan kentlerin ise daha çok kötü imajlar edindiğini söylemek mümkündür. Eğitimin kent ve kentli kimliğinde belirleyici bir etken olduğunu, kız çocuklarının eğitimine önem verildiği takdirde Şanlıurfa'nın kötü imajdan kurtulabileceğini savunan katılımcılardan biri aşağıdaki tavsiyelerde bulunmuştur:

> "Kız çocukların erken evlendirilmesi, eğitimde yer almamaları kenti kötü etkiliyor. Eğitimden sosyal aktivitelerden uzak kalıyorlar mesela. Bu da kent imajını olumsuz etkiliyor. Ayrıca gençlerimize

sahip çıkılması gerekir, çünkü onlar da kent kimliğimizi hem olumlu hem de olumsuz etki edebilir. İyi eğitirsek kente katkı sağlarız ama yeterince eğitemezsek olumsuz bir şekilde karşımıza çıkar" (Genel, Yerel Yönetici, 34).

Bunun yanında kentlilik bilincinin yetersiz olması, tarihi yapılara değer vermemeyi beraberinde getirmiş olup Şanlıurfalıların "tarihine önem vermeyen" şeklinde nitelendirilmesine beraberinde getirmiştir. Üretimin olmadığı kentlerde sadece tüketimin olması, kentleri bir yerden sonra yok edecektir. Bu durum kentsel değerler, imgeler için de söz konusudur. Şanlıurfa'nın yeteri kadar kültürel bir öge üretmediğini, üretmeyince pazarlayamadığını, tüm bunları kentliler tarafından yeterince önem verilmemesinden kaynaklandığını ifade eden katılımcılardan biri şunları aktarmıştır:

> "Bazı değerler kutsidir, yani kutsaldır. Bizim onlara sahip çıkmamız gerekir. Kültürümüz bizim hamurumuzdur, öz değerimizdir. İstediğiniz şekli verebilirsiniz ama özünü korumak zorundayız" (Topçu Meydanı, Memur, 58).

Kentlerin sahip olduğu imaj, kentliyi etkilediği gibi kentlinin imajı da kenti doğrudan ya da dolaylı bir şekilde etkilemektedir. Karşılıklı bu ilişki ise kent ve kentli kimliğinin oluşmasını etkilemektedir. Şanlıurfa'nın olumlu bir imajının yanında, olumsuz bir imaja da sahip olduğu görülmektedir. Kentin sahip olduğu çoklu özellikler, bu durumun oluşmasına sebep olmaktadır.

Her kentin ve orada yaşayanların sahip oldukları olumsuz bir imajının olduğunu söylemek mümkündür. Şanlıurfa'nın kötü bir imaj edinmesine sebep olan etkenlere bakıldığında; kan davaları, erkek yaşta evlilik, çok eşlilik, kız çocuklarının eğitimden yoksun bırakılması, plansız bir kent olması gibi etkenlerin olduğunu belirtilmiştir. Katılımcıların da üzerinde durduğu gibi kentlinin sahip olduğu olumsuz imajın nedenleri ise tarihine önem vermeyen, gelişmeye kapalı, birbirini sevmeyen, her şeyi bildiğini sanan, ticaretten anlamayan kişilerden kaynaklanmaktadır.

Sonuç ve Değerlendirme

Her bireyin kent içinde huzur bulduğu, hayal kurduğu, gurur duyduğu, hatırladığı yani kısacası zihninde kutsal saydığı bir mekânı vardır. Bu mekânlar her ne kadar bireyin duygularına veya zihin yapısına hitap etse de aynı zamanda kişilik gelişimini etkilemekte ve birey kimliğini inşa etmekte ya da şekillendirmektedir. Bu yüzden çoğumuz için bu kentsel mekânların ayrı bir önemi vardır. İşte tüm bu mekânlar ise kentin imgeleri ya da göstergeleri olarak kentli zihninde yer edinmektedir. Aynı zamanda bireyin olduğu gibi kentin de aynası işlevini görmektedir.

Bu çalışmada, Şanlıurfa kent imgelerinin, kent ve kentli kimliğinin oluşumundaki yeri, kentli hafızasında ne derece iz bıraktığı ve toplumsal gelişmelerden ne derece etkilendiği konuları üzerinde durulmuştur. Gerçekleştirilen yüz yüze ve sözlü tarih görüşmeleri sonucunda elde edilen bulgular söz konusu başlıklar çerçevesinde değerlendirilmiştir. Elde edilen sonuçlar ise Şanlıurfa'nın mekânsal imgelerinin, kent ve kentli kimliğinin nasıl bir değişime uğradığını anlamak açısından önemli veriler sunmuştur. Öncelikle kent imgeleri ile kentli kimliği arasında doğrudan ve sürekli bir ilişkinin olduğunu söylemek mümkündür.

Çünkü her kent imgesi, aslında kentli zihninde yer alan duygusal ve düşünsel izlerin bir karşılığı olarak vücut bulmakta ve birer nesne halini almaktadır.

Görüldüğü gibi kent, kentli ve kentsel imge arasında bazen görünür bazen de görünmeyen dinamik bir ilişki vardır. Karşılıklı bu ilişki ise kentin ve imgenin şekillenmesi ile sonuçlanırken kentlinin de bir kimlik kazanmasını sağlamaktadır. Yani kentli sahip olduğu düşünceyi kente ve imgeye yansıttığı sürece toplum içinde varlık kazanmakta ve bir kimlik edinmektedir. Tüm bu gelişmeler, aynı zamanda hem toplumun hem de kentin tanımlanmasını sağlamakta ve kentlerin de kimlik edinmesini sağlamaktadır. Kent, kentli ve kent imgeler arasındaki bu sıkı bağın çözülmesi, kesintiye uğraması ise toplumsal bir kimlik bunalımı ile sonuçlandığı gibi imge etrafında kentsel/toplumsal çatışmaların meydana gelmesine de sebep olabilmektedir.

Mekânı üreten, inşa eden, anlamlandıran, değer katan ve yeniden üreten bireyin kendisidir. Çünkü birey bir mekânda yaşamını sürdürür, mekânla anlam kazanır ve mekân üzerinden bir tanımlama yoluna başvurur. Aynı şekilde mekân da insandan aldığı özellikleri yansıtır ve bu şekilde "herhangi bir yer" ya da bir boşluk olmaktan kurtulur. Kent imgesi ile birey arasındaki ilişkiden yola çıkarak hazırlanan bu çalışmada ulaştığımız sonuca göre; imge/mekân ile birey arasında var olan bu ilişkiyi üç noktada ele almak mümkündür. Birincisinde birey, kent imgesi üzerinde belirleyici, planlayıcı, müdahaleci ve şekillendirici özelliğe sahiptir. Özne bireydir, imge ise nesne halini almıştır. İkincisinde kent imgesi; bireyin duygu, düşünce, davranış ve yaşam şeklinin oluşumunda etkilidir. Bu kez özne imge, nesne ise bireydir. Üçüncüsünde ise birey-birey ve birey-toplum ilişkisinde kent imgesi, bir sahne özelliği kazanmaktadır. Yani bireysel ve toplumsal ilişkilerde imge hem bu ilişkinin yaşandığı hem de bu ilişkinin içerik kazandığı yer olarak karşımıza çıkmaktadır. Yani mekân, "nerede" sorusunun cevabı olarak anlam kazanmaktadır.

Her kent kendi imgesini bünyesinde barındırmaktadır. Kentin sahip olduğu bu imgeler ise kenti diğer kentlerden ayırmakta ve bu yönüyle özel bir imge olma özelliğini kazanmaktadır. Kentin sahip olduğu imgeler; dinsel, tarihsel, kültürel ve mekânsal özelliklerinden dolayı kente kimlik kazandırırken kentliyi de şekillendirmektedir. Şanlıurfa kent merkezinde yer alan imgelere bakıldığında, kent imgelerinin kent ve kentli kimliğinin inşa edilmesinde önemli bir role sahip olduğu sonucuna varılmıştır. Katılımcılar özellikle kentlinin cömert, misafirperver, hoşgörülü ve sıcakkanlı olmasında kent imgelerinin ve kentsel değerlerinin belirleyici olduğu görüşünde hemfikirdirler. Bunun yanında kentlinin vatansever, tarihine bağlı ve kültürünü koruyan bir karaktere sahip olmasında da kent imgelerinin önemli bir yeri olduğunu ve bu noktada imgenin önemli bir araç olduğunu söylemek mümkündür.

Kentsel imgeler, içinde yaşayanların geleneklerini, kültürlerini, değerlerini, yargılarını, dünya görüşlerini ileten bir özelliğe sahip olup pek çok anlamı bünyesinde barındırır. Bu nedenle imgeye yüklenen anlam/anlamlar zamana, duruma ve kişilere göre değişkenlik göstermektedir. Çalışmamızda da Şanlıurfa ilinde yaşam süresi dikkate alındığında; uzun süredir kentte yaşayan bireylerin imgeyi algılama, yorumlama ve açıklama düzeyinin arttığını ve imgeyi daha yakından tanıdıkları sonucuna varılmıştır. Bunun yanında katılımcıların herhangi bir işte çalışıp çalışmamaları da imge hakkında bilgi sahibi olmalarını etkilemiştir. Gündelik yaşamda kamusal alanı fazlasıyla kullanan bireylerin kamusal alanı kullanmayan bireylere nazaran imgeyi tanımlama düzeyleri yüksektir. Özellikle çalışmayan ve çoğunluğu ev hanımı olan kadın katılımcıların kent imgesini açıklama noktasında yeteri kadar bilgiye sahip olmadıkları gözlemlenmiştir. Bu durum ise kadın ve erkeklerin sahip olduğu kentsel kimliklerin farklılaşmasına sebep olmuştur. Bazı kentlilerin imgeyi yeterince tanıyamaması da imgeyi yanlış okumasına ve açıklamasına sebebiyet vermektedir. Bundan dolayı kentte yaşayan her bireyin kent imgesine bakışı farklılık gösterebilmektedir. Aynı zamanda kentlilerin kültür düzeyleri, deneyimleri ve imge çevresinde geçirdikleri zamanın, imgenin algılanmasında doğrudan etkili olduğu görülmüştür. Bunun yanında sahip oldukları ekonomik, sosyal ve siyasi statü de aynı şekilde bireylerin imgeyi okuma, algılama, açıklama ve yorumlamaları üzerinde belirleyici olduğunu söylemek mümkündür. Uzun yıllardan beri belirlenen imgelerin çevresinde yaşayan bireylerin imgeyi daha kolay açıkladıkları görülmüştür. Aynı zamanda ekonomik, kültürel ve sosyal sermayesi yüksek olan katılımcıların da kent ve kent imgelerini daha iyi okudukları gözlemlenmiştir.

Şüphesiz insan mekânla öğrenir ve mekânla kendi varlığının farkına varır. Bundan doyalı mekânın ve imgenin kentli üzerinde doğrudan veya dolaylı şekillendirici bir etkisinin olduğunu söylemek mümkündür. Hazırlanan bu çalışmada elde edilen veriler değerlendirildiğinde kentin sahip olduğu imgelerin kentlinin davranışlarının şekillenmesinde ve yaşam şeklinin düzenlenmesinde etkili olduğu görülmüştür. Özellikle kentin tarihinde yer alan şahsiyetlerin yaşam şeklinin (Hz. İbrahim, Hz. Eyyüb gibi) kentlinin misafirperver bir kimlik kazanmasında etkili olduğu görülmektedir. Aynı şekilde kentin tarihi hayatlı evlerindeki mimari yapının ve sıra gecesi kültürünün de bireyin kent kültürü edinmesinde doğrudan bir etkiye sahip olduğu sonucuna varılmıştır. Kent imgeleri, kent kimliği üzerinde etkili ve belirleyici olduğu kadar kentli kimliği üzerinde de değiştirici bir özelliğe sahiptir. Çünkü kent imgesinin kentli üzerinde düşünsel ve duygusal bir etkisi vardır. Kentlerin ve toplumsal ilişkilerin sürekli değişime uğraması imgeyi değiştirdiği gibi kentli kimliğini de değiştirmektedir. Dolayısıyla elde edilen verilerin değerlendirilmesi ile "kentin, kentsel mekânların ve kent imgelerinin değişimi, kent kimliğinin değişmesine, şekillenmesine ve yeniden üretilmesine neden olmaktadır" sonucuna varılmıştır.

Kentsel birçok öğede olduğu gibi kent imgeleri de sürekli bir değişim içindedir. Kentlerin değişimin merkezi ve taşıyıcısı olması, imgelerin değişimini de beraberinde getirmektedir. Bazı imgeler değişime ve zamana direnip kentli hafızasında uzun süreli yer edinip sonraki nesle aktarılırken bazı imgeler ise zamana direnemeyip kent ve kentli için önemini kaybetmektedir. Toplumsal kırılmaların etkisinin yoğun yaşandığı dönemlerde ise bu değişim ya da "kentsel yok oluş" daha da belirginlik kazanmaktadır. Şanlıurfa'ya bakıldığında sosyal, kültürel, ekonomik ve siyasi değişimde doğrudan etkilenen bir kent görüntüsüne sahip olduğu görülmüştür. Bu gelişmelerden ise kentin sahip olduğu imgelerin oldukça etkilendiği gözlemlenmiş olup çoğu değerli imgenin toplumsal gelişmelere bağlı olarak yitirildiği görülmüştür. Özellikle darbe gibi siyasi gelişmeler ve göç gibi sosyal, kültürel ve ekonomik sonuçları barındıran toplumsal gelişmeler, Şanlıurfa kent imgelerinin değişimini, kentli hafızasından silinmesini ve adlarının değiştirilmesini beraberinde getirmiştir. Tüm bu yaşanmışlıkları kent merkezinde yer alan imgeler üzerinden okumak ya da katılımcıların anlatımlarında görmek mümkündür. Özellikle ileri yaştaki bireylerle yapılan sözlü tarih görüşmeleri sonucunda imgenin değişimine şahitlik eden katılımcıların, bahsedilen gelişmelerin imgenin şekillenmesinde etkili olduğu görüşünü paylaşmıştır. Özellikle 12 Eylül ve 15 Temmuz darbe/darbe girişiminin Şanlıurfa kent imgeleri üzerinde gerek fiziksel anlamda gerekse de adlandırma noktasında şekillendirici olduğu görülmüştür.

Her toplumsal grup hem siyasi anlamda hem de ideolojik anlamda karşılaşmış ya da karşılaşacağı karşıt bir düşünceye karşı her daim donanımlıdır. Özellikle karşı görüşün imgeleri ve sembolleri ile mücadele içinde olmaya hazırdır. Karşılıklı bu çatışma ise kenti ve imgeyi şekillendirme, yok etme üzerinden görünürlük kazanmaktadır. Görüşme yapılan katılımcıların çoğu özellikle imge üzerinden hissedilen düşünsel çatışmadan ve iktidar baskısından yakınmaktadır. Yerel yönetici konumunda bulunan bazı katılımcıların bile söz konusu siyasi etkiyi doğru bulmaması, müdahalenin siyasi bir sorun olmadığını, aslında kentin ve kentlinin bir sorunu olduğunu göstermektedir. Bu karşı çıkışın ve yakınmanın sebebi de bundan başkası değildir.

Kentte ve kent imgelerinde yaşanan değişime bakıldığında baş aktörün, aslında bireyin kendisinin olduğu görülecektir. Her ne kadar doğa olayları kentlerin şekillenmesinde etkili olduğu görülse de hiçbir felaket bireyin kentte zarar verdiği gibi kenti etkilememiştir. Kentte yaşayan/yöneten bir birey, imgeyi değiştirirken veya yıkarken aynı zamanda bu değişimden nasibini almakta, kimliğini, tarihini ve hafızasını da yok etmektedir. Çünkü yıktığı, değiştirdiği ya da ismini değiştirdiği imge, artık ona hitap etmemektedir. Bu yüzden tüm bu müdahalelerden yola çıkıldığında değişimi en iyi yorumlayanın kentte yaşayan bireyden başkasının olmadığı görülecektir. Çünkü yıkan da yıkılan da bireydir. Bundan dolayı kent içinde yaşanan değişime bakış, bireyden bireye farklılığı da barındırmaktadır. Yapılan görüşmeler sonucunda kent imgenin yaşamış olduğu değişim, kısmen de olsa bazı kentliler tarafından olumlu karşılanırken birçoğu tarafından şiddetle karşılık bulmuştur. Kent tarihini, toplumsal hafızayı ve kent kimliğini yok ettiği gerekçesiyle birçok kentli imgenin değiştirilmesini doğru bulmazken kentin tanıtılması, Şanlıurfa'nın diğer kentler ile yarışacak düzeye ulaşması ve hem kent hem de kentli için ekonomik bir getiri sağlaması açısından ise bazı kentlilerin bu değişime olumlu baktığı sonucuna ulaşılmıştır.

Öncelikle bazı kentlerin sahip oldukları imgeler üzerinden tüm dünyaya seslendiğini söylemek gerekir. Çünkü imge, kenti daha yakından görme, algılama, okuma ve yorumlama düzeyimizi biçimlendiren kentin arka planı ve bilinçaltı olarak karşımıza çıkmaktadır. Kentsel imgenin dünyaya bakan bir yanı olması, makro anlamda yaşanan gelişmelerden doğrudan veya dolaylı bir şekilde etkilenmesine sebep olmaktadır. Özellikle küreselleşme, modernleşme ve hızlı kentleşme gibi gelişmelerin kent imgesi, kent ve kentli kimliği gibi olgular üzerinde şekillendirici etkisinin olduğunu söylemek mümkündür. Küreselleşmenin tüm kentleri birbirine benzettiğini ve kentleri birbiri ile yarışmaya sürüklediği aşikârdır. Bu yarış ise kentlerin sahip oldukları imgeler üzerinde daha fark edilir olmaktadır. Her ne kadar tek bir kent kimliğinin oluştuğu söylense de kentlerin sahip oldukları imgeler aracılığıyla yerelleşme gayretinde olduklarını da söylemek gerekir. Bu yüzden kent imgeleri her geçen gün daha fazla değer kazanmaktadır.

Küreselleşme olarak adlandırılan süreç tüm toplumsal olguları etkilediği gibi kentleri de etkilemektedir. Kentlerin meta olarak sunulması, ülkelerin değil kentlerin artık birbiri ile yarıştığı görüşünü desteklemektedir. Her ne kadar aynılığı, benzerliği kendi içinde barındırsa da imgesel anlamda kentlerin farklılaşmasını beraberinde getirmektedir. Kentler artık sahip oldukları kent imgeleri ile diğer kentlerden ayrılma gayreti taşımaktadır. Bu yüzden kentlerin sahip oldukları kent imgelerini koruyamaması, küresel yarıştan kopması ile sonuçlanacaktır. Özellikle Şanlıurfa gibi tüm dünyanın yakından takip ettiği imgelere sahip olan kentlerin bu doğrultuda sahip oldukları imgeleri daha çok sahiplenmeleri ve sunmaları gerekmektedir. Çünkü Şanlıurfa'nın sahip olduğu imgeler dini, tarihi ve mimari anlamda tüm dünya toplumlarına hitap etme özelliği taşımaktadır.

Tüm bu gelişmeler, kendi içinde her ne kadar ekonomik bir anlam taşıyor olsa da kentlerin günümüzde dünya ekonomisi ile bütünleşme aracı olması, söz konusu öğelerin de etkilenmesini kaçınılmaz kılmaktadır. Büyük çapta karşımıza çıkan bu gelişmeler de kentlerin birer meta halini aldığı görüşünü desteklemektedir. Hazırlanan bu çalışmada da tüm büyük kentlerde olduğu gibi Şanlıurfa'da da mevcut iktidarın ve yerel yöneticilerin yaşanan gelişmeler doğrultusunda kenti markalaştırma gayreti içinde oldukları, kentin sahip olduğu imgeleri ise birer pazar malı şeklinde sundukları görülmektedir. Bu amaç ile yapılan çalışmalar ve hazırlanan projeler her ne kadar yerli halk tarafından eleştirilse de kentin tanıtımı, yeni ekonomik kazanç alanlarının oluşumu nedeniyle birçok kişi tarafından desteklenmektedir. Bu durum "Şanlıurfa ilinde yer alan imgelerin kentin tanıtımında ve pazarlanmasında ve bunlara bağlı olarak turizm gelirlerinde kente katkısı vardır" savını desteklemektedir.

Ekonomik anlamda kentlerin imgeler aracılığıyla dikkat çekmesi her ne kadar olumlu bir görüntü sunsa da imgenin taşımış olduğu anlamı kaybetmesine sebep olabilmektedir. Bu durum ise hem kentin hem de kentlinin zihninde, hafızasında yer alan imgenin yok olmasına sebep olmaktadır. Tüm bu gelişmeler ise kimliksel anlamda bir kaosun ve çatışmanın ortaya çıkmasını beraberinde getirmektedir. Gerek iktidar gerekse de yerel yöneticiler, bu konuda daha bilinçli ve temkinli hareket etmeli ve imgeye yapılan her müdahalenin, düzenlemenin kent imgesinin özüne ve ruhuna uygun yapılması gerekmektedir.

Şanlıurfa için söylenen ve kent kimliğinin oluşmasındaki temel taşlarından biri olan din ve tarih olgusu, mekânsal ve hayatı kontrol eden temel güç olma özelliğini kaybetmiştir. Yerini ise kapitalist sermayeye ve siyasi erke bırakmıştır. Bu durum ise hem mekânların planlanmasında hem de isimlendirilmesinde kendini göstermektedir. Geçmişten günümüze bünyesinde çok sayıda imge barındıran Şanlıurfa, meydana gelen gelişmelerden dolayı bazı imgelerini kaybetme noktasına gelmiştir. Özellikle yaşanan siyasi ve ekonomik gelişmeler bazı imgelerin isimleri kaybetmesine sebep olmuştur. Bu durum ise yeni ile eski olanın çatışması şeklinde karşılık bulmuş, kentli tarafından benimsenmemiştir. Bunun yanında göç sonrası kente gelen grupların kendi imgelerini icat etmesi ve yeni kimlik öğeleri oluşturması, kent ve kentli kimliğinin olumsuz anlamda değişmesini beraberinde getirmiştir. Kentte yaşanan bu değişim ise kent ve toplumsal hafızanın yok oluşu ile aynı anlamı taşımaktadır. Bu yüzden imgenin sahip olduğu sembolik anlamın korunması, sonraki nesle aktarılması noktasında kenti yönetenlerinin almış olduğu karardan vazgeçmeleri ve göç sonucu yok olmaya başlayan imgelerin yeniden inşa edilmesi gerekmektedir. Diğer türlü imgesini kaybeden bir kentin kimliğini koruması mümkün değildir.

Kent imgeleri, kentte yaşayan bireylerin ortak kullanım alanları olarak karşımıza çıkmaktadır. Yani kentler ve kent imgeleri kenti kullanan herkesindir. Bu yüzden imgenin şekillendirilmesi ya da değiştirilmesi, tüm kentlinin ortak fikri doğrultusunda yapılmalıdır. Şanlıurfa özelinde bu duruma bakıldığında kentin sahip olduğu imgelerin restore edilmesinde, kullanım şeklinin ve isimlerinin değiştirilmesinde kentlinin görüşünün alınmadığı görülmektedir. Bu durum ise kentlinin kent aidiyetini zedelediği gibi kenti yönetenlere karşı olumsuz bir tavır takınmasını beraberinde getirmiştir. Çoğu katılımcı için bu durum kentsel cinayet ve suç olarak yorumlanmış, kenti yönetenleri ise topluma hesap vermesi gereken bir suçlu olarak nitelemiştir.

Kent dinamik bir yapıya sahip olduklarından dolayı her daim değişen bir yapıdadır. Bu yüzden görüşme yapılan katılımcıların çoğu kentin değişen yapısının kentsel imgeyi de değiştirdiğini üzerinde durmuştur. Zamana bağlı olarak kentin ve kent ilişkilerinin almış olduğu yeni şekil, ileri yaştaki katılımcıları pek memnun etmemiştir. Bu durum, imgelerin bireyleri bir araya getiren bir toplumsallaşma aracı olduğunu imgenin değişiminin de bireyler arasındaki ilişkiyi etkilediğini göstermiştir. Şanlıurfa'nın sahip olduğu hayatlı evlerin işlevini kaybetmesi ve sıra gecelerinin farklı formatlarda düzenlenmesi de kentsel ilişkilerin şekil değiştirmesinde belirleyici olduğunu özetlemiştir. Bu durum da kentli kimliğinin değişmesini hızlandırmıştır. Kentin sahip olduğu imgelerin korunması ve sahip olduğu özelliklerin yeniden kazandırılması hem kent hem de kentli kimliğinin korunmasını sağlayacaktır.

Türkiye hızlı siyasi gelişmelerin olduğu bir ülke konumundadır. Özelikle belli dönemlerde bu durumu her anlamda görmek mümkündür. Bu değişim ve dönüşümünden ise en çok kentler ve kent imgeleri nasibini almaktadır. Kentte yaşanan bu gelişmeler ise çoğu zaman kentli kimliğinin bilinçli ya da bilinçsiz bir şekilde tahribi ile sonuçlanmaktadır. Söz konusu tahribatı ise kentsel imgeleri üzerinden açıklamak mümkündür. Kentsel mekânların/imgelerin bu tahribatı ise zaman içinde kimliksiz ve niteliksiz kentlerin ve kent imgelerinin oluşumuna sebep olmaktadır. Kimliksiz kalan bir kentin var olması da mümkün değildir. Bu yüzden kente yapılacak her müdahale aslında kenti yok olmaya sürükleyecektir.

Kentlerin bürokrasiye, siyasete bağlı ve siyasilerin kontrol mekânı olduğu sürece kent içinde toplumsal çatışmalar varlığını sürdürecektir. Kente yapılan her müdahale de kentlinin kente duyduğu aidiyet zedelenecektir. Bu durum ise kent ve kentli imajına yansıyacak olumsuz bir kentli kimliğinin oluşmasını beraberinde getirecektir. Bu yüzden yapılacak her kentsel müdahale kentlinin de dâhil olduğu bir karar doğrultusunda kentin, kentlinin ve imgenin yararı gözetilerek yapılmalıdır.

Kent imgelerindeki her değişimden yerel yöneticiler olduğu kadar kentte yaşayanlar da sorumludur. Uzun yıllardan beri Şanlıurfa'da yaşamasına rağmen yeteri kadar kentlilik bilincine sahip olamayan bireylerin de bu değişimde belirleyici olduğu muhakkaktır. Özellikle kentlinin imgeye karşı bir tavır geliştirememesi değişimin karşısında durmamasını beraberinde getirmiştir. Kentlinin imgeye dair bir görüş geliştirmesi, imgeyi okuması, yorumlaması ve açıklaması için her daim imge ile iletişim içinde olması gerekmektedir. Bu yüzden özellikle medya bu anlamda önemli bir işleve sahiptir. Gerek yerel gerekse de ulusal medyada daha fazla yer edinen ve tanıtılan kent imgesinin kente ve kentliye katkısının olacağı muhakkaktır. Bu doğrultuda özellikle yerel yöneticilerin imgenin tanıtılmasına yönelik politikalar geliştirmesi gerekmektedir. Şanlıurfa özelinde duruma bakıldığında kent imgelerinin medyada yeterince yer edinmediği görülmüştür. Bu durumun kentlinin imgeyi sahiplenmemesinde belirleyici bir özelliğe sahip olmasından dolayı yöneticilerin gerekli çalışmaları yapmaları gerekmektedir.

Şanlıurfa, bulunduğu konum itibariyle en eski medeniyetlere ev sahipliği yapmış tarihi zenginliğe sahip olan kentlerin başında yer almaktadır. Bu yüzden geçmişten günümüze imgesel anlamda zengin bir kent görüntüsüne sahiptir. Ne yazık ki zaman içinde sembolik değerleri yok edilmeye çalışılmış ve birçok kent imgesi farklı düşünceler ve ideolojiler doğrultusunda ortadan kaldırılmıştır. Bu durum ise kentli ile kent tarihi arasında bir kopukluğu meydana getirmiştir. Öte yandan bulunduğu konum itibari ile sürekli kitlesel göçlere maruz kalması, kent imgelerinin şekil değiştirmesini beraberinde getirmiştir. Ne yazık ki bu gelişmeler doğrultusunda yok olan ya da değişen kent imgelerini geri getirmek mümkün değildir. Bu yüzden özellikle kentsel iktidarın ve kentte yaşayan her bireyin sahip olduğu değeri koruması gerekmektedir. Aksi takdirde kent bilincini, kent tarihi ve kent kimliğini inşa etmek zor olacaktır.

Her kent imgesi, bulunduğu kentin vitrinidir. Çünkü kentin sahip olduğu tüm değerler, imge üzerinden sergilenmektedir. Bu yüzden imgenin kent ve kentli için önemi büyüktür. Bu yüzden atılacak her adım bu doğrultuda atılmalı ve öncelikle imgenin kentli tarafından önemsenmesi sağlanmalıdır. Kentli için önemli olan imge de kent için önemini korumaya devam edecektir. Kentli için bir şey ifade etmeyen bir imgenin, kent ve tüm ülke için bir şey ifade etmesi zor bir durumdur. Bu noktada öncelikle bir kent bilincinin oluşturulması gerekmektedir. Kazanılan bu bilinç ise beraberinde imgeyi de ayakta tutacaktır. Örneğin Göbeklitepe'nin yakın tarihe kadar ortaya çıkmamasında hem yöneticilerin hem de kentlilerin yeteri kadar kent bilincine sahip olmadıkları göstermektedir. Bunun yanında yeteri kadar tarih bilincinin olmaması imgenin yok oluşunu hızlandırmaktadır. Farklı siyasi düşünce ve ideoloji doğrultusunda inşa edilen tarihi imgeler farklı gerekçelerle yok edilebilmektedir. Oysaki her imge bir yaşanmışlığı barındırmaktadır. Bu yüzden kentli ve kent yöneticilerinin kendilerine uzak bir düşünce doğrultusunda inşa edilen tarihi imgeye dahi sahip çıkması gerekmektedir. Çünkü inşa edilen her tarihi imge, kentin ve kentlinin bir değerini yansıtmaktadır.

İnsanlık tarihinden itibaren birey her zaman bir mekâna ihtiyaç duymuştur. İlkel toplumlardan en gelişmiş toplumlara kadar her türden grubun bir mabet inşa etmesi bu durumu desteklemektedir. İnşa edilen her yapı ise o toplum için birer imge işlevi görmüştür. Tarihi bu kadar eskiye dayanan bir konunun bu zamana kadar sosyoloji literatüründe yeteri kadar yer almadığı görülmüştür. Daha çok kent sosyolojisi veya mekân sosyolojisi alanları bünyesinde yer alan kent imgesi konusu bu yönüyle araştırmacılara zengin bir kaynak sunmaktadır. Özellikle kent kimliğini çalışacak olan araştırmacıların kent imgesine ayrı bir önem vermesi gerekmektedir. Çünkü kent imgesini anlamadan kent kimliğini açıklamak eksik olacaktır. Kentli kimliği çalışacak araştırmacıların da kent imgesi olgunu dışarıda bırakması mümkün değildir. Çünkü imge ile birey arasında doğrudan ve sürekli bir ilişki mevcuttur. Bireyin kimlik kazanmasında, karakter geliştirmesinde karşılıklı bu ilişkinin doğrudan bir etkisi vardır. Dolayısıyla kentli kimliğinin oluşumunda imgenin yeri iyi belirlenmelidir.

İmgenin kent ve kentli için önemli olmasında ve imgeleşmesinde "görünür" olmasının büyük bir etkisi vardır. Görünmeyen, varlığından haberdar olunmayan dolayısıyla ziyaret edilmeyen bir imgenin kent imgesi olması mümkün değildir. Bu yüzden kent yöneticilerinin her daim imgeye özel bir alan açması gerekmektedir. Mekânsal anlamda görünür olmak zorunda olan bir imge, akademik anlamda da görünür olmak zorundadır. Çünkü kentlerin sahip olduğu her imge tek başına değerlendirilecek kadar veriyi bünyesinde barındırmaktadır. Özellikle bu konuyu çalışacak araştırmacıların bir imgenin görünenden öte nasıl bir anlam taşıdığını anlaması için her bir kent imgesi için ayrı bir alan açması gerekmektedir.

Kent imgeleri birden çok disipline hitap eden özelliklere sahiptir. Mimari özellikleri mimar ve şehir planlamacıları ilgilendirirken tarihsel yapısı da kent tarihçilerinin ilgi alanına girmektedir. İmge üzerine sosyolojik bir araştırma gayreti içinde olan araştırmacıların ise mimari ve tarihi özelliklerinin dışında sahip olduğu özelliklere odaklanması gerekmektedir. Bu doğrultuda hazırlanmayan bir kentsel imge araştırmasının şehir katalogunun ötesine geçmeyecektir. Bu yüzden araştırmacıların imgeyi gözlemenin ve estetik yönünü ön plana çıkarmasının yanında imgeyi oluşturan süreçleri iyi belirlemesi ve imgeyi bu doğrultuda okuması gerekmektedir.

Kaynakça

Althusser, Louıs, (2017), *İdeoloji ve Devletin İdeolojik Aygıtları*, (Çev. Alp Tümertekin), İthaki Yayınları, İstanbul.

Alver, Köksal, (2017), *Kent İmgeleri,* Kent Sosyolojisi, (Ed. Köksal Alver), Çizgi Kitapevi: Konya, ss: 5-31.

Akbıyık, Abuzer, (1999), *Şanlıurfa Folklorunda Sıra Gecesi Geleneği*, Edessa Dergisi, 1999.

Akbıyık, Abuzer, (2009)*Şanlıurfa'da Sıra Gecesi Geleneği*, Kişisel Wep Sitesi, http://www.abuzerakbiyik.com.tr/page_detail.php?page_id=59 (Erişim Tarihi: 15.01.2019).

Akpınar, Rasim, (2017), *Kent Kimliği Bağlamında Ahmet Hamdi Tanpınar'ın Beş Şehri'nin Analizi: Erzurum Örneği*, Akademik Bakış Dergisi, Sayı: 63, ss: 228-240.

Akturan, Ulun & Oğuztimur, Senay, (2016), *Kent Markalaşması Kavramının İçeriği ve Gelişimi: Farklı Disiplinler Farklı Yaklaşımlar*, Planlama Dergisi, Sayı: 26(2), ss. 17-129.

Amoros, Miguel, (2016), *Kent Mücadeleleri ve Sınıf Mücadelesi, Mekân Meselesi*, (Ed. Ayşegül Canan), Tekin Yayınevi, İstanbul.

Arda, Ergen Zeynep, (2011), *Kayseri'de Kentsel Mekânın Değişimi Sürecinde Kamusal Alan Kullanımı Üzerine Bir Araştırma: İstasyon Caddesi Örneği*, Erciyes Üniversitesi Fen Bilimleri Enstitüsü, Yayınlanmamış Yüksek Lisans Tezi.

Arlı, Alim, (2015), *Yüzyıl Sonra Şehri Okuma Denemesi, Şehir: Kent Ortamındaki İnsan Davranışlarının Araştırılması Üzerine Öneriler*, (Ed.

Robert E. Park & Ernest W. Burgess, Çev. Pınar Karababa Kayalıgil), Heretik Yayınları, Ankara.

Asatekin, Mehmet, (2001), *Kentin Kurumsal Kimliği ve Kentin Donatımında Eşgüdüm*, I. Uluslararası Kent Mobilyaları Sempozyumu, 9-11 Mayıs, İstanbul.

Aslan, Sezen & Kiper, Perihan, (2016), *Kimlik ve Bellek Sorunu Sarmalında Kentler: Amasra Kenti Örneğinde Fırsatlar ve Tehditlerin Değerlendirilmesi*, İdealkent: Kent Araştırmaları Dergisi, Sayı 20, Cilt 7, Eylül, ss: 881-905.

Aslanoğlu, Rana, (1998), *Kent, Kimlik ve Küreselleşme*, Asa Yayınları, Bursa.

Assmann, Jan, (2001), *Kültürel Bellek: Eski Kültürlerde Yazı, Hatırlama ve Politik Kimlik*, (Çev. Ayşe Tekin), Ayrıntı Yayınları, İstanbul.

Atlı, Mehmet, (2015), *Hepsi Diyarbakır; Herkesin Bildiği Kimsenin Bilmediği*, İletişim Yayınları, İstanbul.

Aydıngün, İsmail, (2000), *Kentsel İmgeler ve Kent Kimliği: Bursa'da Üç Yaşam Çevresi Üzerine Bir Araştırma*, Ankara Üniversitesi, Sosyal Bilimler Enstitüsü Doktora Tezi.

Aytaç, Ömer, (2007), *Kent Mekânlarının Sosyo-Kültürel Coğrafyası*, Fırat Üniversitesi Sosyal Bilimler Dergisi, Cilt: 17, Sayı: 2, ss. 199-226.

Aytaç, Ömer, (2013), *Kent Mekânları ve Kimlik/Farklılık Sorunu*, İdeal Kent Dergisi, Sayı: 9, ss. 138-169.

Aytaç, Ömer, (2017), *Kent, Metropol ve Değişen Yer/Mekân İmajları*, Mukaddime Dergisi, Cilt: 8, Sayı: 1, ss. 1-23.

Baki, Adnan & Gökçek, Tuba, (2012), *Karma Yöntem Araştırmalarına Genel Bir Bakış*, Elektronik Sosyal Bilimler Dergisi, Güz-Cilt:11 Sayı:42, ss: 001-021.

Batuman, Bülent, (2019a), *Kentin Suretleri; Mekân ve Görsel Politika*, Dipnot Yayınları, Ankara.

Batuman, Bülent, (2019b), *Milletin Mimarisi; Yeni İslamcı Ulus İnşasının Kent ve Mekân Siyaseti*, Metis Yayınları, İstanbul.

Beck, Ulrich, (2013). *Siyasallığın İcadı*, (Çev. Nihat Ülner), İletişim Yayınları, İstanbul.

Belli, Aziz & Aydın, Abdullah, (2017), *Kent Kültürü ve Kentlilik Bilincinin Oluşumdan Üniversitelerin Rolü: Mustafa Kemal Üniversitesi Örneği*, Akademik Sosyal Araştırmalar Dergisi, Yıl: 5, Sayı: 39, ss: 422-434.

Berman, Marshall, (2016), *Katı Olan Her şey Buharlaşır*, (Çev. Umut Altuğ & Bülent Peker), İletişim Yayınları, İstanbul.

Beyazıt, Eylem & Güneş, Muharrem, (2017), *Küreselleşme ve Kent Kimliği: Kentsel değerlerin Küreselleşme Sürecinde Aşınması,* International Journal of Academic Value Studies, Vol: 3, Issue: 9, pp. 323-331.

Bauer, Martin W. &Gaskell, George, (2000) *Qualitativeresearchingwithtext, imageandsound: a practicalhandbookforsocialresearch.* Sage Publications, London.

Bingöl, Aylin, (2004), *Ankara'nın Farklı Mekânlarında Kent Kimliği,* Gazi Üniversitesi Sosyal Bilimler Enstitüsü, Yayınlanmamış Yüksek Lisans Tezi: Ankara

Bumin, Kürşat, (2016), *Demokrasi Arayışında Kent,* Çizgi Kitapevi, Konya.

Can, Nevzat, (1999), *Kent Kimliği,* Gazi Üniversitesi Sosyal Bilimler Enstitüsü, Yayınlanmamış Yüksek Lisans Tezi.

Castells, Manuel, (2013), *Ağ Toplumunun Yükselişi,* Bilgi Üniversitesi Yayınları, İstanbul.

Cengiz, Alim Koray, (2016), *Bir Yerli Olmak: Anlatılar ve İmgeler Üzerinden Antakyalılık,* Ankara Üniversitesi Sosyal Bilimler Enstitüsü Sosyal Bilimler Enstitüsü, Yayınlanmamış Doktora Tezi.

Cevizci, Ahmet, (2005), *Felsefe Sözlüğü,* Paradigma Yayınları, İstanbul.

Connerton, Paul, (2014), *Toplumlar Nasıl Anımsar*? (Çev. Alâeddin Şenel), Ayrıntı Yayınları, İstanbul.

Cresweel, W. John & Plano Clark, Vicki L., (2014), *Karma Yöntem Araştırmaları: Tasarımı ve Yürütülmesi,* (Çev. Yüksel Dede-Selçuk Beşir Demir), Anı Yayınları, Ankara.

Çakır, Mukadder, (2019), *Yeni İletişim Teknolojilerinin Gelişimi Bağlamında Kent,* Etkileşim Dergisi, Sayı: 3, ss: 12-27.

Çamlıbel, Faruk Nafız, (2015), *Han Duvarları: Tüm Şiirleri,* Yapı Kredi Yayınları: İstanbul.

Çetken, Pelin, (2017), *Sil Baştan Yaşayan Kent ve İnsanları, Bir Varmış Bir Yokmuş: Toplumsal Bellek, Mekân ve Kimlik Üzerine Araştırmalar* (Der. Tahire Ermen & Serpil Özaloğlu), Koç Üniversitesi Yayınları: İstanbul.

Çöl, Şölen D. (1998), *Kentlerimizde Kimlik Sorunu ve Günümüz Kentlerinin Kimlik Derecesini Ölçmek İçin Bir Yöntem Denemesi,* Yayınlanmamış Doktora Tezi, Mimar Sinan Üniversitesi Sosyal Bilimler Enstitüsü, İstanbul.

Çulçuoğlu, Gaye, (1995), *Meydanların Önemi ve Tarihsel Gelişimi,* Bilkent Üniversitesi Mühendislik Mimarlık Fakültesi, Peyzaj Mimarlığı Bölümü: Ankara.

Dacheux, Eric, (2012), *Kamusal Alan: Demokrasinin Anahtar Bir Kavramı, Kamusal Alan*, (Der. EricDacheux, Çev. Hüsayin Köse), Ayrıntı Yayınları, İstanbul.

Değirmenci, Koray, (2016), *Fotoğrafın İmgeleri: Temsil Gerçeklik ve Dijital Çağda Fotoğraf*, Doğu Kitapevi, Ankara.

Demir, Rasime, (2019), *Mekân, Toplum ve Kimlik İlişkisi*, Kent Mekan ve Toplum, Tezkire Yayınları, Ankara.

Demiraslan, Deniz, (2005) "*Günümüz Türk Heykel Sanatının Sorunları*" Kocaeli: Ulusal Heykel Sempozyumu Bildiriler Kitabı.

Dervişcemaloğlu, Bahar, (2005), *Temel Göstergebilim (Semiyotik) Kavramları Üzerine Bir İnceleme*, Ege Üniversitesi Sosyal Bilimleri Enstitüsü, Yayımlanmamış Yüksek Lisans Tezi.

Dizman, İbrahim, (2017), *Ordu: Çoklu Bir Kimlik Bileşkesi, Karadeniz'in Kaybolan Kimliği*, (Der. Uğur Biryol), İletişim Yayınları, İstanbul.

Doğan, Ali Ekber, (2007), *Eğreti Kamusallık: Kayseri Örneğinde İslamcı Belediyecilik*, İletişim Yayınları, İstanbul.

Doğan, Şahin, (2015), *Ruhumun Masalı: Şehr-i Urfa*, Gelenek Yayınları: İstanbul.

Duru, Yaşar, (2006), *Sıra Gecesi: Şehir, Zaman, Mekân, İnsan Yazıları*, Hemşehrim Yayınları: İstanbul.

Dülger Türkoğlu, Handan, (2002), *Kentsel İmge: İstanbul'dan Bulgular*, Mimarlık, Planlama, Tasarım Dergisi, Cilt: 1, Sayı 1, ss: 57-64.

Emre, Akif, (2017), Şehirlerin Hafızası, *Bir Şehrin Hafızası*, Ed. Faruk Karaaslan & Mustafa Derviş Dereli, Büyüyen Ay Yayınları, İstanbul.

Erdoğan, Başak Damla & Ayataç, Hatice, (2015), *Assessment of urban identity characteristics in public places: A case study of Ortaköy* Square, ITU, Vol 12, No:1, March, 115-125.

Ersoy, Erhan Gürsel, (2017), *Çoğul Kimliklere Geçiş Sürecinde Lazlar ve Hemşinlileri, Karadeniz'in Kaybolan Kimliği*, (Der. Uğur Biryol), İletişim Yayınları, İstanbul.

Güleç Solak, Sevcan, (2017), *Mekan-Kimlik Etkileşimi: Kavramsal ve Kuramsal Bir Bakış*, Manas Sosyal Araştırmalar Dergisi, Cilt 6, Sayı 1, ss: 13-37.

Güner, Elif, (2015), *Kent Kimliği İlişkisi Bağlamında Kent Mobilyaları: Sultanahmet Meydanı Örneği*, Arel Üniversitesi Fen Bilimleri Enstitüsü, Yayınlanmamış Yüksek Lisans Tezi.

Güven, Erdem, (2011), *Mekân, Kimlik, Yahudilik: Kuzguncuk Yahudi Cemaati Üstüne Bir Çalışma*, Sosyal Yayınları, İstanbul.

Halbwachs, Maurice, (2017), *Kolektif Hafıza*, (Çev. Banu Barış), Heretik Yayınları, Ankara.

Haldun, İbni, (2014), *Mukaddime 1-2*, İlgi Kültür Sanat Yayınları: İstanbul

Hannerz, Ulf, (1987), *The World in Creolisation*, Journal of the International AfricanInstitute, 57, no: 4, ss: 546–559.

Harvey, David, (2013), Asi Şehirler: Şehir Hakkından Kentsel Devrime Doğru, (Çev. Ayşe Deniz Temiz), Metis Yayınları: İstanbul.

Harvey, David (2003). Sosyal Adalet ve Şehir. (Çev: Mehmet Moralı), Metis Yayınları: İstanbul.

Işık, Oğuz & Pınarcıoğlu, Melih M. (2015), *Nöbetleşe Yoksulluk: Gecekondulaşma ve Kent Yoksulları; Sultanbeyli Örneği*, İletişim Yayınları, İstanbul.

İpekyolu Gazetesi, (2019), *Topçu Meydanının İsmi İade Edilecek*, https://www.gazeteipekyol.com/gundem/topcu_meydani_nin_ismi_iade_edilecek-h49934.html (Erişim Tarihi: 15.01.2020)

İnceoğlu, Mehmet & Aytuğ, Ayfer, (2009), *Kentsel Mekânda Kalite Kavramı*, Megaron, Cilt: 4, Sayı: 3, s:131-146.

İnceoğlu, Metin, (2011), *Tutum Algı İletişim*, Siyasal Kitapevi, Ankara.

Karaslan, Faruk, (2017), *Kayseri'de Siyaset Kültürü; Muhafazakarlaşma, Protestanlaşma ve Siyasal Oportünizm Kıskacında Kayseri*, Bir Şehrin Hafızası, (Ed. Faruk Karaaslan & Mustafa Derviş Dereli), Büyüyen Ay Yayınları, İstanbul.

Karakaş, Mehmet, (2019), *Kent, Mekân ve Toplum Sosyolojisine Giriş*, Kent Mekân ve Toplum, Tezkire Yayınları, Ankara.

Kaya, Mahmut, (2015), *Bir Şehir Kültürü Olarak Şanlıurfa Sıra Gecesi Geleneği*, 3. Milletlerarası Şehir Tarihi Yazarları Kongresi, Türkiye Yazarlar Birliği Yayınları: Ankara.

Keçeli, Arif & Sarıusta, Faruk, (2013), *Medya Alışkanlıkları ve Kent Algısı ilişkisi Üzerine Bir Deneme: Diyarbakır Örneği*, Erzincan Üniversitesi Sosyal Bilimler Enstitüsü Dergisi, Sayı: 6(2), ss: 327-346.

Keleş, Ruşen, (1980), *Kentbilim Terimler Sözlüğü*, Türk Dil Kurumu Yayınları. Ankara.

Keleş, Ruşen, (2015), *Kentleşme Politikaları*, İmge Kitapevi: Ankara.

Keskin, Necat, (2017), *Bellek Mekânları Olarak Kent Müzeleri ve Diyarbakır Örneği, Bir Varmış Bir Yokmuş: Toplumsal Bellek, Mekân ve Kimlik Üzerine Araştırmalar* (Der. Tahire Ermen & Serpil Özaloğlu), Koç Üniversitesi Yayınları: İstanbul.

Kıray, Mübeccel B. (1998), *Kentleşme Yazıları*, Bağlam Yayınları: İstanbul.

Kiper, Perihan, (2004). *Küreselleşme Sürecinde Kentlerimize Giren Yeni Tüketim Mekânları ve Yitirilen Kent Kimlikleri*, Planlama, Sayı 4, ss: 14-18.

Komisyon, (1999), *The New Shorter Oxford English Dictionary*, Oxford University Press, Oxford.

Komisyon, (2006), *Sözlü Tarih Araştırmacıları İçin Pratik El Kılavuzu*, Bilim ve Sanat Vakfı, İstanbul.

Komisyon, (2007), 9. *Kalkınma Planı: Rekabet Hukuku ve Politikaları, Özel İhtisas Komisyonu Raporu,* Devlet Planlama Teşkilatı Yayınları: Ankara.

Komisyon, (2012*), Sosyolojide Yöntem ve Araştırma Teknikleri*, (Ed. Temmuz GÖNÇ ŞAVRAN), Anadolu Üniversitesi Açıköğretim Yayınları, Eskişehir.

Komisyon, (2019), *Şanlıurfa Seyehat Rehberi*, Karacadağ Kalkınma Ajansı Yayınlar: Şanlıurfa

Komisyon, (2019), *Göbeklitepe: Tarihin Sıfır Noktası,* Bulut Ofset Matbaacılık: Şanlıurfa

Koyuncu, Ahmet, (2013), Kimliğin İnşasında Kent: Konya Örneği, Akademik İncelemeler Dergisi, Cilt 8, Sayı 2, ss: 155-179.

Koyuncu, A. Ahmet & Akkaya Cevdet, (2019), *Mekân Tasavvuru ve Sosyolojide Mekâna ilişkin Temel Yaklaşımlar,* Kent Mekan ve Toplum, (Ed. Mehmet Karakaş), Tezkire Yayınları, Ankara.

Koyuncu, A. Ahmet, (2019), *İslam'da Mekân Algısı ve Yaşanan Değişimler*, Kent Mekân ve Toplum,(Ed. Mehmet Karakaş), Tezkire Yayınları, Ankara.

Kuzu, Fahrettin, (2012), *Türkiye'de Kamusal Alan Estetiği ve Heykel*, Işık Üniversitesi Sosyal Bilimler Enstitüsü, Yayınlanmamış Yüksek Lisans Tezi.

Kürkçüoğlu, A. Cihat, (2014), *Topçu Meydanı 'Rabia Meydanı' olur mu?,* UrfaHizmet.com İnternet Sitesi, http://www.urfahizmet.com/yazarlar/kose_yazilari/cihat_kurkcuoglu/4303 (Erişim Tarihi: 23.01.2020).

Kürkçüoğlu, A. Cihat & Kürkçüoğlu, S. Sabri, (2017), *Şanlıurfa Kültür ve Turizm Varlıkları,* Şanlıurfa İli Kültür Eğitim Sanat ve Araştırma Vakfı Yayınları, Şanlıurfa.

Latman, Alan, Mccormack Derek, Mcnamara, Kim, MCNEİLL, (2009), *Key Concepts in Urban Geography,* SAGE, London, UK.

Layder, Derek, (2014), *Sosyal Teoriye Giriş*, (Çev. Ümit Tatlıcan), Küre Yayınları: İstanbul.

Lefebvre, Henri, (2014), *Mekânın Üretimi*, (Çev. Işık Egüven), Sel Yayıncılık, İstanbul.

Lefebvre, Henri, (2016), *Şehir Hakkı*, (Çev. Işık Ergüven), Sel Yayınları, İstanbul.

Lefebvre, Henri, (2017), *Ritimanaliz: Mekân, Zaman ve Gündelik Hayat*, (Çev. Ayşe Lucie Batur),Sel Yayıncılık, İstanbul.

Lefebvre, Henri, (2017a), *Kentsel Devrim*, (Çev. Selim Sezer), Sel Yayınları, İstanbul.

Wirth, Louis, (1938), *Urbanism as a Way of Life*, The American Journal of Sociology, Vol. 44, N. 1, 1-24.

Lynch, Kevin, (1981),*A Theory of Good City Form*, Cambridge, Massachusetts, and London: The MIT Press.

Lynch, Kevin, (2016), *Kent İmgeleri*, (Çev. İrem Başaran), Türkiye İş Bankası Yayınları, İstanbul

Maalouf, Amin, (2018), *Ölümcül Kimlikler*, (Çev. Aysel Bora), Yapı Kredi Yayınları, İstanbul.

Maı, Ulrıch, (2010), *Doğu Alman Kentlerinde Kültür Şoku ve Kimlik Bunalımı, Mekân, Kültür, İktidar: Küreselleşen Kentlerde Yeni Kimlikler*, (Der. Ayşe Öncü &PetraWeyland), İletişim Yayınları, İstanbul.

Merrfileld, Andy, (2017), *Yeni Kent Sorunu*, (Çev. Duygu Toprak &Ceren Akyos), Tekin Yayınları, İstanbul.

Morley, David & Robis, Kevin, (1997), *Kimlik Mekânları*, (Çev. Emrehan Zeybekoğlu), Ayrıntı Yayınları: Ankara

Mutlu, Burcu, (2010), *İstanbul'un Seyirlik Gösteri Kentine Dönüşümü: İmgeler ve Söylemler Üzerinden Kent Pazarlanması*, Yayınlanmamış Yüksek Lisans Tezi, İstanbul Teknik Üniversitesi Fen Bilimleri Enstitüsü.

Nacak, İbrahim, (2017), *Taşrada Mekân İmgesi: Kayseri, Bir Şehrin Hafızası*, (Ed. Faruk Karaaslan & Mustafa Derviş Dereli), Büyüyen Ay Yayınları, İstanbul.

Neuman, W. Lawrence, (2017). *Toplumsal Araştırma Yöntemleri- I,*(Çev. Sedef Özge), Yayın Odası, Ankara.

Nora, Pierre, (2006), *Hafıza Mekânları*, (Çev. Mehmet Emin Özcan), Dost Yayınevi: Ankara

Okay, Ayla, (2012), *Kurum Kimliği,* Derin Yayınları, İstanbul.

Olgun, İnci, (2009), *Kentsel Değişim Sürecinde Kentsel Okuma Ve Bellek İlişkisi*, Yayınlanmamış Doktora Tezi, İstanbul, Mimar Sinan Güzel Sanatlar Üniversitesi Fen Bilimleri Enstitüsü.

Öncü, Ayşe & Weyland, Petra, (2016a), *Küreselleşen Kentlerde Yaşam Alanları ve Kimlik Mücadeleleri, Mekân, Kültür, İktidar: Küreselleşen Kentlerde Yeni Kimlikler*, (Der. Ayşe Öncü &PetraWeyland), İletişim Yayınları, İstanbul.

Öncü, Ayşe, (2016b), *"İdealinizdeki Ev" Mitolojisi Kültürel Sınırları Aşarak İstanbul'a Ulaştı, Mekân, Kültür, İktidar: Küreselleşen Kentlerde Yeni Kimlikler*, (Der. Ayşe Öncü &PetraWeyland), İletişim Yayınları, İstanbul.

Özaloğlu, Serpil, (2017), *Hatırlamanın Yapıtaşı Meknanın Bellek ile İlişkisi Üzerine, Bir Varmış Bir Yokmuş: Toplumsal Bellek, Mekân ve Kimlik Üzerine Araştırmalar* (Der. Tahire Ermen & Serpil Özaloğlu), Koç Üniversitesi Yayınları: İstanbul.

Özdemir, Aydın, (2009), *Katılımcı Kentli Kimliğinin Oluşumunda Kamusal Yeşil Alanların Rolü: Ankara Kent Parkları Örneği*, Süleyman Demirel Üniversitesi Orman Fakültesi Dergisi, Seri: A, Sayı: 1, ss: 144-.153.

Özdemir, Nebi, (2011), *Kentlerin Gezgin İmgeleri Veya Kent imgeleri Giydirilen Otobüsler,* Milli Folklor Dergisi, Yıl:23, Sayı: 89, ss: 41-53.

Özden, Pelin Pınar, (2016), *Kentsel Yenileme: Yasal-Yönetsel Boyut Planlama ve Uygulama*, İmge Yayınları, Ankara.

Özet, İrfan, (2019), *Fatih Başakşehir: Muhafazakâr Mahallede İktidar ve Dönüşen Habitus,* İletişim Yayınları: İstanbul.

Özgüler, Yılmaz, Semra, (2013), *İmgeler Üzerinden Kent Okuması, Divanyolu Caddesi Örneği,* Mimar Sinan Güzel Sanatlar Üniversitesi Fen Bilimleri Enstitüsü, Yayınlanmamış Yüksek Lisans Tezi.

Özmen, Ayça & Can, Çetin, Burcu, (2017), *Bellek ve Mekânın Dönüşümü: Tarlabaşı, Bir Varmış Bir Yokmuş: Toplumsal Bellek, Mekân ve Kimlik Üzerine Araştırmalar* (Der. Tahire Ermen & Serpil Özaloğlu), Koç Üniversitesi Yayınları: İstanbul.

Rapoport, Amos, (1977), *Human Aspects of Urban Form: Towards A Man-Environment ApproachTo Urban Form AndDesing,* PergemonPress, Inc New York.

Rıtzer, George & Stepnısky, Jeffrey, (2018), *Sosyoloji Kuramları*, (Çev. Himmet Hülür), Deki Yayınları, Ankara.

Rıtzer, George & Stepnısky, Jeffrey, (2015), *Çağdaş Sosyoloji Kuramları ve Klasik Kökleri,* (Çev. Irmak Ertuna Hovison), Deki Yayınları, Ankara.

Rıtzer, George, (2011), *Modern Sosyoloji Kuramları*, (Çev. Himmet Hülür), Deki Yayınları, Ankara.

Rossi, Aldo, (1999), *The Architecture of The City, Cambridge*, Massachuselts: London.

Rouen, De Aynur, (2017), *1950'lilerin İstanbul'u: Konaktan Apartmana, Bir Varmış Bir Yokmuş: Toplumsal Bellek, Mekân ve Kimlik Üzerine Araştırmalar* (Der: Tahire Ermen & Serpil Özaloğlu), Koç Üniversitesi Yayınları: İstanbul.

Parlak, Bekir, (2018), *Sürdürülebilir Kalkınma ve Kentli Hakları Perspektifinden Kent Kültürü ve Kent Kimliğinin Dönüşümü: Bir Proje Örneği*, TESAM Akademi Dergisi, Yerel Yönetimler Özel Sayısı,Nisan, ss: 11 – 48.

Park, E. Robert & Burges, W. Ernest, (2015), *Şehir: Kent Ortamındaki İnsan Davranışlarının Araştırılması Üzerine Öneriler,*(Çev. Pınar Karababa Kayalıgil), Heretik Yayınları, Ankara.

Patton, Quinn, Michael, (2014), *Nitel Araştırma ve Değerlendirme Yöntemleri*, (Ed. Mesut BÜTÜN & Selçuk Beşir DEMİR), Pegem Akademi, Ankara.

Saatçioğlu, Ezgi, (2017), *Social Media and City Branding: A Case Study of Instagram Project @cityofizmir*, Global Media Journal TR Edition, 8(15).

Sağsöz, Ayşe & Al, Selda, (2013), *Kent İçinde Bir Yapı, Yapı İçinde Bir Kent*, Sanat Tarihi Dergisi, Cilt 22, Sayı 2, ss: 91-109.

Salman, Yurdanur, (2003), *Dilin Düş Evreni*: Eğretileme, Kitap-lık, S.65, ss: 53.

Sargın, Arif Güven, (2017), *Ankara Üzerine Mekân-Politik Tezler: Ankara'nın Kamusal Yüzleri*, İletişim Yayınları, İstanbul.

Sarıoğlu, Sezai, (2017), *Geçmiş De Bakım İstiyor, Öğrenemedik Gitti, Karadeniz'in Kaybolan Kimliği,*(Der. Uğur Biryol), İletişim Yayınları, İstanbul.

Sarlo, Beatriz, (2012), *Geçmiş Zaman: Bellek Kültürü ve Özneye Dönüş Üzerine Bir Tartışma,*(Çev. PeralBayazCharum& Deniz Ekinci), Metis Yayınları, İstanbul.

Sancar, Fahriye &Saygın, Nicel, (2000). *"PublicSpaces in The Post-Modern City", 30th Urban AffairsAssociation Meeting: Cities in TheNext Millennium: Separate Realitiesor Shared Fates?,* La, California.

Savsak, Haşim, (2019), *Gösterge Çeşitleri ve Örnekleri,* https://www.bilgenc.com/gosterge-cesitleri-ve-ornekleri/. (Erişim Tarihi: 23.11.2019).

Sennett, Richard, (2014), *Ten ve Taş: Batı Uygarlığında Beden ve Şehir* (Çev. Tuncay Birkan), Metis Yayınları, İstanbul.

Sımmel, George, (1950), *The Metropolis and Mental Life*, (In.) The Sociology of George Simmel, Translated K. Wolff. New York: The Free Press, 409- 424.

Sımmel, George (1950a), *The Stranger.* (In.) The Sociology of George Simmel, Translated K. Wolff, New York: The Free Press, 402-408.

Smith, Ronald & W., Bugni, Valerie, (2006), *"Symbolic InteractionTheoryand Architecture"*, Symbolic Interaction, Vol. 29, Issue 2.

Şen Beyazlı, Dilek & Aydemir, Şinasi, (2008), *Kentlilik Bilinci ve Mekân: Trabzon Kenti Örneği,* Planlama Dergisi, Sayı:3, ss: 49-60.

Şen, A. Fulya, (2015), *Kent Hakkının Korunmasında Bir Mücadele Alanı Olarak Alternatif Medya: Taksim Projesi ve Gezi Parkı Örneği*, Selçuk iletişim Dergisi, Sayı: 9, ss:141-161.

Uğraş, Ö. Seda, (2019), *Mekânın Toplumsallığı: Modernizmden Postmodernizme Mekân Algısının Dönüşümü,Kent Mekân ve Toplum,* (Ed. Mehmet Karakaş), Tezkire Yayınları, Ankara.

Ulu, Ali & Karakoç, İlknur, (2004), *Kentsel Değişimin Kent Kimliğine Etkisi*, Planlama Dergisi, Sayı 3, ss: 59-66.

Ungers, Oswald Mathias, (2013), *Kent Metaforları*, (Çev. Ceren Öztürkcan), Lemis Yayınları, İstanbul.

Urry, John, (2018), *Mekânları Tüketmek*, (Çev. Rahmi G. Öğdül), Ayrıntı Yayınları, İstanbul.

Ünlü, Tülin Selvi, (2017*), Kent Kimliğinin Oluşumunda Kentsel Bellek ve Kentsel Mekân İlişkisi: Mersin Örneği*, TMMOB Şehir Plancıları Odası, ss: 75-93.

Taşçı, Hasan, (2012), *Kent Meydanı ve Kent Kimliği İlişkisi: Üsküdar Meydanı Örneği,* Marmara Üniversitesi Sosyal Bilimler Enstitüsü, Yayınlanmamış Doktora Tezi.

Taşçı, Hasan, (2014), *Bir Hayat Tarzı Olarak Şehir, Mekân, Meydan*, Kaknüs Yayınları, İstanbul.

Tekeli, İlhan, (1991), *Bir Kentin Kimliği Üzerine Düşünceler*, Kent Planlaması Konuşmaları, TMMOB Mimarlar Odası Yayını: Ankara.

Tığlı, İlkay Tuzlu, (2012), *Film Afişleri Tasarımında Göstergeler: Prof. Yurdaer Altıntaş'ın Film Afişleri Çözümleme Örneği*, İstanbul Kültür Üniversitesi Sosyal Bilimler Enstitüsü, Yayınlanmamış Yüksek Lisans Tezi.

Topçu, Kadriye, (2011), *Kent Kimliği Üzerine Bir Araştırma: Konya Örneği*, Uluslararası İnsan Bilimleri Dergisi, Cilt 8, Sayı 2, ss: 1048-1072.

Torlak, Soner, (2016), *Mekân Meselesini Giriş*, Mekân Meselesi, Ed. Ayşegül Canan, Tekin Yayınevi, İstanbul.

Tümertekin, Erol, (1997), *İstanbul, İnsan, Mekân*, Tarih Vakfı Yurt Yayınları, İstanbul.

Şengül, H. Tarık, (2001) *Kentsel Çelişki ve Siyaset: Kapitalist Kentleşme Süreçleri Üzerine Yazılar*, Demokrasi Kitaplığı- Dünya Yerel Yönetim ve Demokrasi Akademi (WALD) Yayını, İstanbul.

Vardar, Berke, (2001), *Dilbilimin Temel Kavram ve İlkeleri*, Multilingual Yayınları: İstanbul.

Yalçın, Recep, (2012), *Heykelle Şekillenen Kamusal Alan ve Kayseri Örneği*, Erciyes Üniversitesi Güzel Sanatlar Enstitüsü, Yayınlanmamış Yüksek Lisans Tezi.

Yaldız, Esra & Aydın, Dicle & Büyükşahin, Süheyla, (2014), *Loss Of City Identities In The Process Of Change: The City Of Konya-Turkey*, Procedia - Social and Behavioral Sciences, 140, 221 – 233.

Yayınoğlu, Pınar E. & Susar, A. Filiz, (2008), *Kent, Görsel Kimlik ve İletişim*, Umuttepe Yayınları: İzmit.

Yeler, Soner & Minsolmaz, Gülcan, (2017), *Sakinlerin Anılarında Yayla Mahallesi, Bir Varmış Bir Yokmuş: Toplumsal Bellek, Mekân ve Kimlik Üzerine Araştırmalar* (Der. Tahire Ermen & Serpil Özaloğlu), Koç Üniversitesi Yayınları: İstanbul.

Yıldırım, Ali & Şimşek, Hasan, (2016), *Sosyal Bilimlerde Nitel Araştırma Yöntemleri*, Seçkin Yayıncılık: Ankara.

Yılmaz, Ebru & İnceköse, Ülkü, (2017), *İzmir'de Bir Kentsel İmgenin Dönüşümü: Büyük Efes Oteli, Bir Varmış Bir Yokmuş: Toplumsal Bellek, Mekân ve Kimlik Üzerine Araştırmalar* (Der: Tahire Ermen & Serpil Özaloğlu), Koç Üniversitesi Yayınları: İstanbul.

Zweing, Stefan, (2019), *Dünün Dünyası*, (Çev. Kazım Eğit & Yadigar Eğit), Can Yayınları: İstanbul.

Dizin

12 Eylül 67, 199, 201, 202, 203, 205, 206, 207, 209, 212, 213, 267

A

Adıyaman 104, 136
akil hatun 252
Althusser, Louis 27, 29, 69
Anadolu 100, 104, 105, 106, 113, 155, 205
anıt 21, 31, 54, 57, 71, 75, 90, 92, 95, 207
Ankara 51, 65, 67, 69, 128, 170, 233, 247
Arkeoloji 104
Atatürk, Mustafa Kemal 35, 91, 105, 229
Avrupa / kenti 14, 31, 54, 172

B

Baharat Yolu 113
Barselona 31
Batı 32, 101, 239
Bauer, Martin W. 38
Beck, Ulrich 49
Berlin 32
Blumer, Herbert 34
Bounes Aires 59
Bumin, Kürşat 17, 33, 51, 52, 69, 75, 85, 158, 196, 244
Bursa 48, 113, 170

C-Ç

Calvino, İtalo 161
Castells, Manuel 27, 30, 52, 75
Chicago Okulu 34, 35
coğrafya 25, 59, 237
Cumhuriyet dönemi 16, 17, 53, 54, 55, 56, 66, 67, 90, 104, 119, 175
Çamlıbel, Faruk Nafiz 116
çevre 14, 23, 71, 72, 73, 80, 86, 87, 89, 131, 135, 136, 141, 153, 158, 189, 193, 221

D

Divan Yolu Caddesi 119
Diyarbakır 67, 103, 129, 135, 136, 162, 166, 170, 227

E

ekonomi 30, 98, 101
Engels, Friedrich 28

F

fenomenoloji 27

G

Gaskell, George 38
Gaziantep 64, 104, 129, 131, 136, 153
Gezi Parkı 29
Göbeklitepe 105, 109, 110, 111, 135, 136, 149, 150, 151, 153, 158, 159, 160, 191, 192, 193, 195, 198, 221, 225, 226, 274
Göç 61, 62, 63, 64, 130, 231, 258, 259
gösterge 21, 37, 38, 39
Gümrük Hanı 245

H

Hac 117, 143, 144
Hafıza 93, 193
Halbwachs, Maurice 60, 70, 94
Haldun, İbn 234, 237
Harvey, David 27, 30, 32, 47, 52, 75, 79, 137
Haussmann 52
Heidegger, Martin 46
hermeneutik 26
heykel 31
Hz. İbrahim 105, 108, 109, 134, 136, 143, 145, 253, 266
Hz. İsa 119

İ

imge 9, 13, 14, 16, 19, 22, 23, 24, 25, 26, 27, 28, 29, 31, 33, 34, 35, 36, 38, 39, 41, 42, 44, 45, 46, 47, 49, 50, 51, 52, 53, 55, 57, 58, 62, 65, 66, 69, 70, 71, 72, 74, 76, 79, 85, 86, 89, 90, 94, 95, 96, 99, 100, 108, 112, 115, 119, 121, 134, 140, 152, 156, 157, 160, 161, 162, 166, 167, 168, 169, 174, 177, 178, 182, 186, 187, 188, 189, 192, 195, 197, 204, 208, 213, 217, 218, 221, 226, 235, 238, 241, 248, 249, 255, 264, 265, 266, 268, 269, 271, 273, 274, 275, 276
imge/-ler 9, 11, 12, 13, 14, 15, 16, 17, 18, 19, 20, 21, 22, 23, 24, 25, 26, 27, 28, 29, 31, 33, 34, 35, 36, 38, 39, 41, 42, 44, 45, 46, 47, 49, 50, 51, 52, 53, 54, 55, 57, 58, 60, 61, 62, 63, 64, 65, 66, 69, 70, 71, 72, 74, 76, 79, 85, 86, 87, 88, 89, 90, 94, 95, 96, 98, 99, 100, 108, 112, 115, 119, 121, 133, 134, 135, 137, 140, 150, 152, 156, 157, 158, 160, 161, 162, 166, 167, 168, 169, 170, 174, 177, 178, 182, 186, 187, 188, 189, 192, 193, 195, 197, 198, 199, 201, 204, 205, 208, 212, 213, 217, 218, 219, 221, 224, 225, 226, 227, 235, 238, 239, 241, 244, 245, 248, 249, 255, 256, 261, 264, 265, 266, 267, 268, 269, 270, 271, 273, 274, 275, 276
İnceoğlu, Mehmet 22, 24, 47, 74, 77
İsrail 26, 68
İstanbul 51, 59, 65, 67, 113, 128, 136, 162, 170, 225, 236, 247
İzmir 51, 65, 67

J

Japon Pasajı 245

K

kapitalizm 50
Kent 12, 13, 15, 17, 18, 21, 26, 29, 31, 32, 33, 36, 39, 41, 43, 44, 45, 46, 48, 49, 51, 52, 54, 55, 57, 58, 59, 60, 61, 65, 67, 68, 69, 72, 73, 76, 78, 79, 80, 81, 82, 83, 84, 85, 86, 88, 89, 92, 93, 95, 96, 97, 98, 99, 100, 101, 102, 103, 104, 106, 107, 114, 115, 116, 118, 121, 124, 126, 127, 130, 132, 133, 135, 136, 137, 138, 139, 140, 141, 143, 146, 148, 150, 153, 154, 156, 157, 158, 160, 162, 166, 168, 171, 180, 188, 189, 190, 192, 193, 194, 196, 198, 199, 204, 207, 208, 210, 215, 216, 217, 218, 219, 220, 221, 222, 224, 225, 226, 227, 228, 232, 233, 239, 241, 243, 244, 246, 247, 252, 255, 256, 257, 264, 266, 268, 269, 271, 272, 273, 275
kent hakkı 30, 31
kent imgesi 12, 14, 19, 22, 25, 27, 29, 41, 42, 43, 44, 45, 46, 47, 49, 69, 77, 85, 89, 95, 96, 110, 111, 141, 171, 186, 188, 189, 190, 192, 215, 218, 233, 241, 251, 264, 269, 273, 274, 275
Kentli/-ler 18, 24, 34, 46, 60, 103, 137, 141, 156, 176, 224, 233, 234, 242, 243, 245, 252, 255, 257, 274, 275
kentsel mekân 14, 19, 61, 68, 141, 195
kimlik 9, 11, 12, 16, 17, 18, 23, 27, 32, 34, 44, 45, 63, 65, 66, 71, 72, 75, 76, 78, 79, 81, 83, 85, 86, 87, 88, 89, 90, 91, 100, 104, 112, 113, 117, 118, 122, 125, 128, 133, 135, 137, 140, 145, 147, 152, 155, 156, 157, 161, 162, 171, 174, 175, 181, 182, 190, 196, 197, 204, 214, 217, 221, 222, 223, 224, 225, 227, 228, 232, 233, 234, 235, 236, 237, 238, 239, 242, 244, 246, 247, 249, 253, 256, 258, 264, 265, 266, 271, 275
Küreselleşme 84, 92, 216, 269

L

Lefebvre, Henri 19, 27, 30, 42, 46, 49, 50, 52, 54, 57, 65, 75, 80, 81, 83, 137, 161, 242
Lynch, Kevin 18, 21, 23, 25, 31, 33, 34, 41, 43, 44, 74, 82, 93, 140, 149, 169, 174, 189, 190, 212, 213, 219, 221, 238, 249, 255

M

Maalouf, Amin 83
Mardin 64, 103
Markalaşma 100
Marksist teori 27, 28, 29, 30, 75, 137
Marx, Karl 28, 81, 98
Medya 148
mekânsal hafıza 42, 236
Merrifield, Andy 74, 81
Metropol 35
Mezopotamya 104, 113

N

nesne 22, 23, 24, 37, 38, 48, 49, 77, 218, 239, 246, 256, 264
New York 32, 52

O-Ö

Ortadoğu 105

Osmanlı Devleti 53, 54, 114, 115, 116, 138, 166, 170, 233
Özal, Turgut 98

P

Paris 32, 52, 145, 229
Peygamberler Şehri 105, 112, 135, 143, 225
Pugin 51

R

Rabia Meydanı 121, 175, 209, 213
Roma 32, 239

S-Ş

Selçuklu Devleti 54
Sembolik Etkileşim Teorisi 34, 35, 235
sermaye 31, 32, 52, 56, 57, 72, 84, 98, 170, 201, 210
simgesel sermaye 31, 32
Simmel, Georg 35, 98, 141, 256
siyasal erk 48
sosyoloji 12, 13, 25, 34, 275
sömürge 63
Şanlıurfa 9, 10, 13, 14, 15, 17, 18, 19, 28, 64, 103, 104, 105, 106, 107, 108, 109, 110, 111, 112, 113, 114, 115, 116, 118, 119, 120, 121, 122, 123, 124, 125, 126, 127, 128, 129, 130, 131, 132, 133, 134, 135, 136, 137, 138, 139, 141, 142, 144, 145, 146, 147, 148, 149, 150, 151, 152, 153, 155, 156, 157, 158, 160, 161, 162, 163, 164, 165, 166, 168, 169, 170, 171, 172, 173, 175, 176, 177, 178, 179, 180, 181, 182, 183, 184, 185, 186, 188, 191, 193, 194, 195, 198, 199, 200, 201, 202, 204, 205, 206, 207, 210, 211, 212, 213, 214, 215, 217, 218, 219, 220, 221, 224, 225, 226, 227, 228, 229, 230, 231, 232, 233, 237, 242, 243, 244, 245, 247, 248, 249, 250, 251, 252, 253, 254, 255, 257, 258, 259, 260, 261, 263, 265, 267, 269, 270, 271, 272, 273
şehir planlama 12, 25

T

Tanpınar, Ahmet Hamdi 85
Tarım Reformu 105
Taşınmaz Kültür Varlığı 107
Tatlıses, İbrahim 152
Topçu Meydanı 28, 112, 113, 114, 118, 120, 121, 140, 144, 146, 161, 170, 175, 176, 177, 208, 209, 213, 220, 230, 244, 250, 260, 261
toplumsal hafıza 206

U

Ulu Cami 48, 118, 119, 129, 139, 151, 165, 167, 168, 169, 170, 195, 213, 240
UNESCO 110, 122, 129
Ungers, Oswald Mathias 24

V

Vodena 104

W

Weyland 50, 62, 84

Z

Zweig, Stefan 214